8

Forum Geschichte

Sachsen-Anhalt

Vom Ende des Napoleonischen Zeitalters bis zum Imperialismus und Kolonialismus

Herausgegeben von
Nicky Born

 Dein Online-Angebot zum Lehrwerk findest du hier:
www.cornelsen.de/webcodes

Cornelsen

Forum Geschichte

Band 8 wurde erarbeitet von:
Nicky Born, Susanna Heim-Taubert, Steffi Jahn, Tim Lodemann, Robert Rauh, Josephine Storch, Dr. Sonja Tophofen, Susanne van der Meij, Stefan Weißhampel, Kai Willig, Andreas Zodel

Redaktion: Andreas Holy
Bildassistenz: Anne-Kathrin Dombrowsky, Berlin
Grafik: Erfurth Kluger Infografik GbR, Berlin; Elisabeth Galas, Bad Breisig
Illustration: Hans Wunderlich, Berlin
Karten: Carlos Borrell Eiköter, Berlin
Technische Umsetzung: zweiband.media, Berlin
Layoutkonzept und Umschlaggestaltung: Ungermeyer – grafische Angelegenheiten, Berlin
Umschlagbild: Völklingen, Gasgebläsehalle der stillgelegten Hütte (UNESCO-Weltkulturerbe),
© ullstein bild – Knigge

www.cornelsen.de

Die Webseiten Dritter, deren Internetadressen in diesem Lehrwerk
angegeben sind, wurden vor Drucklegung sorgfältig geprüft.
Der Verlag übernimmt keine Gewähr für die Aktualität und den Inhalt
dieser Seiten oder solcher, die mit ihnen verlinkt sind.

1. Auflage, 1. Druck 2018

Alle Drucke dieser Auflage sind inhaltlich unverändert
und können im Unterricht nebeneinander verwendet werden.

Druck: Mohn Media Mohndruck, Gütersloh

ISBN 978-3-06-064270-0 (Schülerbuch)

ISBN 978-3-06-065232-7 (E-Book)

2 Das Entstehen der deutschen Industriegesellschaft

3 Fachpraktikum: Bezüge unserer Gegenwart zum 19. Jahrhundert finden und erklären

4 Das Kaiserreich – der erste deutsche Nationalstaat

5 Imperialismus und Kolonialismus

So arbeitest du erfolgreich mit Forum Geschichte

Hier bekommst du einige Hinweise, damit du dich in diesem Buch gut zurechtfindest: wie die Kapitel aufgebaut sind, was die unterschiedlichen Farben bedeuten oder welche Texte, Materialien und Aufgaben es gibt.

Fragen stellen und sich orientieren

Jedes Kapitel beginnt mit der **Auftaktseite**. Sie zeigt, worum es in dem Kapitel geht.

Auf der **Orientierungsseite** erfährst du mehr: Die Zeitleiste gibt dir den Zeitraum an, mit dem du dich beschäftigen wirst. Ereignisse, die in dem Kapitel vorkommen, sind fett gedruckt. Die anderen, nicht-fetten Einträge, verweisen auf Ereignisse davor und danach oder auf gleichzeitige Entwicklungen. Die Karte zeigt dir den Raum, um den es geht. Der Text führt dich in das Kapitelthema ein.

Ein Thema untersuchen

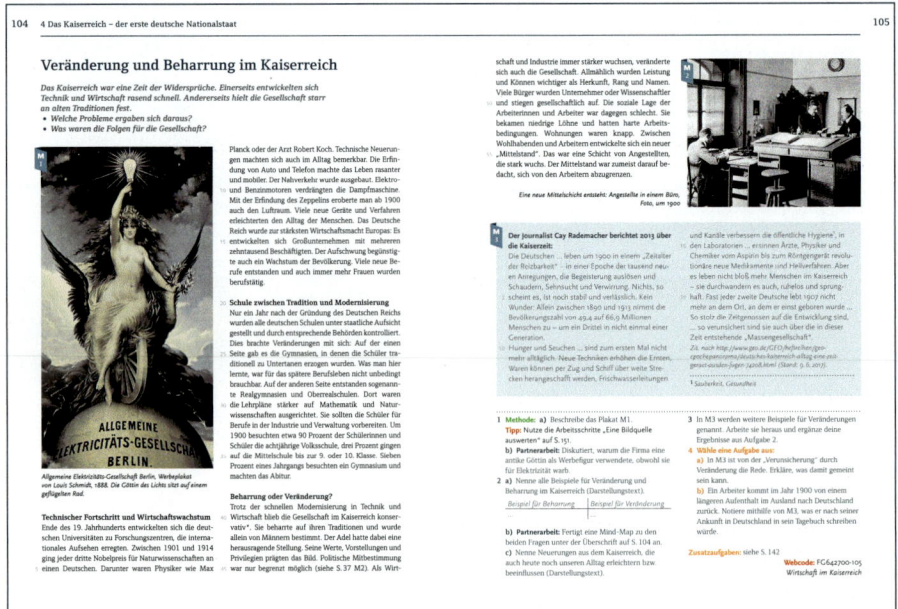

Auf den **Themenseiten** erklärt dir ein kurzer Text unterhalb der Überschrift, um welches Thema es auf der Doppelseite geht. Der Schulbuchtext (= Darstellungstext), die Abbildungen, die blau unterlegten „Quellentexte" oder Begriffserklärungen helfen dir, ein geschichtliches Thema zu untersuchen. Die Arbeitsaufträge sind vielfältig: Oft kannst du eine Aufgabe **auswählen** oder du findest Hinweise zu **Partner- oder Gruppenarbeit**.

Differenzierung: Unterschiedliche Lernwege auswählen

> **3 Wähle eine Aufgabe aus:**
> **a)** Beschreibe die Funktionsweise eines Wasserturmes (Darstellungstext, M1, M4).
> **b)** Erkläre, wie die Wasserversorgung im 19. Jahrhundert funktionierte (Darstellungstext, M4).

Auf vielen Seiten siehst du **„Wähle-aus-Aufgaben"**. Wie der Name schon sagt, darfst du hier **a** oder **b** auswählen. Die Aufgaben sind unterschiedlich, aber sie beziehen sich auf eine gemeinsame Frage.

> **2** Vergleiche die Karte M1 mit der Karte M2 auf S. 12.
> **Tipp:** Welche Staaten wurden neu gegründet? Welche haben ihr Gebiet nicht erweitert?

Bei manchen Aufgaben findest du **Tipps** zur Lösung. Nutze sie, wenn du möchtest.

Zusatzaufgaben

zu S. 131:

> **M1** August Bebel (1840–1913), der Führer der Sozialdemokraten im Kaiserreich, sagte 1889 im Reichstag:
> Nun, wer ist denn diese Ostafrikanische Gesellschaft? Ein kleiner Kreis von ... Bankiers, Kaufleuten und Fabrikanten, ... von sehr reichen Leuten, deren Interessen mit den Interessen des deutschen Volkes gar nichts zu tun haben, die bei dieser Kolonialpolitik nichts als ihr eigenes persönliches Interesse im Auge haben, die ... gegenüber einer schwächeren Bevölkerung sich auf alle mögliche Weise ... bereichern ... Im Grunde genommen ist das Wesen aller Kolonialpolitik die Ausbeutung einer fremden Bevölkerung ... Wo immer wir die Geschichte der Kolonialpolitik in den letzten drei Jahrhunderten aufschlagen, überall begegnen wir Gewalttätigkeiten und der
>
> Unterdrückung der betreffenden Völkerschaften, die nicht selten schließlich mit deren vollständiger Ausrottung endet. Und das treibende Motiv ist immer, Gold, Gold und wieder Gold zu erwerben. Und um die Ausbeutung der afrikanischen Bevölkerung im vollen Umfange und möglichst ungestört betreiben zu können, ... soll die Ostafrikanische Gesellschaft mit den Mitteln des Reichs unterstützt werden, damit ihr das Ausbeutergeschäft gesichert wird.
> Zit. nach Stenographische Berichte über die Verhandlungen des Reichstags. VII. Leg. Per. IV. Sess. 188/89, Erster Band, Berlin (Druck und Verlag der Norddeutschen Buchdruckerei und Verlags-Anstalt), 1889, S. 628.
>
> [1] Die Deutsch-Ostafrikanische Gesellschaft wurde 1884 in Berlin gegründet. Sie hatte das Ziel, deutsche Ackerbau- und Handelskolonien in Übersee zu errichten.

1 **a)** Fasse die Aussagen August Bebels (M1) in eigenen Worten zusammen.
b) Vergleiche seinen Standpunkt mit denen der Historiker auf S. 131 (M1, M2).

Wenn du dich für weitere Aspekte eines Themas interessierst, findest du manchmal **Zusatzaufgaben** im Anhang. Du kannst sie entweder mit den Informationen der Doppelseite oder mit anderen Materialien lösen.

Wähle-aus-Seiten

Historische Fragen lassen sich auf verschiedene Weise beantworten. Auf den orangefarbenen **Wähle-aus-Seiten** kannst du dich für ein Material entscheiden: Traust du dir zu, eine längere Textquelle zu bearbeiten? Oder arbeitest du lieber mit Bildquellen? Interessieren dich Zahlen und Statistiken? Wähle aus, was zu dir passt! Bei einer abschließenden **Aufgabe für alle** könnt ihr trotz unterschiedlicher Lösungswege zu einem gemeinsamen Ergebnis kommen.

Mit Methoden arbeiten

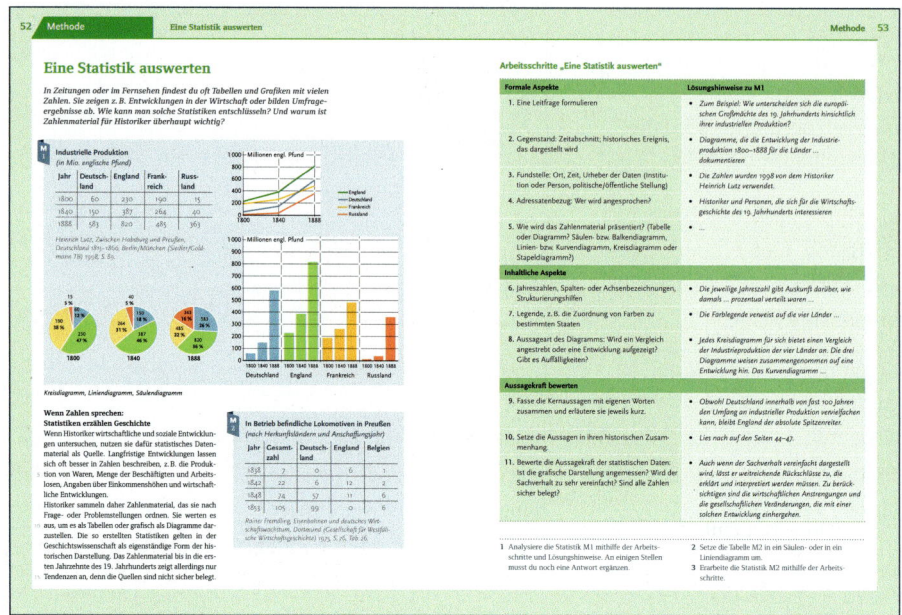

Auf den **Methodenseiten** lernst du, gegenständliche und schriftliche Quellen, Bilder oder Karten fachgerecht auszuwerten. Du findest auch Tipps, wie du Sachtexte gut verstehst. In der grünen Tabelle stehen links die Arbeitsschritte, nach denen du vorgehst. In der rechten Spalte gibt es Lösungshinweise zu dem Beispiel auf der Seite.

Geschichte darstellen und Geschichte heute

Auf den **Geschichte-darstellen-Seiten** und bei den **Geschichte-darstellen-Aufgaben** lernst du, wie du Ereignisse oder Handlungen aus der Vergangenheit mündlich oder schriftlich darstellen kannst – du lernst, Geschichte zu erzählen.

Auf den **Geschichte-heute-Seiten** und bei den **Geschichte-heute-Aufgaben** untersuchst du, wie heute mit der Vergangenheit umgegangen wird. Welche Spuren haben vergangene Ereignisse bis heute hinterlassen? Wie wird an bestimmte Ereignisse oder Personen erinnert?

Wiederholen und die eigenen Kompetenzen prüfen

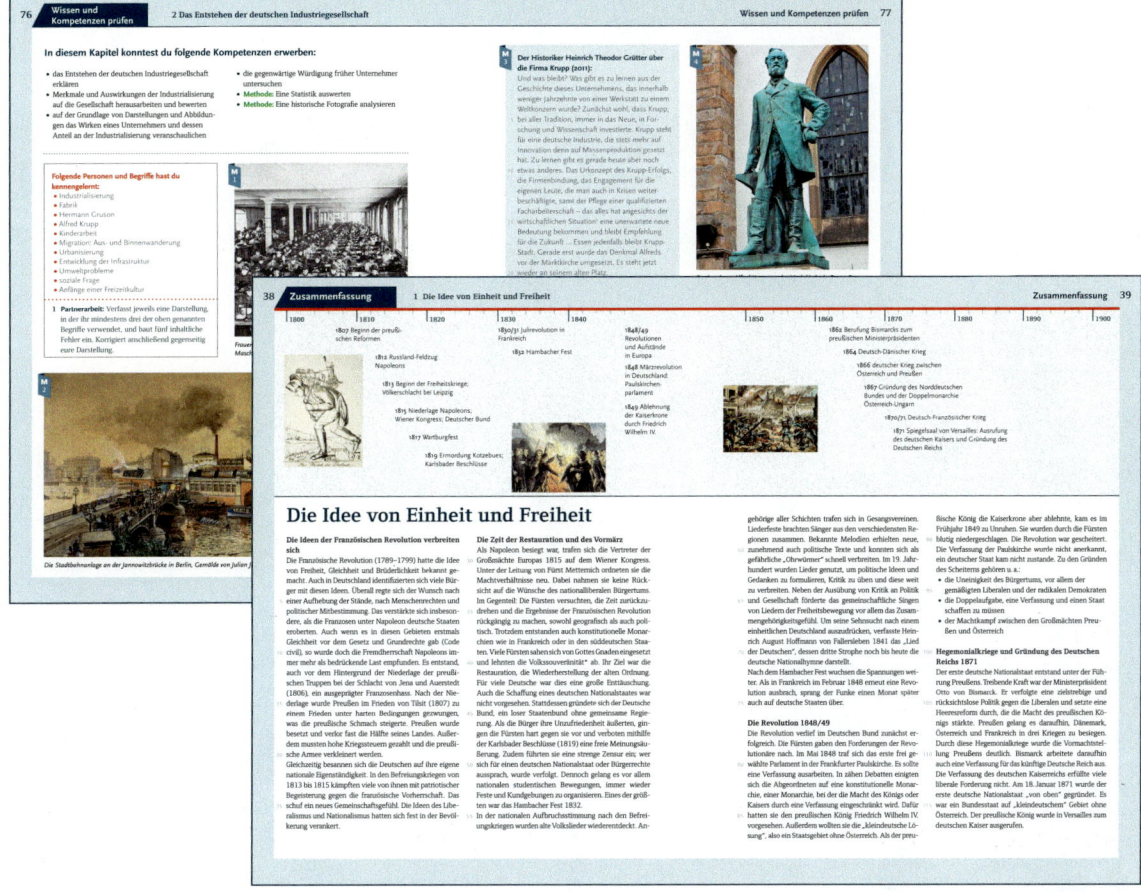

Auf der **Zusammenfassungsseite** am Schluss des Kapitels fasst ein Text den Inhalt noch einmal zusammen. Die Zeitleiste hilft dir, die wichtigsten Daten zu wiederholen. Wenn du wissen möchtest, was du im Kapitel gelernt hast, solltest du die Aufgaben auf der Seite **Wissen und Kompetenzen prüfen** lösen. Falls du mit einzelnen Aufgaben Schwierigkeiten hast, liest du im Kapitel noch einmal nach. Lösungshilfen findest du im Anhang.

Hilfen im Anhang und im Umschlag

Der **Anhang** unterstützt dich bei der Arbeit.
Hier findest du:

- Zusatzaufgaben
- Lösungshinweise zu den Seiten „Wissen und Kompetenzen prüfen"
- ein Lexikon mit Erklärungen schwieriger Begriffe
- ein Register zum schnellen Nachschlagen
- Tipps für Kurzvorträge oder Lernplakate („Unterrichtsmethoden")

In den **Umschlagklappen** kannst du die „Operatoren" nachschlagen, die in den Arbeitsaufträgen verwendet werden.

Audiovisuelle Materialien

Passend zu diesem Buch gibt es Selbsteinschätzungsbögen, Filme, Tonquellen, virtuelle Museen und Archive im Internet. Du findest sie mithilfe der **Webcodes**, die auf den Schulbuchseiten abgedruckt sind, z. B.
FG642700-031
So geht es:

1. Gehe auf die Seite www.cornelsen.de/webcodes
2. Gib dort den Webcode ein und du findest ein passendes Internetangebot.

1
Die Idee von Einheit und Freiheit

Mitte des 19. Jahrhunderts kam es in vielen deutschen Staaten aufgrund der Unzufriedenheit großer Teile der Bevölkerung mit den monarchischen Regierungen und den bestehenden politischen Verhältnissen zu Unruhen. Vor dem Hintergrund der Ideen der Französischen Revolution und der Forderung nach einem gesamtdeutschen Staat prallten die Interessen vieler Bürger und Fürsten aufeinander. Der Höhepunkt dieser Unruhen äußerte sich in den Barrikaden-kämpfen im März 1848. Es kam zu einer Revolution.

Beschreibe das Bild. Welche Stimmung vermittelt es? Woran erkennst du, welche Interessen und Ziele aufeinanderprallen?

Straßenszene aus dem „Frankfurter Linden" in Berlin, Lithografie, 1848

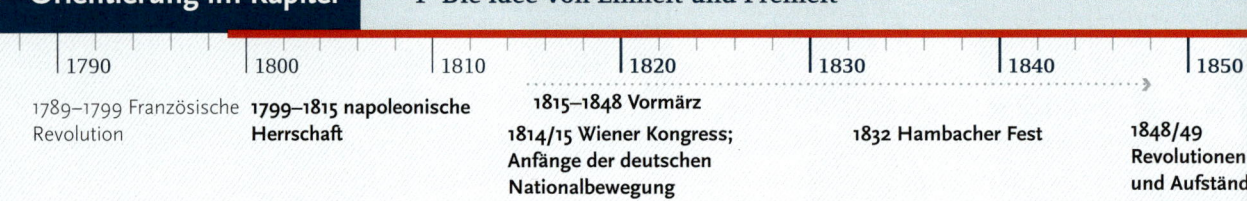

| 1790 | 1800 | 1810 | 1820 | 1830 | 1840 | 1850 |

1789–1799 Französische Revolution

1799–1815 napoleonische Herrschaft

1815–1848 Vormärz

1814/15 Wiener Kongress; Anfänge der deutschen Nationalbewegung

1832 Hambacher Fest

1848/49 Revolutionen und Aufstände in Europa

Die Idee von Einheit und Freiheit

Die Ideen der Französischen Revolution verbreiteten sich schnell in ganz Europa. Auch im Heiligen Römischen Reich Deutscher Nation faszinierte viele Menschen die Vorstellung, politisch mitbestimmen zu dürfen. Außer-
5 dem hatten die Kriege gegen die Franzosen unter der Führung von Napoleon Bonaparte (1769–1821) das Gefühl geweckt, als Nation* zusammenzugehören – obwohl das Reich ein „Flickenteppich" vieler Kleinstaaten war. Nach dem Sieg über Napoleon tagten die Großmächte
10 Europas 1814/15 auf dem Wiener Kongress, um die Machtverhältnisse Europas neu zu ordnen. Die Ideen der Aufklärung lehnten sie jedoch ab. Auch ein deutscher Nationalstaat* und mehr politische Mitbestimmung kamen nicht zustande. Das enttäuschte viele und be-
15 feuerte den Wunsch nach Veränderung. 1848 entbrann-

te schließlich an vielen Orten eine Revolution. Die Folge war die Bildung einer gesamtdeutschen Nationalversammlung in Frankfurt. Diese hatte den Auftrag, eine Verfassung für einen geeinten deutschen Staat zu ent-
20 werfen. Doch als die Versammlung dem preußischen König die Kaiserkrone anbot, lehnte dieser ab. Die Revolu-
tion brach in sich zusammen. Erst 1871 kam es zur Gründung des deutschen Nationalstaates, der allerdings anders aussah, als ihn sich viele gewünscht hatten.

25 • Was waren die Anfänge der deutschen National-
    bewegung?
• Welche Vorstellungen hatten die Deutschen von ihrem Nationalstaat?
• Wie sah der erste deutsche Staat von 1871 aus?

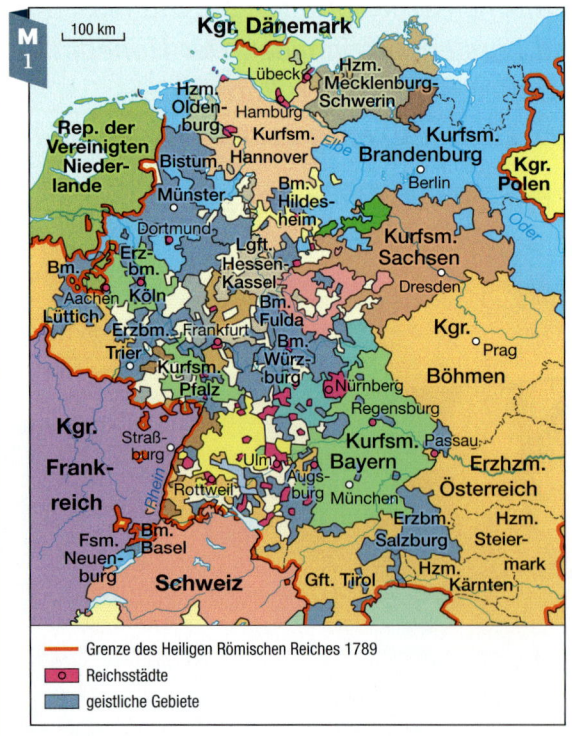

Grenze des Heiligen Römischen Reiches 1789
Reichsstädte
geistliche Gebiete

Das Heilige Römische Reich Deutscher Nation 1789

Kaiserreich Frankreich unter Napoleon 1812
Rheinbund 1812 (von Napoleon abhängig)
sonstige von Napoleon abhängige Staaten

Mitteleuropa im Jahr 1812

| 1860 | 1870 | 1880 | 1890 | 1900 | 1910 | 1920 |

1871–1918 Deutsches Reich

**1871 Gründung des
Deutschen Reichs**

1914–1918
Erster Weltkrieg

*Wartburgfest 1817, anonymer Holzstich um 1880. Studenten von
zwölf deutschen Universitäten protestieren für einen Nationalstaat. Sie verbrannten Bücher und Symbole, die für die mächtigen Monarchen standen.*

*Deutsch-Französischer Krieg 1870/1871, Schlacht bei Sedan
(Frankreich), Chromolithografie nach Anton Hoffmann,
19. Jahrhundert*

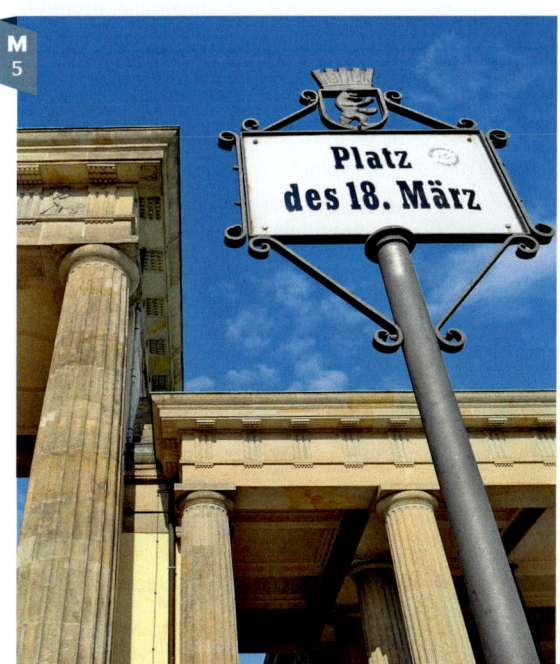

*Der „Platz des 18. März" in Berlin erinnert heute an die
Märzrevolution 1848, die auch in Berlin stattfand. Bis 2000
hieß dieser Ort noch „Platz vor dem Brandenburger Tor".*

1 Vergleiche die beiden Karten M1 und M2
   hinsichtlich der politischen und geografischen
   Veränderungen.
2 **Partnerarbeit:** Wählt eines der Bilder M3 oder M4
   aus:
   a) Begründet, warum ihr euch für dieses Bild
   entschieden habt.
   b) Beschreibt das Bild und die dargestellte
   Stimmung. Erklärt, wie diese erzeugt wird.
   c) Tragt eure Ergebnisse in der Klasse zusammen.
   Haltet sie in einer Tabelle fest.

Wartburgfest 1817	Deutsch-Französischer Krieg 1870/71
...	...

3 Stelle Vermutungen an, warum heute in Berlin an
   diese Revolution erinnert wird (M5).

Die Herrschaft Napoleons

Nach dem Ende der Französischen Revolution riss Napoleon Bonaparte 1799 die Macht an sich. Wenig später krönte er sich selbst zum Kaiser der Franzosen.

- *Wie gelangte Napoleon an die Macht und wie sicherte er sie?*
- *Welchen Einfluss hatte Napoleon auf das Heilige Römische Reich Deutscher Nation?*

M 1

Napoleon beim Überqueren der Alpen am Großen St. Bernhard. Er überquerte die Alpen, um in Italien die französische Vorherrschaft zu sichern. Gemälde von Jacques-Louis David, 1800

Napoleons Weg zur Alleinherrschaft

Nach der Französischen Revolution kamen zunächst Vertreter des wohlhabenden Bürgertums an die Macht. Im August 1795 wurde die Regierung einem „Direktorium" übertragen, das seine Macht über Frankreich aber
5 nicht festigen konnte. Bereits vier Jahre später, am 9./10. November 1799, übernahm General Napoleon Bonaparte die Macht. Er führte einen Staatsstreich durch und erklärte sich zum Ersten Konsul Frankreichs. Dafür änderte er die Verfassung nach seinen Vorstellun-
10 gen. Die Mehrheit des Volkes akzeptierte ihn als Alleinherrscher, weil er durch eine straffe Verwaltung wieder für Ruhe und Ordnung sorgte. So konnte sich auch die Wirtschaft erholen. Mit dem Code civil* führte Napoleon ein Gesetzbuch ein, das die Gleichheit aller
15 männlichen Bürger vor dem Gesetz festschrieb und Frei-

heitsrechte festlegte. Der katholischen Kirche gestand er wieder Rechte zu. Sie hatte durch die Französische Revolution an Macht und Einfluss verloren. Der Papst
20 akzeptierte dafür, dass sich Napoleon 1804 zum „Kaiser der Franzosen" krönen ließ. Mithilfe einer scharfen Pressezensur* und einer mächtigen Polizei unterdrückte Napoleon jegliche Kritik an seiner Politik. Außerdem nahm er den Franzosen fast vollständig das Recht auf
25 politische Mitbestimmung.

Napoleonische Hegemonialpolitik

Napoleons Kriegspolitik war anfangs sehr erfolgreich. Er beeinflusste die Machtverhältnisse in Europa durch eine intensive Eroberungspolitik und verschaffte Frankreich
30 eine Hegemonialstellung*. Lediglich England konnte militärisch standhalten, weswegen Napoleon mittels einer Kontinentalsperre (1806) einen Wirtschaftskrieg begann. Er wollte verhindern, dass englische Produkte nach Europa gelangten.
35 Napoleons Eroberungspolitik hatte großen Einfluss auf die deutschen Staaten. Bereits ab 1801 waren die linksrheinischen Gebiete von Frankreich erobert worden. Deutsche Fürsten, die hier Gebiete verloren hatten, sollten dafür entschädigt werden. Sie erhielten 1803 reichs-
40 unmittelbare, also direkt dem Kaiser unterstellte Gebiete sowie auch geistliche Gebiete, in denen bisher Bischöfe und Äbte regieren. Diese Vorgänge werden als Mediatisierung und Säkularisierung bezeichnet. Im Jahr 1806 schlossen sich unter der Vorherrschaft Napoleons 16
45 deutsche Fürsten auf ihrem Gebiet zum sogenannten Rheinbund zusammen. Die Monarchen wollten durch dieses Militärbündnis ihre Herrschaft sichern und unterstellten sich Napoleon. Kaiser Franz II. legte im selben Jahr auf Druck Napoleons die Kaiserkrone nieder, damit
50 endete die Geschichte des Heiligen Römischen Reichs. Preußen, das sich dem Bund nicht anschloss, wurde in der Schlacht bei Jena und Auerstedt vernichtend geschlagen. Es hatte seine Großmachtstellung verloren und wurde von französischen Truppen besetzt.

M2

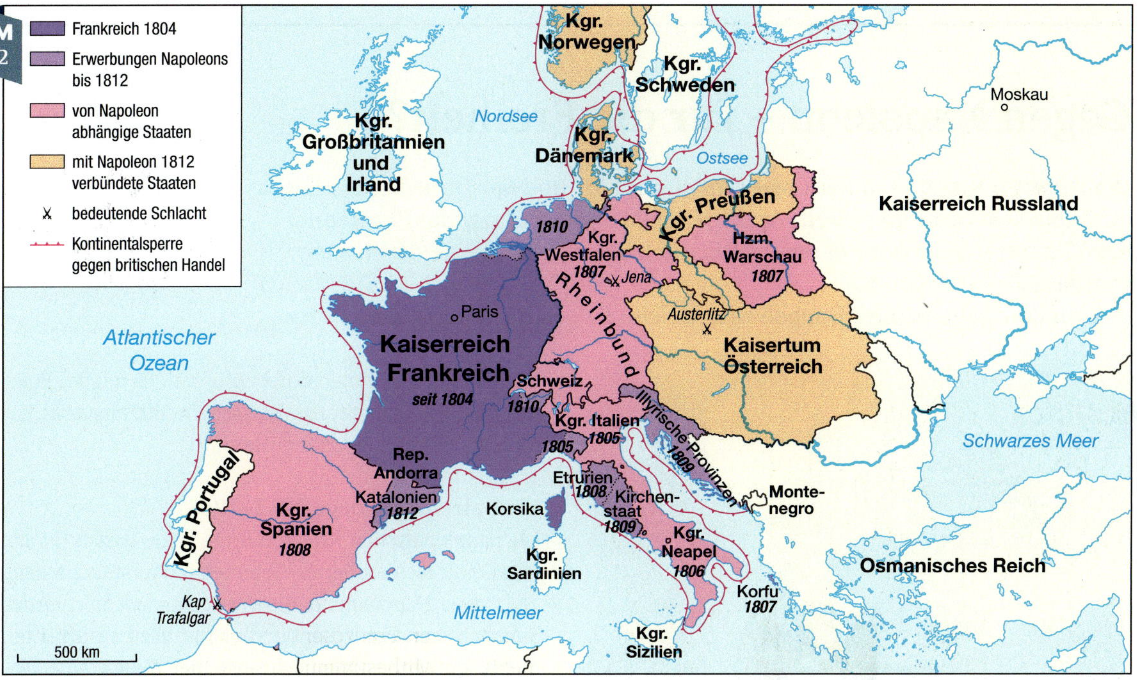
Frankreich 1804
Erwerbungen Napoleons bis 1812
von Napoleon abhängige Staaten
mit Napoleon 1812 verbündete Staaten
bedeutende Schlacht
Kontinentalsperre gegen britischen Handel
Kgr. Norwegen
Kgr. Schweden
Moskau
Nordsee
Kgr. Großbritannien und Irland
Kgr. Dänemark
Ostsee
Kgr. Preußen
Kaiserreich Russland
1810
Kgr. Westfalen 1807
Jena
Hzm. Warschau 1807
Rheinbund
Austerlitz
Paris
Atlantischer Ozean
Kaiserreich Frankreich seit 1804
Kaisertum Österreich
Schweiz
1810
Kgr. Italien 1805
1805
Illyrische Provinzen 1809
Schwarzes Meer
Kgr. Portugal
Rep. Andorra
Katalonien 1812
Kgr. Spanien 1808
Korsika
Etrurien 1808
Kirchenstaat 1809
Montenegro
Kgr. Neapel 1806
Kgr. Sardinien
Osmanisches Reich
Kap Trafalgar
Mittelmeer
Korfu 1807
Kgr. Sizilien
500 km

Europa unter napoleonischer Herrschaft 1804–1812

M3

Aus dem Code civil (1804)

Die neue Gesetzgebung, die unter Napoleon 1804 in Kraft trat und auch in den von Frankreich besetzten Staaten galt, legte unter anderem fest:

8. Jeder Franzose soll Civil-Rechte[1] genießen.

9. Wer in Frankreich von einem Fremden geboren ist, ist berechtigt, ... die rechtliche Eigenschaft eines Franzosen in Anspruch zu nehmen; nur muss er ... (in Frankreich) sein Domizil (aufschlagen) ...

144. Mannspersonen können nicht heiraten, ehe sie das achtzehnte Jahr, Frauenzimmer nicht, ehe sie das fünfzehnte Jahr erreicht haben ...

146. Ohne Einwilligung gibt es keine Ehe.

147. Man kann keine zweite Ehe schließen, ohne dass die erste aufgelöst ist ...

165. Die Ehe soll öffentlich vor dem Civil-Beamten des Ortes ... geschlossen werden ...

213. Der Mann ist seiner Frau Schutz und die Frau ihrem Manne Gehorsam schuldig ...

215. Die Frau kann ohne die Erlaubnis ihres Mannes nicht vor Gericht stehen, selbst dann nicht, wenn sie öffentlich in ihrem eigenen Namen Handelsgeschäfte treibt, mit ihrem Manne in keiner Gütergemeinschaft lebt oder ihr Vermögen ausschließlich für sich allein genießt.

Zit. nach Bernd Sösemann, Revolution und Reform, Stuttgart (Klett) 1997, S. 54f.

[1] *Bürgerrechte*

1 **Recherche:** Fertige einen Steckbrief zu Napoleon Bonaparte an (Name, Geburtstag/-ort, Familie, Schulbildung, ...).
Tipp: Wähle ein passendes Bild aus, das du auf dem Steckbrief ergänzt. Begründe deine Auswahl. Nimm den **Webcode** zu Hilfe.

2 Gestalte einen Zeitstrahl für Napoleons Weg zur Alleinherrschaft und seinen Einfluss auf die deutschen Staaten (Darstellungstext).

Webcode: FG642700-015
Napoleon Bonaparte

3 **Wähle eine Aufgabe aus:**
a) Beschreibe M1 und erkläre, welche Bildelemente Napoleon herrschaftlich erscheinen lassen.
b) Sicher belegt ist, dass Napoleon die Alpen auf einem Maultier (und erst nach seiner Armee) überquerte. Begründe, warum der Künstler dies in M1 nicht darstellte.

4 **Methode:** Analysiere M2 und beurteile den Einfluss Napoleons auf die Herrschaftsverhältnisse in Europa. Nimm die Arbeitsschritte auf S. 151 zu Hilfe.

5 Untersuche, ob sich die Ideen der Französischen Revolution im Code civil widerspiegeln (M3).

Gegen Napoleon – für die Freiheit?

Während im Rheinbund der Code civil eingeführt und der französische Einfluss anfangs noch nicht als negativ wahrgenommen wurde, rief die Besatzung Preußens von Beginn an in der preußischen Bevölkerung eine Ablehnung Frankreichs hervor.

- *Untersuche auf dieser Doppelseite, welche Folgen dies in Preußen hatte.*

„Der Wunsch der Berliner", Karikatur, 1814. Die Radierung zeigt, wie Napoleon mit der Quadriga auf dem Rücken den Rhein auf dem Weg nach Berlin überquert.

Eine Niederlage löst Reformen aus

Nach dem Sieg über Preußen zog Napoleon im Oktober 1806 triumphal in Berlin ein. Im Frieden von Tilsit (1807) zwang er das unterlegene Land zu einem Frieden, der die Schmach der Niederlage weiter steigerte: Preu-
5 ßen wurde nicht nur besetzt, sondern es musste auch hohe Kriegssteuern zahlen und verlor fast die Hälfte seines Staatsgebiets. Auch musste die Armee verkleinert werden. Symbolischer Akt der Demütigung war der Diebstahl der auf dem Brandenburger Tor installierten
10 Quadriga, dem Symbol Berlins und Preußens. Sie wurde nach Paris gebracht, kehrte 1814 aber wieder nach Berlin zurück.
In Preußen entstand sehr schnell der Wunsch, sich von der französischen Besetzung zu befreien. Dazu war eine
15 Modernisierung der Gesellschaft, der Wirtschaft und des Militärs mithilfe von Reformen notwendig – eine „Revolution von oben". König Friedrich Wilhelm III. beauftragte fortschrittlich denkende Männer wie den Freiherrn vom und zum Stein und den Fürsten von

20 Hardenberg, Reformen durchzuführen. Es folgten Edikte*, die die Verwaltung, Wirtschaft, Bildung und das Militär tiefgreifend veränderten.

Die Befreiungskriege 1813–1815

Die napoleonischen Kriege führten dazu, dass es in den
25 von Frankreich eroberten Gebieten zu Aufständen kam. 1812 war Napoleon in Russland einmarschiert. Auch Soldaten aus dem Rheinbund waren dazu verpflichtet, mitzukämpfen, sodass sich auch bei diesen eine Ablehnung gegenüber den Franzosen entwickelte. Der
30 Feldzug endete in einer Katastrophe: Schlechte Versorgung, Hunger, Kälte und feindliche Angriffe zwangen Napoleon zum Rückzug, nur ein Bruchteil seiner Armee kam zurück. Für die europäischen Großmächte war diese Niederlage ein Signal. In den von Frankreich besetzten
35 Gebieten regte sich der Wille nach Freiheit und nationaler Unabhängigkeit. Auch die preußischen Reformen trugen Früchte: Die Untertanen fühlten sich stärker an ihren Staat gebunden. Viele waren zu Patrioten* geworden. Freiwillige Kämpfer schlossen sich zu sogenannten
40 Freikorps* zusammen und unterstützten die reguläre Armee. Das berühmteste war das Lützowsche Freikorps (siehe S. 27), von dessen Uniformen in Schwarz-Rot-Gold sich die deutschen Nationalfarben ableiten.
Preußen verbündete sich unter anderem mit Österreich,
45 England, Russland und Schweden zu Koalitionen, die von Truppen des Rheinbundes unterstützt wurden. In der Völkerschlacht bei Leipzig 1813 konnte eine Koalition aus Preußen, Österreich, Schweden und Russland, unterstützt durch den Rheinbund, Frankreich
50 schlagen. Zwei Jahre später wurde Napoleon bei Waterloo (im heutigen Belgien) endgültig besiegt und aus Europa verbannt. Die Feldzüge Napoleons hatten dazu beigetragen, die Ideen der Französischen Revolution in Europa zu verbreiten. Gleichzeitig hatte der Widerstand
55 gegen Napoleon das Nationalbewusstsein der Völker gestärkt und bei vielen einen ausgeprägten Franzosenhass geschürt. Mit den Befreiungskriegen begann die langanhaltende sogenannte „deutsch-französische Erbfeindschaft". Heute ist die Beziehung zwischen Deutschland
60 und Frankreich durch ein enges Freundschaftsverhältnis gekennzeichnet.

Preußische Reformen (1807–1816)

Reform der Staatsverwaltung: Der König regierte nicht mehr allein mit persönlichen Beratern (Kabinettsregierung), sondern er ernannte Minister. Sie waren jeweils für einen bestimmten Bereich verantwortlich, z. B. Krieg, Innen- und Außenpolitik, Finanzen oder Justiz.

Bauernbefreiung: Bisher waren viele Bauern unfrei und abhängig von ihrem Grundherrn. Sie mussten Abgaben und Dienste leisten. Jetzt waren sie davon befreit und durften ihren Wohnort selbst wählen. Ab 1811 mussten sie ihrem ehemaligen Herrn eine Entschädigung zahlen. Das stürzte viele Bauern in Schulden.

Berufswahl und Aufhebung der Zünfte: In der Wirtschaft wurden Standesschranken aufgehoben. Jeder Adlige, Bürger oder Bauer konnte jetzt Land kaufen oder verkaufen. Alle hatten freie Berufswahl. Zünfte* wurden abgeschafft.

Politische Mitspracherechte: Der Einzelne sollte mehr am politischen Leben teilhaben. Deshalb konnte nun jeder Bürger Stadtverordnete und Bürgermeister wählen – falls er ein bestimmtes Einkommen hatte. Tatsächlich besaßen aber nur wenige Stadtbewohner überhaupt das Bürgerrecht.

Bildungsreform: Das Volksschulwesen wurde ausgebaut. Nach und nach wurde überall in Preußen die allgemeine Schulpflicht durchgesetzt. An den Gymnasien führte man das Abitur ein. Die Universitäten sollten von staatlichen Eingriffen frei bleiben.

Heeresreform: Missstände im alten stehenden Heer wurden abgeschafft, z. B. die Prügelstrafe. Wie in Frankreich sollten auch Bürger Offiziere werden. Die allgemeine Wehrpflicht wurde angestrebt.

Judenemanzipation: Juden wurden anderen Bürgern rechtlich gleichgestellt. Das galt jedoch nur von 1812 bis zum Wiener Kongress 1815.

Ernst Moritz Arndt, Autor und Unterstützer der Freiheitskämpfer, schrieb „Über den Völkerhaß" (1813):

Genug, es ist eine unumstößliche Wahrheit, dass alles, was Leben und Bestand haben soll, eine bestimmte Abneigung, ... einen Hass haben muss, ... wenn es nicht ... mit Unterjochung endigen will.
5 Ich könnte traurig hinweisen, wodurch die letzten Jahre über Teutschland gekommen sind. Wir liebten und erkannten das Eigene nicht mehr, sondern buhlten mit dem Fremden ... So muss bei den Teutschen jetzt der Hass brennen gegen die Franzosen, denn sie haben sich der Kühnheit erfrecht, ein Volk unterjochen zu wollen, das stärker und mächtiger wäre als sie ... Wir sollen die Franzosen nicht allein wegen
10 dessen hassen, was sie uns in den letzten zwanzig Jahren Übels getan haben, ... nein wir sollen sie hassen, weil sie schon über drei Jahrhunderte unsere Freiheit hinterlistig belauert haben, weil sie ... rastlos und planmäßig gearbeitet haben, diese Freiheit zu
15 untergraben, bis sie unter ihren letzten Banditenstreichen hingefallen ist ... Dieser Hass glühe als die Religion des teutschen Volkes, als ein heiliger Wahn in allen Herzen und erhalte uns immer in unserer Treue, Redlichkeit und Tapferkeit.

Zit. nach Michael Jeismann und Henning Ritter (Hg.), Grenzfälle. Über neuen und alten Nationalismus, Leipzig (Reclam) 1993, S. 328ff. Bearb. v. Verf.

---

1 a) Arbeite heraus, welche Ziele die Reformer mit den einzelnen Reformen zu erreichen suchten.
Tipp: Lege dazu eine Tabelle an:

Art der Reform	Mögliche Ziele
Bauernbefreiung	...

b) Stelle dar, welche Vorteile/Nachteile die Reformen für folgende Bevölkerungsmitglieder hatte: Kaufmann, Bauer, Adliger in Preußen.

2 a) Fasse M2 stichpunktartig zusammen. Gehe dabei auf die Ursachen des „Völkerhasses" nach Arndt ein.
Tipp: Welche Charakterzüge spricht Arndt den Deutschen und den Franzosen zu?
b) Erkläre die Position Arndts vor dem Hintergrund seiner aktiven Unterstützung der Freiheitskämpfer.

3 Methode: Analysiere die Karikatur M1 mithilfe der Arbeitsschritte auf S. 155.

4 Beschreibe die Folgen der napoleonischen Kriege für die Entstehung der deutschen Nationalbewegung (M1, Darstellungstext).

5 Diskutiere, inwiefern es gerechtfertigt erscheint, dass Hochschulen, Gymnasien und Straßen heute noch nach Ernst Moritz Arndt benannt sind.

Der Wiener Kongress: Wie wurde Europa neu geordnet?

Nach dem Ende der napoleonischen Herrschaft tagte 1814/15 ein Kongress der europäischen Großmächte in Wien, um eine Neuordnung Europas zu beschließen.
- *Welche Ziele, Ergebnisse und Auswirkungen hatten der Wiener Kongress und seine Beschlüsse?*

Teilnehmer und Ziele

Am Wiener Kongress nahmen Vertreter aus fast 200 Ländern teil, darunter viele Kleinstaaten. Die wichtigsten Mächte am Tisch waren Österreich, Russland, Frankreich, Preußen und England. Geleitet wurde der Kongress vom österreichischen Staatskanzler Fürst von Metternich. Sein Ziel war die Restauration* – das bedeutet: die Wiederherstellung der politischen und sozialen Verhältnisse, wie sie vor der Französischen Revolution gewesen waren. Das betraf die Grenzen, die sich durch Napoleons Eroberungspolitik verschoben hatten, aber auch die Situation innerhalb der Länder. Seit der Französischen Revolution hatte sich der aufklärerische Gedanke der Volkssouveränität* verbreitet. Untertanen forderten immer häufiger das Recht auf Mitsprache und Beteiligung. Diesem Bestreben setzten die herrschaftlichen Häuser das Prinzip der Legitimität* entgegen: Nur eine Herrschaft, die sich von Gott ableitete – eine Monarchie –, galt als rechtmäßig. Die Zustimmung des Volkes war nicht notwendig.

Ergebnisse und Auswirkungen

Mit dem Untergang des Heiligen Römischen Reichs Deutscher Nation schien eine Restauration unmöglich, daher schlossen sich die Territorialstaaten zu einem lockeren Staatenbund zusammen: dem Deutschen Bund. Diese 35 Staaten und vier freien Städte behielten jedoch innerhalb des Bundes ihre Unabhängigkeit bei. Es fehlte ein gemeinsames Oberhaupt. Stattdessen blieb die Staatsgewalt bei den Staatsfürsten. Es gab auch keine gemeinsame Wirtschaft oder gemeinsamen Gesetze. Das Nationalbewusstsein der Bevölkerung wurde nicht beachtet, ein einheitliches Deutschland mit einer parlamentarischen Verfassung wurde abgelehnt.

International gelang es, ein europäisches Gleichgewicht der Mächte zu erreichen, bei dem kein Staat eine Vorherrschaft besaß. Russland, Preußen und Österreich schlossen eine „Heilige Allianz", der fast alle europäischen Herrscher beitraten. Untereinander sicherten sie sich gegenseitige Hilfe zu, falls in einem der Länder eine Revolution stattfinden sollte.

M 1

Grenze des Deutschen Bundes 1815

neu- oder wiedererworbene Gebiete in hellerer Farbstufe

1815 neu geschaffene oder wiederhergestellte Staaten

1 Kgr. der Vereinigten Niederlande
2 Kgr. Hannover
3 Hzm. Braunschweig
4 Kurfsm. Hessen
5 Großhzm. Hessen
6 Großhzm. Luxemburg
7 Kgr. Württemberg
8 Großhzm. Baden

Mittel- und Osteuropa nach dem Wiener Kongress 1815

Zugeständnisse an das Volk

40 Die Staatsoberhäupter stellten ihren Bürgern zwar Verfassungen in Aussicht, allerdings machten nur wenige ihr Versprechen wahr – zum Beispiel Bayern und Baden. Sie sahen jedoch keine demokratisch gewählten Parlamente
45 vor. Die Staatsgewalt blieb weiterhin in den Händen der Fürsten. Wie viel Mitsprache die Bundesstaaten ihrer Bevölkerung jeweils erlaubten, war eine Machtfrage. Österreich und Preußen führten Verfassungen gar nicht erst ein.

....

Staatenbund und Bundesstaat

Ein Staatenbund ist ein Zusammenschluss selbstständiger Staaten. Seine Mitglieder gründen gemeinsam politische Organe, in die sie Gesandte schicken – im Falle des deutschen Bundes die Bundesversammlung. Ein Bundesstaat ist ein Zusammenschluss nicht selbstständiger Länder. Sie betreiben z. B. nur gemeinsam Außenpolitik. Die Bundesrepublik Deutschland ist ein Bundesstaat, der Deutsche Bund war ein Staatenbund.

 M2 **Friedrich Gentz (1764–1832), Schriftsteller und Berater Fürst Metternichs, schrieb über den Wiener Kongress:**

Es ging ... um die Wiederherstellung dessen, was zwanzig Jahre voller Wirren zerstört hatten, ... um den Neuaufbau derjenigen Staaten, die in dem gesamten System notwendig waren ... Diese gro-
5 ße Arbeit ist beendet ... Umstrittene Fragen sind entschieden, entgegengesetzte Forderungen ausgeglichen, wichtige Probleme endgültig gelöst ... Wenn der Kongress übersteigerte Erwartungen der Zeitgenossen nicht erfüllt hat, ... so hat er
10 doch seinen unmittelbaren Auftrag erfüllt ... Durchdrungen von der Bedeutung eines Augenblicks, mit dem eine neue Epoche der Weltgeschichte beginnen wird, erkennen es die Herrscher ... als ihre wichtigste Aufgabe an, diesen
15 Frieden zu erhalten und zu befestigen ... Mögen religiöse Gefühle, Achtung vor den eingesetzten Obrigkeiten, Gehorsam gegenüber den Gesetzen und Abscheu gegen alles, was die öffentliche Ordnung stören könnte, die bürgerliche und die
20 politische Welt wieder unauflöslich verbinden!
Tagebücher von Friedrich Gentz, Bd. 1, Leipzig (Nachdr. d. Allg. Brockhaus 1873, Olms-Weidmann) 2004, S. 443ff.

„Gegen Napoleon hast du uns geholfen, o Herre Gott, nun helfe uns gegen unsere Völker!" Deutsche Karikatur, 1913. Abgebildet sind der russische Zar, der preußische König und der österreichische Kaiser (von links nach rechts), drei absolutistisch regierende Monarchen.

....

1 Arbeite aus dem Darstellungstext zentrale Informationen zum Wiener Kongress in Stichpunkten heraus (Anlass, Ort, Teilnehmer, Ziele …).

2 Vergleiche die Karte M1 mit der Karte M2 auf S. 12. **Tipp:** Welche Staaten wurden neu gegründet? Welche haben ihr Gebiet nicht erweitert?

3 **Methode:** Analysiere die Karikatur M3 mithilfe der Arbeitsschritte auf S. 155.

4 **Wähle eine Aufgabe aus:**
   a) Arbeite aus M2 heraus, wie Friedrich Gentz den Wiener Kongress beurteilt.
   b) Friedrich Gentz behauptet, „wichtige Probleme" seien durch den Kongress „endgültig gelöst" worden (M2, Z. 7). Nimm Stellung dazu.

Die Anfänge der deutschen Nationalbewegung

Vor allem Studenten, Professoren und Kämpfer der Freiheitskriege verlangten die Gründung eines deutschen Nationalstaats mit einer gewählten Volksvertretung. Dem Geist der Zeit folgend setzten sich Vertreter des Bildungsbürgertums nicht nur verstärkt mit einer deutschen Kultur auseinander, vielmehr folgten Teile der Bevölkerung dem Ruf um „Ehre, Freiheit, Vaterland".

- *Welche Reaktion rief der Wiener Kongress in den deutschen Staaten hervor?*

M1 *„Der Denkerclub", Karikatur, anonym, um 1820. Auf den Tafeln an der Wand steht: „Wichtige Frage, welche in heutiger Sitzung bedacht wird: Wie lange möchte uns das Denken wohl noch erlaubt bleiben?*
Gesetze des Denker-Clubs

I.   Der Präsident eröffnet präzise 8 Uhr die Sitzung.
II. Schweigen ist das erste Gesetz dieser gelehrten Gesellschaft.
III. Auf dass kein Mitglied in Versuchung geraten möge, seiner Zunge freien Lauf zu lassen: so werden beim Eintritt Maulkörbe ausgeteilt.
IV. Der Gegenstand, welcher in jedesmaliger Sitzung durch ein reifes Nachdenken gründlich erörtert werden soll, befindet sich auf einer Tafel mit großen Buchstaben deutlich geschrieben."

Bewusstmachen eines deutschen Kulturgutes

Das Einwirken der deutschen Nationalbewegung war schon während der Debatten des Wiener Kongresses erkennbar. Seit Mitte des 18. Jahrhunderts versuchten Literatur und Kunst in der deutschen Bevölkerung ein
5 Bewusstsein für die Identität des deutschen Volkes zu schaffen. Viele Schriftsteller verbreiteten in Volkssagen, -liedern und -märchen das Bild einer gemeinsamen Vergangenheit. Sie sahen darin den Ausdruck eines historisch zusammengehörenden Volkes und nahmen sich als
10 Angehörige einer kulturellen Gemeinschaft wahr. So sammelten z. B. die Brüder Jacob und Wilhelm Grimm Märchen, schrieben sie auf und gaben sie von 1812 bis 1858 als „Kinder- und Hausmärchen" heraus.

Das Wartburgfest 1817

15 Seit 1815 schlossen sich deutsche Studenten zu Burschenschaften* zusammen. Unter ihnen waren viele, die in den Befreiungskriegen gegen Napoleon gekämpft hatten. Sie empfanden es als besonders bitter, dass der Wiener Kongress ihre Hoffnungen auf Freiheit und Ein-
20 heit nicht erfüllt hatte. Im Oktober 1817, zum 300-jährigen Jubiläum der Reformation und zum vierten Jahres-

tag der Völkerschlacht bei Leipzig, lud die Jenaer Burschenschaft Vertreter deutscher Universitäten auf die Wartburg ein. Dort sollte ein „Nationalfest" stattfinden.
25 500 Interessierte folgten dem Aufruf. „Freiheit" und „ein einiges Vaterland" lauteten die Forderungen der Studenten. Am Abend verbrannten sie fürstenfreundliche Bücher, einen Soldatenzopf und Uniformteile.

Ein politischer Mord und die Reaktion

30 August von Kotzebue war ein Autor, dessen Werke auf dem Wartburgfest verbrannt wurden. Er war ein erklärter Gegner der Burschenschaften und des Liberalismus und stand im Dienst des absolutistisch regierenden russischen Zaren. Am 23. März 1819 wurde er vom Theolo-
35 giestudenten und Burschenschaftler Karl Ludwig Sand als „Spion und Vaterlandsverräter" ermordet. Dieser Mord bot den deutschen Fürsten die Gelegenheit, mit aller Härte zu reagieren: Noch 1819 fassten Vertreter des Deutschen Bundes unter der Führung Metternichs die
40 „Karlsbader Beschlüsse". Ab sofort wurden die Universitäten, insbesondere die Professoren, bundesweit überwacht, Burschenschaften verboten und die Pressezensur eingeführt.

Die Julirevolution in Paris wirkt auf Europa

45 In Frankreich versuchte König Karl X. seit 1824 die absolute Monarchie wiedereinzuführen. Doch die Franzosen wehrten sich erfolgreich. Der König floh im Juli 1830 und an seiner Stelle wurde Louis Philippe als „Bürgerkönig" eingesetzt. Diese Julirevolution wurde zum 50 Vorbild für andere Länder. Im November 1831 gab es einen Aufstand in Polen, das seit 1815 vom russischen Zaren beherrscht wurde. Der Aufstand wurde blutig niedergeschlagen und tausende Polen flohen. In Deutschland wurden sie als Freiheitshelden gefeiert. Am 55 27. Mai 1832 folgte die erste Massendemonstration für politische Freiheit und nationale Einheit in Deutschland: das Hambacher Fest (siehe S. 22/23).

Nationales Denken beschreibt das Streben nach nationaler Einheit und Unabhängigkeit. Das Bewusstsein von gemeinsamer Sprache, Kultur und Geschichte führte seit dem frühen 19. Jh. zur Entstehung eines Nationalbewusstseins mit dem Ziel, eine staatlich organisierte Nation zu bilden.
Nationalismus ist eine politische Ideologie. Nationalisten wollen, dass der eigene, souveräne Nationalstaat eine beherrschende Stellung hat. Entstanden ist der Begriff in Frankreich während der Französischen Revolution. In Deutschland verbreitete sich der Nationalismus vor und während der Befreiungskriege.

Liberalismus ist eine Einstellung, die großen Wert auf Freiheit in Staat und Gesellschaft liegt. Der Mensch und seine Rechte stehen im Vordergrund. Der Staat soll die Bürger schützen und die Ordnung aufrechterhalten. Liberale setzen sich für Gewaltenteilung, einen Rechtsstaat und Pressefreiheit ein.
Vormärz heißt die Epoche der Freiheitsbewegungen in Europa zwischen 1815 und 1848.

Der Historiker Thomas Nipperdey über das deutsche Nationalbewusstsein (2012):
Zunächst: die Jahre nach 1815 sind erfüllt von der Intensivierung des kulturell-historischen Nationalbewusstseins. Romantik und die aufblühenden Geisteswissenschaften haben das vorangetrieben.
5 Sprache, Sitte und Rechte, Märchen und Sagen, Literatur ... und Geschichte (und die geschichtlichen Quellen zumal) der Deutschen, des Mittelalters und der Frühzeit vor allem, rücken ins Zentrum der Aufmerksamkeit; man ist auf der Suche nach Geist und 10 Wesen der Nation ... Man fragt auch nach der ... deutschen Ausprägung der eigentlich universalen Macht Europas, der Religion, der Kirche, der Frömmigkeit; für die Evangelischen rücken Luther und Deutschtum nahe zusammen. Kurz, Nation wird 15 zum Schlüssel für das Verständnis von Kultur und Geschichte der eigenen Lebenswelt, der Identität. Und aus der Feststellung wird die Forderung: was national ist, soll erhalten und gepflegt, erinnert, entwickelt, befreit, gesteigert werden. Die Tradition soll 20 vergegenwärtigt werden in Büchern, ... Sammlungen, und in Kunstwerken, Historienbilder, restaurierten Bauwerken und ... in Denkmälern für die Großen der Nation: Dürer und Gutenberg und Schiller, Beethoven und Mozart, Goethe, Bonifatius und Luther ... 25 und viele mehr ...
Thomas Nipperdey, Deutsche Geschichte 1800–1866: Bürgerwelt und starker Staat, Bd. 1, 5. Aufl., München (C. H. Beck) 2012, S. 305f. Bearb. v. Verf.

1 Stelle in einem Sachtext einen Zusammenhang zwischen den Ereignissen aus dem Jahr 1815 (Wiener Kongress) und 1832 (Hambacher Fest) dar. Nutze die Arbeitsschritte „Einen Sachtext verfassen" auf S. 156.

2 **Methode:** Analysiere die Karikatur M1 mithilfe der Arbeitsschritte auf S. 155.

3 Arbeite aus dem Darstellungstext heraus, wie sich das Bestreben der Deutschen nach „Ehre, Freiheit und Vaterland" ausdrückte.
Tipp: Verwende dabei den neuen Begriff des „nationalen Denkens".

4 Erläutere mithilfe des Darstellungstextes, warum die Fürsten gegen Liberalismus und Nationalismus vorgingen.

5 **Wähle eine Aufgabe aus:**
a) Arbeite aus M2 heraus, wie der Historiker das deutsche Nationalbewusstsein im frühen 19. Jahrhundert beschreibt.
Tipp: Nimm auch den Darstellungstext zur Hilfe.
b) Fasse die Aussagen des Historikers Thomas Nipperdey in M2 in eigenen Worten zusammen.

Zusatzaufgaben: siehe S. 138

Das Hambacher Fest: Volksfest oder politische Demonstration?

Ausgelöst durch die Ereignisse in Frankreich und Polen, zogen rund 30 000 Menschen am 27. Mai 1832 auf das Hambacher Schloss (damals Bayern, heute Rheinland-Pfalz). Sie trugen schwarz-rot-goldene Fahnen und sangen, begleitet von Instrumenten, politische Lieder.

- *Welche Ziele und Ideale wurden auf dem Hambacher Fest vertreten?*
- *Welche Bedeutung hatte das Fest? Diese Fragen könnt ihr auf drei Wegen (A, B oder C) untersuchen.*

„Hinauf, Patrioten, zum Schloss, zum Schloss!"
Am 20. April 1832 luden die beiden liberal und national gesinnten Journalisten Johann Georg August Wirth und Philipp Jakob Siebenpfeiffer „zu einem Nationalfeste" auf der Schlossruine Hambach ein. Im Vordergrund des
5 Hambacher Festes standen die Schlagworte „nationale Einheit", „Freiheit" und „soziale Gerechtigkeit" für Männer und Frauen.

Obwohl die Regierung anfangs versuchte, das Fest zu verbieten, setzten sich die Liberalen durch. Die Organi-
10 satoren, die auch Gründer des „Deutschen Vaterlandsvereines zur Unterstützung der Freien Presse" waren, verliehen auf dem Fest den Ideen der Liberalen eine Stimme. Dafür wurden sie im Anschluss verhaftet. Der Prozess endete in einem Freispruch.

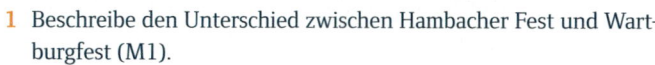
M1 *Der Zug auf das Hambacher Schloss am 27. Mai 1832, Radierung, 1832*

M2 **„Der Deutschen Mai", ein von Philipp Jakob Siebenpfeiffer gedichtetes Lied:**

1. Hinauf, Patrioten, zum Schloss, zum Schloss!
Hoch flattern die deutschen Farben:
Es keimet die Saat und die Hoffnung
5 ist groß,
Schon binden im Geiste wir Garben:
Es reifet die Ähre mit goldenem Rand,
Und die goldne Ernt' ist das –
10 Vaterland.
...
3. Auch wir, Patrioten, wir ziehen aus in festgeschlossenen Reihen;
Wir wollen uns gründen ein Vater-
15 haus,
Und wollen der Freiheit es weihen:
Denn vor der Tyrannen Angesicht
Beugt länger der freie Deutsche sich nicht.

Johann Georg August Wirth, Das Nationalfest der Deutschen zu Hambach, Neustadt 1832 (Nachdr. 1981), S. 12f.

1 Beschreibe den Unterschied zwischen Hambacher Fest und Wartburgfest (M1).
Tipp: Nimm das Bild M3 auf S. 13 zu Hilfe.
2 Arbeite die politischen Ziele aus dem Lied M2 heraus.

B

 Aus der Rede Philipp Jakob Siebenpfeiffers:
Und es wird kommen der Tag, ... wo der Deutsche vom Alpengebirg und der Nordsee, vom Rhein, der Donau und Elbe den Bruder im Bruder umarmt, wo die Zollstöcke und die Schlagbäume,
5 wo alle Hoheitszeichen der Trennung und Hemmung und Bedrückung verschwinden, samt den Konstitutiönchen (kleinen Verfassungen), ... wo der Beamte, der Krieger statt mit der Bedientenjacke des Herrn mit der Volksbinde sich
10 schmückt, ... wo das deutsche Weib, nicht mehr die dienstpflichtige Magd des herrschenden Mannes, sondern die freie Genossin des freien Bürgers, unsern Söhnen und Töchtern schon als stammelnden Säuglingen die Freiheit einflößt.
Zit. nach Gustav Adolf Süß, Das Hambacher Fest, Mainz (Informationen der LpB, Rheinland-Pfalz) 1981, S. 55.

1 Erarbeite die politischen Ziele Siebenpfeiffers aus M3.
2 Beschreibe die Folgen des Hambacher Festes (M4).
   Tipp: Welches politische Klima herrschte in Deutschland?

C

 Der ehemalige Bundespräsident Walter Scheel sagte bei der 150-Jahrfeier des Hambacher Festes:
Deutscher sein zu wollen, bedeutete damals nicht, deshalb Antifranzose oder Antipole zu sein. Im Gegenteil: Hier in Hambach wurde ein Stück europäischer Solidarität sichtbar. Man wusste ge-
5 nau, dass ich meine Freiheit und die meiner Mitbürger nicht mit Unfreiheit der Nachbarnationen erkaufen kann – und sie ihre Freiheit nicht mit meiner Unfreiheit. Man wusste damals in Hambach, dass Freiheit ein gemeinsames Anliegen
10 der europäischen Völker ist. Deshalb gehörte der Ruf nach einem konföderierten, republikanischen Europa zu den politischen Forderungen.
Zit. nach Walter Scheel, Bekenntnis zu Europa. In: Manfred H. Däuwel (Hg.), Hambach in Europa – es lebe das confoederirte republikanische Europa, Bonn (Europa-Union-Verlag) 1983, S. 3.

1 Arbeite aus der Rede M5 heraus, wie Präsident Scheel das Hambacher Fest bewertet.
2 Erkläre, was er mit dem Begriff „europäische Solidarität" meint.

 Maßregeln zur Aufrechthaltung der Ruhe und Ordnung im Deutschen Bunde, 5. Juli 1832:
Art. 2. Alle Vereine, welche politische Zwecke haben, ... sind ... zu verbieten ...
Art. 3. Außerordentliche Volksversammlungen und Volksfeste ... dürfen ... in keinem Bundes-
5 staate ohne ... Genehmigung ... stattfinden ... Auch bei erlaubten Volksversammlungen und Volksfesten ist es nicht zu dulden, dass öffentliche Reden politischen Inhalts gehalten werden ...
Art. 4. Das ... Aufstecken von Fahnen und Flag-
10 gen, das Errichten von Freiheitsbäumen und dergleichen Aufruhrzeichen – ist unnachsichtlich zu bestrafen.
Art. 6. Die Bundesregierungen werden ... sich wechselseitig mit Notizen über alle Entdeckun-
15 gen staatsgefährlicher geheimer Verbindungen und der darin verflochtenen Individuen ... unterstützen.
Art. 8. Die Bundesregierungen machen sich verbindlich, diejenigen, welche in einem Bundes-
20 staat politische Vergehen oder Verbrechen begangen, und sich, um der Strafe zu entgehen, in andere Bundeslande geflüchtet haben, ... auszuliefern.
Art. 9. Die Bundesregierungen sichern sich
25 gegenseitig auf Verlangen die prompteste militärische Assistenz[1] zu.
Zit. nach www.verfassungen.de/de/de06-66/ bundesbeschluss24.htm#zehnartikel (Stand: 8. 8. 2017)

[1] *Hilfe*

Aufgabe für alle:
Was könnte aus eurer Sicht im 21. Jahrhundert zu einem Freiheitsfest dazugehören? Stellt mithilfe von M6 ein Programm zusammen.

Ausschnitt aus einem Werbeplakat, 2017

Ein historisches Lied analysieren

Um die nationale Aufbruchsstimmung nach den Befreiungskriegen weiter zu stärken, wurde auch auf das Medium Lied zurückgegriffen. Angehörige aller Schichten trafen sich in Gesangsvereinen. Bekannte Melodien erhielten neue, zunehmend auch politische Texte und verbreiteten sich schnell. Oft blieb der Polizei nur die Feststellung: „Aus dem gemeinschaftlichen Singen entwickelte sich eine gefährliche politische Manifestation!" Das geschriebene Wort konnte zensiert werden, mit dem „gesungenen Wort" hatten die Zensoren ihre liebe Mühe, denn wenn die Polizei den Raum betrat, konnte zur selben Melodie schnell ein anderer Text gesungen werden.

- *Die Arbeitsschritte zeigen dir, wie du ein historisches Lied analysierst.*

August Heinrich Hoffmann von Fallersleben, kolorierte Radierung, 19. Jh.

Das „Lied der Deutschen" (1841):

Deutschland, Deutschland, über alles,
Über alles in der Welt,
Wenn es stets zu Schutz und Trutze
Brüderlich zusammenhält,
5 Von der Maas[1] bis an die Memel[2],
Von der Etsch[3] bis an den Belt[4] –
Deutschland, Deutschland über alles,
Über alles in der Welt!

Deutsche Frauen, deutsche Treue,
10 Deutscher Wein und deutscher Sang
Sollen in der Welt behalten
Ihren alten schönen Klang,
Uns zu edler Tat begeistern
Unser ganzes Leben lang –
15 Deutsche Frauen, deutsche Treue,
Deutscher Wein und deutscher Sang!

Einigkeit und Recht und Freiheit
Für das deutsche Vaterland!
Danach lasst uns alle streben
20 Brüderlich mit Herz und Hand!
Einigkeit und Recht und Freiheit
Sind des Glückes Unterpfand[5] –
Blüh' im Glanze dieses Glückes,
Blühe, deutsches Vaterland!

Zit. nach Theodor Echtermeyer, Deutsche Gedichte, hg. von Benno von Wiese, Düsseldorf (Schwann-Bagel) 1982.

....

[1] *Fluss der durch das heutige Frankreich, Belgien und die Niederlande fließt*
[2] *Fluss im heutigen Weißrussland und Litauen*
[3] *Fluss in Italien, entspringt in Südtirol und mündet ins Mittelmeer*
[4] *Meerengen um Dänemark*
[5] *gemeint ist, dass Einigkeit, Recht und Freiheit der Beweis für das Glück sind*

Zur Geschichte des Liedes M2

August Heinrich Hoffmann von Fallersleben (1798 bis 1874) war ein bekannter deutscher Germanist und Dichter. Als Student engagierte er sich in einer Burschenschaft. 1835 wurde er Professor an der Universität
5 Breslau. Während eines Aufenthaltes mit Gleichgesinnten auf der Nordseeinsel Helgoland im August 1841 verfasste Hoffmann von Fallersleben das „Lied der Deutschen". Da Helgoland damals britisch war, hatten Liberale dort keine Strafmaßnahmen zu befürchten.
10 Zur Verbreitung des Liedes trug die Unterlegung des Textes mit der bekannten Melodie der österreichischen Kaiserhymne von Joseph Haydn bei.
Kurz nach Veröffentlichung des Liedes wurde Hoffmann Opfer der Zensurbehörde: Gemäß der Karlsbader Be-

15 schlüsse entzog man ihm die Professur und die preußische Staatsbürgerschaft. In den folgenden Jahren wurde er weitere 39 Mal aus deutschen Staaten ausgewiesen. 1922 bestimmte die Reichsregierung das immer noch populäre Lied zur Nationalhymne der Weimarer Repub-
20 lik. Während der Zeit des Nationalsozialismus ab 1933 sang man nur noch die erste Strophe: Die Idee Hoffmanns eines „durch Sprache und Kultur nach innen geeinten Deutschlands" verkehrten die Nationalsozialisten in ein aggressives „Deutschland nach außen über alles".
25 Seit 1952 ist die dritte Strophe die offizielle Nationalhymne, zunächst in der Bundesrepublik Deutschland und seit 1991 im wiedervereinigten Deutschland.

Arbeitsschritte „Ein historisches Lied analysieren"

Ersten Eindruck festhalten	Lösungshinweise zu M2
1. Welche Wirkung hat das Lied auf dich?	• *Nutze den* **Webcode**, *um dir die Melodie des Liedes anzuhören.*
Einzelheiten des Liedes erfassen	
2. Welchen Titel hat das Lied?	• *...*
3. Um welche Liedart handelt es sich (z.B. Volkslied, politisches Lied, Liebeslied, Nationalhymne ...)? Welche sprachlichen und musikalischen Mittel werden eingesetzt?	• *Im 19. Jahrhundert war es ein politisches Lied, heute ist es die deutsche ...; Wiederholung des Wortes „deutsch" als Bekräftigung des Einheitsgedankens aller deutschen Staaten; ...* • *Verwendung vieler Ausrufe (-zeichen), besonders in der letzten Strophe, Ausdruck großer Emotionalität, ...*
4. Welche Informationen, Ideologie* und Anspielungen enthält der Liedtext in den einzelnen Strophen?	• *1. Erhöhung Deutschlands über andere Nationen* • *2. Deutsche Landesgrenzen liefen von Maas bis ...* • *3. ...*
Zusätzliche Informationen heranziehen	
5. Was kannst du über die Entstehung des Liedes (Komponist, Texter, Entstehungszeit, Entstehungsort) erfahren? Wie verbreitet/bekannt war das Lied?	• **Tipp:** *Darstellungstext, Quellenangabe*
6. Welchen Bezug zu historischen Ereignissen enthält das Lied? Hat das Lied selbst eine Geschichte?	• **Tipp:** *Darstellungstext, Informationen des Schulbuchs auf den vorherigen Seiten, eigene Recherche*
Aussage formulieren und Absicht deuten	
7. Welche Gesamtaussage lässt sich formulieren?	• *Das „Lied der Deutschen" ist inhaltlich einzuordnen in die Zeit ... Inhaltlich zeigt sich das Bestreben ... Nach außen entfaltet sie eine politische Kraft, die ...*
8. Wer waren die Adressaten? Wie hat das Lied vermutlich auf sie gewirkt?	• *Das Lied richtete sich vermutlich an ...*
9. Mit welcher Absicht wurde dieses Lied gesungen?	• *...*
10. Welche Perspektive wird im Lied eingenommen?	• *In dem Lied wird ...*
11. Beurteile das Lied aus Sicht eines Zeitgenossen.	• *Beziehe dazu auch die Informationen des Buches auf den vorherigen Seiten mit ein.*
12. Bewerte das Lied aus heutiger Sicht.	• *...*

1 Untersuche M1 mithilfe der Arbeitsschritte. Ergänze die Lösungshinweise an den Auslassungszeichen. Beziehe die Informationen des Darstellungstextes ein.

2 Bewerte, warum wir heute nur die dritte Strophe als Nationalhymne singen.
Tipp: Beachte, in welchen Staaten die Flüsse bzw. Meerengen liegen.

3 Nimm Stellung: Politische Lieder sind bis heute ein wichtiges Instrument der Kritik und der Verbreitung politischer Ideen.

Webcode: FG642700-025
Zum Anhören: Deutschlandlied

Der Umgang mit historischem Liedgut

*Lieder der Nationalbewegung hatten oft eindringliche Melodien und einen ein-
fach strukturieren Text, dessen Botschaft leicht verständlich war. Wurden die
Lieder der Nationalbewegung im 19. Jahrhundert vor allem für politische Zwecke
gesungen, begegnen uns heute einige dieser Lieder immer noch oft in einem ganz
anderen Zusammenhang.*

- *Untersuche am Beispiel des Liedes „Die Gedanken sind frei", inwieweit
  historische Lieder heutzutage bewahrt oder missbraucht werden.*

„Die Gedanken sind frei" (1856/1865):

1. Die Gedanken sind frei!
Wer kann sie erraten?
Sie fliegen vorbei
Wie nächtliche Schatten.
5 Kein Mensch kann sie wissen,
Kein Jäger sie schießen.
Es bleibet dabei:
Die Gedanken sind frei.

2. Ich denke, was ich will
10 Und was mich beglücket.
Doch alles in der Still
Und wie es sich schicket.
Mein Wunsch und Begehren
Kann niemand verwehren.
15 Es bleibet dabei:
Die Gedanken sind frei.

3. Sperrt man mich gleich ein
Im finsteren Kerker,
So sind es doch nur
20 Vergebliche Werke,
Denn meine Gedanken

Zerreißen die Schranken
Und Mauern entzwei:
Die Gedanken sind frei.

25 **4.** Jetzt will ich auf immer
Der Liebe entsagen
Und will mich nicht mehr
Mit Grillen so plagen.
Man kann ja im Herzen
30 Stets lachen und scherzen
Und denken dabei:
Die Gedanken sind frei.

5. Ich liebe den Wein
Mein Mädchen vor allen
35 Die tut mir allein
Am besten gefallen.
Ich bin nicht alleine
Bei meinem Glas Weine,
Mein Mädchen dabei:
40 Die Gedanken sind frei.

*Zit. nach August Hoffmann von Fallersleben/Ernst Heinrich
Leopold Richter (Hg.), Schlesische Volkslieder mit Melodien
aus dem Munde des Volkes, Leipzig (Breitkopf & Härtel)
1842, S. 307.*

Zur Geschichte des Liedes M1

Verfasser und Komponist sind bis heute unbekannt. Um
1780 wurde der Liedtext, den es in mehreren Fassungen
gibt, wohl erstmals auf Flugblättern verbreitet. Um 1800
kam die Melodie hinzu. Das Lied wurde mit seiner Bot-
5 schaft überall verstanden. Als die Fürsten 1819 die
Karlsbader Beschlüsse zur Überwachung der Lehre an
den Universitäten und zur Bekämpfung liberaler Tendenzen verkündet hatten, wurde es zum Lied der frei-
heitlichen Bewegungen. Nach dem Hambacher Fest
10 1832 wurde es in ganz Deutschland populär. 1942 hat
Sophie Scholl, eine Widerstandskämpferin während des
Nationalsozialismus ihrem verhafteten Vater vor dem
Gefängnis das Lied auf ihrer Flöte vorgespielt.

---

1 Methode: Untersuche M1 mithilfe der Arbeitsschritte auf S. 25. Nutze auch den Darstellungstext.

2 Vergleiche M1 mit dem Lied M2 auf S. 24.
Tipp: Welche Ziele werden verfolgt: Nationalismus
oder Liberalismus?

3 a) Recherchiere, wo das Lied M1 heute
Verwendung findet. Wähle ein Beispiel aus.
b) Nimm Stellung: Inwieweit werden historische
Lieder heutzutage bewahrt oder missbraucht?

Webcode: FG642700-026
Zum Anhören: Die Gedanken sind frei

Ein historisches Ereignis nacherzählen

Neben den dir schon bekannten Erzählhandlungen „Erzählen im ursprünglichen Sinn" und dem „Fiktionalen Erzählen" (siehe S. 157) lernst du auf dieser Seite eine neue Erzählhandlung kennen: das „Nacherzählen". Anschließend kannst du zu folgender Frage eine Nacherzählung verfassen.
- *Inwiefern wurde durch die Gründung und Mitwirkung in Vereinen das deutsche Nationalgefühl gestärkt?*

Kriterien einer Nacherzählung

Nacherzählen	Lösungshinweise
• Eine bereits dargestellte und rekonstruierte Geschichte (aus Darstellungen, Dokumentationen, historischen Spielfilmen, Hörspielen usw.) wird wiederholend erzählt.	• *Die bereits dargestellte Geschichte wird nicht wortwörtlich nacherzählt* • *Der Sinn der Geschichte muss bewahrt bleiben* • *Zeitliche Verläufe und Verlaufsformen sollten berücksichtigt werden (siehe S. 156 und 157).* • *In der Nacherzählung sollten Angaben zur Nachweisbarkeit der Aussagen gemacht werden (siehe S. 157).*

Vereine stärken das Nationalgefühl

Das Heilige Römische Reich Deutscher Nation bestand aus vielen Einzelstaaten. Diese waren durch Grenzen, unterschiedliche Gesetze sowie Monarchen getrennt. Dennoch hatten sie eine gemeinsame Sprache, gemein-
5 same Traditionen und eine gemeinsame Kultur. Durch die französische Fremdherrschaft, die ab 1807 immer mehr als Belastung empfunden und abgelehnt wurde, traten diese Gemeinsamkeiten in den Vordergrund und bildeten die Basis für eine organisierte Nationalbewe-
10 gung mit antifranzösischer Haltung, die zum Teil in Hass ausartete. Vor allem im Bildungsbürgertum trafen die Ideen von Freiheit und Einheit auf eine breite Akzeptanz. An den Gymnasien und Universitäten entstanden erste Wander- und Gesangsvereine, in denen die Ge-
15 meinschaft im Mittelpunkt stand. Gemeinsame Aktivitäten stärkten hier das Miteinander.
Beim Wandern wurde die Schönheit der deutschen Natur sowie der Landschaft hervorgehoben. Dabei wurde sich auch auf Gott berufen, der als Schöpfer den
20 Deutschen dieses Land gab. Deshalb sei es die Pflicht aller, eine geeinte deutsche Nation zu gründen.

In Gesangsvereinen wurde das deutsche Liedgut und die deutsche Sprache in den Mittelpunkt gerückt. Alle Beteiligten sollten sich deren Einzigartigkeit bewusst wer-
25 den. Im Jahr 1810 rief der Pädagoge Friedrich Ludwig Jahn (1778–1852) in Preußen eine Turnbewegung ins Leben. Hier konnten sich Schüler in Turnvereinen durch Turn- und Sportübungen, wie zum Beispiel Geräteturnen, Schwimmen sowie Fechten, auf den Kampf gegen
30 die napoleonische Besetzung körperlich vorbereiten. Dabei standen, genau wie in den anderen Vereinen, der Gemeinschaftssinn und die Berufung auf die Stärke der deutschen Nation im Vordergrund. Friedrich Ludwig Jahn bekam als Initiator dieser Bewegung den Beinamen
35 „Turnvater Jahn". Viele, die sich in den Vereinen engagierten, traten 1813 auch aktiv in den Befreiungskampf ein, indem sie Mitglieder in Freikorps wurden. Ein bekanntes Freikorps war das von Ludwig Adolf Wilhelm von Lützow.
40 Auch Frauen nahmen am Vereinsleben teil, waren aber nicht gleichberechtigt. Sicher belegt ist aber, dass es auch zwei Frauen, verkleidet als Männer, in das Lützowsche Freikorps schafften.

1 Stelle in einer Nacherzählung dar, inwiefern durch die Gründung und Mitwirkung in Vereinen der deutsche Nationalismus gestärkt wurde (Darstellungstext).

2 **Recherche:** Fasse in einem Kurzvortrag zentrale Ereignisse aus dem Leben der beiden Frauen aus dem Lützowschen Freikorps zusammen.
Tipp: Was erfährst du über ihren Eintritt, die Akzeptanz in der Männergemeinschaft, ihre Leistungen und Ehrungen?

1848 – Märzrevolution in Deutschland

Am 24. Februar 1848 wurde in Paris der „Bürgerkönig" Louis Philippe gestürzt, weil er Rechte und Freiheiten der Bürger einschränken wollte. Frankreich war nun wieder eine Republik. Dieses Ereignis wirkte auf den Deutschen Bund wie ein Funke im Pulverfass. Überall demonstrierten die Bürger und forderten von ihren Regierungen Reformen. Es kam zu einer Revolution.
- *Mit welchen Mitteln verfolgten sie ihre Ziele – und wie reagierten die Herrscher?*

M1 *Ein Schumacher arbeitet auf engstem Raum. Karikaturistische Darstellung, 19. Jh.*

Soziale Not als Verstärker

Neben der politischen Unterdrückung der Bevölkerung spielte vor allem die bestehende Massenarmut und Verelendung (Pauperismus*) der Bevölkerung eine nicht unbedeutende Rolle für die Revolution. Auf dem Land
5　existierte noch der Feudalismus und schränkte die Freiheiten der Bauern ein. Die Lebens- und Arbeitsbedingungen in den Städten waren katastrophal, der Unmut auf die eigene Regierung war groß.

„Märzforderungen" im Deutschen Bund

10　In fast allen deutschen Staaten des Deutschen Bundes protestierten die Menschen: von wohlhabenden Bürgern über Handwerker bis hin zu Arbeitern und Tagelöhnern. Sie forderten Versammlungs-, Rede- und Pressefreiheit, unabhängige Gerichte, politische Rechte aller
15　Staatsbürger, die Einberufung einer Nationalversammlung sowie die Gründung eines geeinten deutschen Nationalstaats. Um ihren Forderungen Nachdruck zu verleihen, gingen die Bauern auf dem Land zum Teil gewaltsam gegen ihre Gutsherren vor. Aber auch in
20　Städten, wie Wien oder Berlin, kam es zu Kämpfen: Als demonstrierende Studenten den Rücktritt des Urhebers

der Restauration, Fürst Metternich, zum Abdanken zwingen wollen, gerät die Situation außer Kontrolle. Um weitere Gewaltausbrüche zu verhindern, dankte dieser
25　ab und floh.

Revolution am Beispiel Preußens

Als der preußische König Friedrich Wilhelm IV. erfuhr, dass Fürst Metternich aus Wien geflohen war, versprach er Preußen eine Verfassung. Daraufhin versammelte sich
30　am 18. März 1848 eine große Menschenmenge vor dem Berliner Schloss, um ihm zu danken. Das Militär rückte an – und plötzlich fielen Schüsse. Die Menge fühlte sich verraten und griff zu den Waffen. Es entbrannte ein Barrikadenkampf in der Stadt, der über 200 Todesopfer for-
35　derte. Tags darauf lenkte der König ein. Er verneigte sich demonstrativ vor den Toten und versprach, sich für die nationale Einheit Deutschlands einzusetzen. Zudem berief er liberale Minister in seine Regierung. Eine „preußische Nationalversammlung" trat zusammen, die eine
40　Verfassung für Preußen ausarbeiten sollte.

Die Nationalversammlung tritt zusammen

In den Einzelstaaten hatte die Revolution gesiegt. Doch nun galt es, die deutsche Einheit zu schaffen. Am 31. März 1848 trafen sich Gesandte aus dem ganzen
45　Deutschen Bund und bildeten in Frankfurt ein „Vorparlament". Es bereitete die Wahlen für das erste deutsche Nationalparlament vor. Jeder männliche Bürger sollte frei wählen dürfen, alle Stimmen sollten gleichwertig gewichtet werden. Am 18. Mai trafen sich
50　585 Abgeordnete in Frankfurt am Main, um einen Nationalstaat zu schaffen und eine gesamtdeutsche Verfassung zu erarbeiten.

Barrikadenkämpfe in der Breiten Straße in Berlin in der Nacht vom 18. zum 19. März 1848, Lithografie, 1848. Zu sehen waren auch wieder die schwarz-rot-goldenen Fahnen der kämpfenden Bevölkerung.

M3 „Hungerlied" von Georg Weerth (1844):

Verehrter Herr und König,
Weißt Du die schlimme Geschicht?
Am Montag aßen wir wenig,
Und am Dienstag aßen wir nicht.
5 Und am Mittwoch mussten wir darben,
Und am Donnerstag litten wir Not;
Und ach, am Freitag starben
Wir fast den Hungerstod!
Drum lass uns am Samstag backen
10 Das Brot, fein säuberlich;
Sonst werden wir sonntags packen
Und fressen, o König, Dich!

Lutz Görner, Das Poesiealbum, Teil 2. Gedichte, Biographisches. 250 Dichterinnen und Dichter vom Barock bis Rilke, Weimar (Reziteater) 1999, S. 11.

M4 Der Zeitzeuge Karl August Varnhagen von Ense erinnerte sich 1852 an die Ereignisse vor dem Berliner Schloss am 19. März 1848:

Zuerst wurden sechs bis sieben Leichen von der Breiten Straße her nach dem Schloss angefahren. Die blutigen Wunden aufgedeckt, bekränzt mit Blumen und Laub. Die begleitende Volksmenge sang
5 Lieder und schrie. Der König solle die Leichen sehen, hieß es. Auf den ... Ruf erschien der König auf dem Altan¹, der nach dem Schlossplatz hinausführt ... Alles hatte den Kopf entblößt, nur der König die Mütze auf. Da hieß es gebieterisch: „Die Mütze 10 herab!", und er nahm sie ab. Die Leichen wurden dann durch das Schloss nach dem Dom gefahren ... und hier musste der König ebenfalls wiederholt auf der Galerie erscheinen, die Leichen grüßen und vieles anhören. Endlich wurde ein geistliches Lied 15 angestimmt, ... die ganze Volksmenge sang mit und schien versöhnt. Der König durfte sich erschöpft und vernichtet zurückziehen.

Zit. nach Hans Bentzien, Unterm roten und schwarzen Adler, Berlin (Volk und Welt) 1992, S. 225.

....

¹ Balkon

....

1 **Methode:** Analysiere das historische Lied M3 mithilfe der Arbeitsschritte auf S. 25.
2 Erstelle mithilfe des Darstellungstextes, M1 und M3 eine Mind-Map zu den Ursachen der Märzrevolution in den Kleinstaaten des Deutschen Bundes und Preußens.
   Tipp: Nimm S. 159 zu Hilfe.
3 Verfasse mithilfe des Darstellungstextes eine Nacherzählung, welche den Titel „Revolution in Berlin: Eskalation der Gewalt" trägt. Beziehe dazu dein Vorwissen sowie M2 und M4 ein.
   Tipp: Nimm S. 27 zu Hilfe.
4 **Wähle eine Aufgabe aus:**
   a) Erkläre, warum der preußische König den Revolutionären Zugeständnisse machte (Darstellungstext, M4).

   b) Beurteile anhand des Darstellungstextes und M4, ob der König wirklich „vernichtet" (M4, Z. 17) wurde.
5 Diskutiert, ob mit Einberufung der Nationalversammlung im Mai 1848 die Revolution als erfolgreich gelten konnte.
   Tipp: Beachtet die Forderungen des Volkes sowie die Stellung der Monarchen.

Webcode: FG642700-029
Die Revolution 1848

Welche Verfassung soll Deutschland bekommen?

Im Mai 1848 versammelte sich zum ersten Mal ein deutsches Nationalparlament in der Frankfurter Paulskirche. Es sollte eine Verfassung ausarbeiten und so die Grundlage für einen deutschen Staat schaffen. Die Abgeordneten hatten jedoch ganz unterschiedliche Vorstellungen davon, wie der neue Staat aussehen sollte.
- *Worüber haben die Abgeordneten debattiert?*
- *Wie sah die Verfassung aus, die sie ausgearbeitet haben?*

Die Diskussionen der Abgeordneten

Die etwa 585 Abgeordneten schlossen sich zu Fraktionen* zusammen, um ihre Ziele durchzusetzen. Sie benannten sich nach den Gaststätten, in denen sie sich trafen – zum Beispiel dem „Café Milani". Im Parlament
5 hatten sie eine feste Sitzordnung: die konservativen* Anhänger der Monarchie saßen ganz rechts, die Demokraten eher links. Später wurden „links" und „rechts" Bezeichnungen für die politische Haltung.

Das Parlament musste über viele Fragen entscheiden:
10 - Wie groß soll das deutsche Staatsgebiet sein? („klein-" oder „großdeutsch", siehe M2)
- Welche Staatsform soll Deutschland haben? (Monarchie mit oder ohne Verfassung, Republik …)
- Soll ein Kaiser seinen Titel erben oder gewählt
15   werden? („Erbkaiser" oder „Wahlkaiser")
- Soll Deutschland ein Zentralstaat oder Bundesstaat sein?
- Welche Rechte soll die Bevölkerung haben?

M1 Die Fraktionen der Paulskirche und ihre Ziele

Deutscher Hof:
gemäßigte Demokraten
- Volkssouveränität*
- demokratische Republik
- freie Wahlen mit gleicher Stimme für alle
- großdeutsche Lösung

Die verfassungsgebende Nationalversammlung in Frankfurt, kolorierte Lithografie, 1848

Casino:
nationale Liberale
(„rechtes Zentrum")
- Monarchie mit Verfassung und Erbkaiser
- Vetorecht des Kaisers gegen das Parlament
- Rücksichtnahme auf Einzelstaaten
- Wahlrecht für Männer mit Besitz und Bildung
- meist für kleindeutsche Lösung

Württemberger Hof: demokratische Liberale
(„linkes Zentrum")
- Volkssouveränität
- Bundesstaat mit starkem Parlament
- wenig Macht für Einzelstaaten, sie dürfen aber Monarchien bleiben
- allgemeines Wahlrecht
- meistens für die großdeutsche Lösung

Café Milani: rechte Konservative
- Monarchie mit Verfassung und Erbkaiser
- traditionelle Vorstellung eines „legitimen" Herrschers
- starke Einzelstaaten
- schwaches Parlament mit wenig Mitsprache
- Wahlrecht nur für Bürger mit Besitz
- großdeutsche Lösung

Lösung A

Königsberg
Hamburg
Berlin
Dresden
Frankfurt
Kaiserreich
München · Wien
Budapest
Österreich-Ungarn

400 km

Lösung B

Königsberg
Hamburg
Berlin
Dresden
Frankfurt
Kaiserreich
München · Wien
Budapest
Österreich-Ungarn

400 km

Lösungsvorschläge der Paulskirche für das deutsche Staatsgebiet. Lösung A wurde beschlossen.

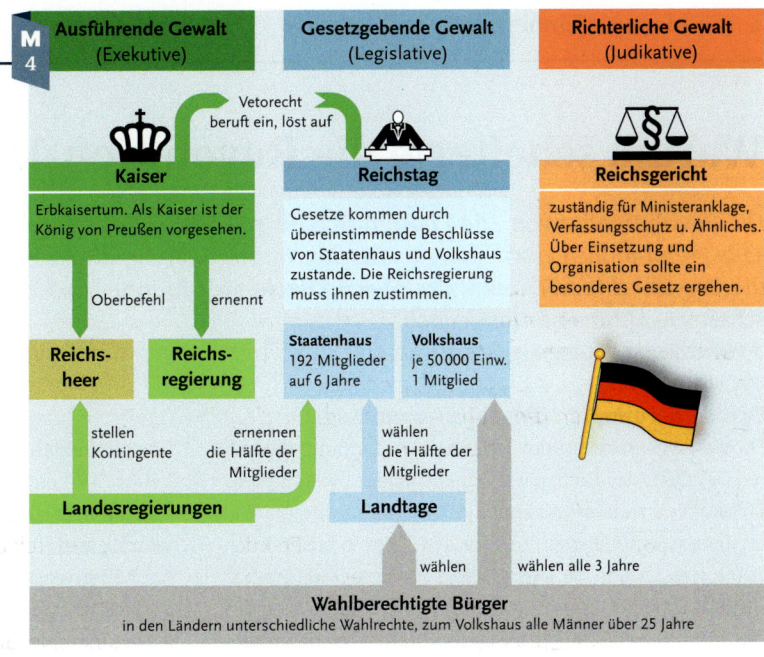

Ausführende Gewalt (Exekutive)	Gesetzgebende Gewalt (Legislative)	Richterliche Gewalt (Judikative)

Vetorecht
beruft ein, löst auf

Kaiser
Erbkaisertum. Als Kaiser ist der König von Preußen vorgesehen.

Reichstag
Gesetze kommen durch übereinstimmende Beschlüsse von Staatenhaus und Volkshaus zustande. Die Reichsregierung muss ihnen zustimmen.

Reichsgericht
zuständig für Ministeranklage, Verfassungsschutz u. Ähnliches. Über Einsetzung und Organisation sollte ein besonderes Gesetz ergehen.

Oberbefehl ernennt

Reichs-heer **Reichs-regierung**

Staatenhaus 192 Mitglieder auf 6 Jahre

Volkshaus je 50000 Einw. 1 Mitglied

stellen Kontingente

ernennen die Hälfte der Mitglieder

wählen die Hälfte der Mitglieder

Landesregierungen **Landtage**

wählen wählen alle 3 Jahre

Wahlberechtigte Bürger
in den Ländern unterschiedliche Wahlrechte, zum Volkshaus alle Männer über 25 Jahre

Vorschlag des Parlaments für eine Reichsverfassung vom 28. März 1849

Die Grundrechte des deutschen Volkes

Am 28. März 1849 einigte sich das Parlament auf eine Verfassung. Sie trat nie in Kraft. Darin hieß es:

§ 137. Vor dem Gesetze gilt kein Unterschied der Stände. Der Adel als Stand ist aufgehoben. Alle Standesvorrechte sind abgeschafft …

§ 138. Die Freiheit der Person ist unverletzlich. Die
5 Verhaftung einer Person soll … nur geschehen in Kraft eines richterlichen, mit Gründen versehenen Befehls …

§ 140. Die Wohnung ist unverletzlich …

§ 142. Das Briefgeheimnis ist gewährleistet …

10 **§ 143.** Jeder Deutsche hat das Recht, durch Wort, Schrift, Druck und bildliche Darstellung seine Meinung frei zu äußern. Die Pressefreiheit darf unter keinen Umständen … aufgehoben werden.

§ 144. Jeder Deutsche hat volle Glaubens- und
15 Gewissensfreiheit …

§ 161. Die Deutschen haben das Recht, sich friedlich und ohne Waffen zu versammeln …

§ 164. Das Eigenthum ist unverletzlich …

§ 166. Jeder Unterthänigkeits- und Hörigkeits-
20 verband hört für immer auf.

§ 175. Die richterliche Gewalt wird selbstständig von den Gerichten geübt.

Zit. nach www.verfassungen.de/de/de06-66/verfassung48. htm (Stand: 21. 6. 2017).

---

1 a) Bildet vier Gruppen. Übernehmt jeweils eine Fraktion aus M1.
b) Überlegt euch in der Gruppe mithilfe der Materialien Argumente für die Ziele eurer Fraktion.
c) Führt eine Klassendebatte: „Was für eine Verfassung soll Deutschland bekommen?"

2 a) Beurteilt, inwiefern die Grundrechte aus M5 für diese Zeit als fortschrittlich galten.
b) Vergleiche die Grundrechte in M5 mit den heutigen Grundrechten. Nutze den **Webcode**.

3 Methode: Untersuche die Verfassung M4. Nutze die Arbeitsschritte auf S. 155.

4 Beurteile den Beschluss der Nationalversammlung zur „kleindeutschen" Lösung (M3).
Tipp: Beachte, dass zum damaligen österreichischen Staatsgebiet auch Teile des heutigen Italiens, Tschechiens und Polens gehörten und damit große Bevölkerungsteile anderen, nicht deutschsprachigen Nationalitäten angehörten.

Zusatzaufgaben: siehe S. 139

Webcode: FG642700-031
Grundrechte heute

Warum scheiterte die Revolution 1848/49?

Die Revolutionäre von 1848 hatten sich für politische Ziele eingesetzt, die uns heute selbstverständlich erscheinen: politische Mitbestimmung durch Wahlen, Gesetze, die die Grundrechte aller schützen, gleiche Rechte für Männer und Frauen. Am Ende scheiterte die Revolution jedoch.

• *Warum konnten die Revolutionäre ihre Forderungen nicht durchsetzen?*

Überforderung der Nationalversammlung

Da die Abgeordneten der Nationalversammlung aus allen Gebieten des Deutschen Bundes kamen, waren viele Differenzen zu überbrücken. Ziel der Abgeordneten war es, einen Nationalstaat zu gründen. Dieser besaß aber

5 keine Hauptstadt, da Deutschland zu dieser Zeit immer noch ein zersplitterter Staatenbund war. Beschlüsse, die die Nationalversammlung erließ, konnten nicht durchgesetzt werden, da ihr dafür die Machtmittel fehlten. Sie hatte keine eigene Verwaltung und kein Heer und war

10 auf den guten Willen der Monarchen angewiesen, die Reformen durchzusetzen. Die Vielzahl der verschiedenen Meinungen zu einer Übereinstimmung zu führen, dauerte viel länger als vermutet.

„Gegen Demokraten helfen nur Soldaten"

15 Ende des Jahres 1848 diskutierten die Abgeordneten in der Paulskirche noch immer, wie der neue Nationalstaat aussehen sollte. Währenddessen veränderte sich aber die Stimmung im Land. Es gab radikale Unternehmungen, die von den Landesfürsten gewaltsam niederge-

20 schlagen wurden. Die Fürsten gewannen wieder Selbstvertrauen und begannen die Revolution offen zu bekämpfen. In Wien setzte die Gegenrevolution zuerst ein: Im Oktober 1848 stürmten kaiserliche Truppen die Stadt. Viele Revolutionäre wurden inhaftiert und hinge-

25 richtet. Darunter war auch Robert Blum, ein demokratischer Abgeordneter der Paulskirche. Auch in Preußen verlor die Revolution an Boden. Im November rückte das Militär in Berlin ein und verhängte den Belagerungszustand. Die preußische Nationalversammlung wurde

30 kurzerhand aufgelöst.

Der König lehnt die Krone ab

Trotz dieser Veränderungen debattierte das Parlament weiter und entschloss sich, eine Abordnung nach Berlin zu schicken. Sie sollte dem preußischen König Friedrich

35 Wilhelm IV. die Wahl zum deutschen Kaiser mitteilen, wie es in dem Verfassungsentwurf vorgesehen war. Dieser lehnte jedoch im April 1849 ab. Er äußerte sich abfällig: Die Reichskrone sei ein „Hundehalsband der Parlamentarier". Sie habe den „Ludergeruch" der Revolution

40 (Luder = totes Tier, Köder). Ein legitimer König von Gottes Gnaden trage einen solchen „Reif aus Dreck und Letten" (= Lehm) nicht! Die Empörung in den deutschen Staaten war groß. Aber die Vertreter der neuen Verfassung waren machtlos. Viele Abgeordnete der Pauls-

45 kirche hatten bereits aufgegeben. Anfang Juni zog das Parlament nach Stuttgart um. Dort bildeten nur noch etwa 150 Abgeordnete ein „Rumpfparlament". Die meisten von ihnen waren streng demokratisch gesinnt und wollten eine Republik. Das Parlament wurde am

50 18. Juni von württembergischem Militär aufgelöst. Es begann eine harte Verfolgung gegen die, die für Freiheit und Einheit gekämpft hatten. 1850 schlossen Preußen und Österreich einen Vertrag, der den Deutschen Bund wiederherstellte.

 M 1 *Der preußische König Friedrich Wilhelm lehnt die Kaiserkrone ab. Karikatur aus den „Satyrischen Zeitblättern", 1849. Die Unterschrift lautet: „Soll ich? – Soll ich nich? – Soll ich?! – Knöppe, ihr wollt! – Nu jerade nich!"*

Der Historiker Thomas Nipperdey über das Scheitern der Revolution (2012):

[Die Liberalen] trieben eine Politik der Mitte ... Sie waren ... Revolutionäre wider Willen; sie machten vor den Thronen Halt; sie wollten die Revolution beenden und in Legalität[1] überführen ... Die Einheits-
5 forderung stieß auf den ... Partikularismus[2] der deutschen politischen Welt ... Nationale Einheit gab es nicht ohne Österreich, nicht ohne Preußen, aber solange die als Staaten bestanden, stellte sich das Problem der Führung ... Deutsche Einheit, deutsche
10 Grenzen, deutsche Freiheit und ein Stück sozialer Gerechtigkeit – das waren schon vier Probleme, die gleichzeitig anstanden ... Aber das war kein Zufall:

Ohne nationale Einheit konnte es keine bürgerliche Herrschaft geben und auch nicht ohne bürgerliche
15 Gesellschaft. Freiheit und Einheit waren nicht zu trennen. Es ist die Vielzahl der Probleme gewesen und ihre Unlösbarkeiten, die zum Scheitern der Revolution geführt hat. Man wollte einen Staat gründen und eine Verfassung durchsetzen, beides
20 zugleich und das angesichts gravierender sozialer Spannungen.

Thomas Nipperdey, Deutsche Geschichte 1800–1866: Bürgerwelt und starker Staat, Bd. 1, 5. Aufl., München (C. H. Beck) 2012, S. 664ff.

....

[1] *durch Gesetze abgesicherter Zustand*
[2] *Interessen der Einzelstaaten*

Der Historiker Theodor Schieder über die Auswirkungen der Revolution (1975):

Trotz aller Rückschläge ... ist aber der gesellschaftliche Emanzipationsprozess[1], den ... die unter dem Einfluss der Revolution stehenden Parlamente und Regierungen vorangetrieben haben, nach dem
5 Scheitern der Revolution ... nur verlangsamt, aber nicht aufgehalten worden ... Überhaupt kann man die Entstehung politischer Parteien, die zum Teil schon eine massentümliche Basis[2] besitzen, als eines der wesentlichsten politischen Ergebnisse der
10 48er-Revolution bezeichnen. Die Wahlbewegung von

1848, die parlamentarischen Erfahrungen ..., die lange dauernde politische Hochspannung der Revolutionsjahre, das Zusammentreffen von Politikern aus allen Teilen Deutschlands schufen die
15 Voraussetzungen für politische Zusammenschlüsse, für die Entstehung ... [politischer] Organisationen.

Theodor Schieder, Vom Deutschen Bund zum Deutschen Reich (Gebhardt: Handbuch der deutschen Geschichte, Bd. 15), 10. Aufl., Stuttgart 1985, S. 104f.

....

[1] *Emanzipationsprozess: Vorgang der Befreiung*
[2] *große Menge von Unterstützern*

1 **Methode:** Analysiere die Karikatur M1. Nimm dazu die Arbeitsschritte auf S. 155 zu Hilfe.

2 **Wähle eine Aufgabe aus:**
a) Vergleiche das Verhalten des preußischen Königs im April 1849 mit dem im März 1848 (S. 28) und begründe seinen Wandel (Darstellungstext).
b) Ein nationalliberaler Journalist soll in seiner Zeitung, die am 5. Mai 1849 erscheint, über das Verhalten des preußischen Königs 1848 und 1849 berichten. Verfasse diesen fiktiven Artikel.
Tipp: Beachte die Kriterien einer fiktiven Erzählung.

3 Die beiden Historiker in M2 und M3 betonen in ihren Texten unterschiedliche Aspekte der Revolution.
a) Arbeite aus M2 die Gründe für das Scheitern der Revolution heraus und erläutere sie.
Tipp: Nimm den Darstellungstext zu Hilfe.
b) Fasse die Auswirkungen der Revolution zusammen (M3).
c) Vergleiche die Aussagen von M2 und M3. Nimm anschließend in eigenen Worten Stellung zur Frage: „War die Revolution von 1848 ganz umsonst?"

Zusatzaufgaben: siehe S. 139

Wie entstand 1871 das Deutsche Reich?

Da die Revolution von 1848 gescheitert war, blieb damit auch der Wunsch der Nationalisten nach einem geeinten deutschen Staat unerfüllt. Die „Deutsche Frage", wann wird ein geeintes Deutschland entstehen und wie wird dieses aussehen, wurde erst 1871 gelöst.

- *Auf dieser Doppelseite kannst du erarbeiten, wie es zur Entstehung des Deutschen Reichs kam und welche Rolle die Großmacht Preußen dabei spielte.*

Innenpolitische Konflikte in Preußen

1860 legte König Wilhelm I. dem preußischen Landtag – Preußen hatte seit 1849/50 eine Verfassung und ein Parlament – ein neues Wehrgesetz vor. Mit diesem Gesetz wollte er das aktive Heer gegenüber der Landwehr
5 stärken. Die Landwehr war eine Reservetruppe, die man vor allem in Kriegszeiten einzog. Sie wurde nicht von Berufsoffizieren geführt, sondern meist von liberalen, bürgerlichen Offizieren. Die Heeresreform hatte also nicht nur ein militärisches Ziel, sondern auch ein politi-
10 sches: Sie sollte die Macht des Königs stärken. Dagegen wehrten sich die Liberalen im Abgeordnetenhaus, die die Mehrheit bildeten. Der Landtag verweigerte dem König das nötige Geld. So entstand aus einem Heereskonflikt ein Verfassungskonflikt, in dem es um die Verteilung der
15 Macht zwischen König und Parlament ging. Wilhelm I. wollte keinesfalls nachgeben – eher wollte er auf die Krone verzichten. In dieser ausweglosen Situation ernannte er 1862 Otto von Bismarck zum Ministerpräsi-

denten. Bismarck war entschlossen, die Ziele des Königs
20 durchzusetzen. Er regierte mehrere Jahre über das Parlament hinweg, ohne eine Genehmigung einzuholen. Die Heeresreform wurde zielstrebig durchgeführt und das Heer zu einem schlagkräftigen Instrument ausgebaut. Bismarck fühlte sich nicht der Verfassung verpflichtet,
25 sondern wollte rasch und zielstrebig entscheiden (Realpolitik). Seine rücksichtslose Machtpolitik verschaffte ihm viele Feinde.

Reichseinigung durch Krieg?

Schon 1848/49 hatte sich gezeigt, dass die Existenz
30 zweier Großmächte im Deutschen Bund – Preußen und Österreich – die Gründung eines deutschen Nationalstaats erschwerte. Preußen strebte nun unter Bismarcks Führung die kleindeutsche Lösung ohne Österreich an. Geschickt nutzte Bismarck dazu die Interessen der euro-
35 päischen Staaten und ihre Beziehungen untereinander.

Deutschland bis 1871

Er schreckte dabei auch nicht vor Krieg zurück. 1864 führte Preußen gemeinsam mit Österreich Krieg gegen Dänemark. Der dänische König hatte versucht, sich einen Teil des heutigen Schleswig-Holstein einzuverlei-
40 ben. Zwei Jahre später wurden Preußen und Österreich zu Gegnern: Ein Streit um die Verwaltung Schleswigs und Holsteins führte zum Krieg. Preußen siegte in der Schlacht bei Königgrätz. Nun zerfiel der Deutsche Bund in drei Teile: Österreich, die süddeutschen Staaten (Bay-
45 ern, Baden, Württemberg) und den Norddeutschen Bund. Dieser war ein 1867 neu gegründeter Bundesstaat unter Führung Preußens.

Der Deutsch-Französische Krieg 1870/71

Frankreich beobachtete den Machtzuwachs Preußens
50 mit Sorge. Es war gegen die Gründung eines deutschen Nationalstaats. Als die Spannungen mit Frankreich zunahmen, schloss Bismarck „geheime Schutz- und Trutzbündnisse" mit den süddeutschen Staaten. Sie sollten bewirken, dass die Süddeutschen im Konfliktfall auf der
55 Seite Preußens standen. 1870 gelang es Bismarck, durch geschicktes Taktieren Frankreich so zu provozieren, dass es Preußen den Krieg erklärte. Es erschien nun selbst als Angreifer. Die süddeutschen Staaten unterstützten den Norddeutschen Bund und zogen mit in den Deutsch-
60 Französischen Krieg. Der Krieg sorgte für eine Welle nationaler Begeisterung in ganz Deutschland. Ursächlich waren die erfolgreichen Feldzüge Deutschlands gegen

Frankreich. Paris wurde belagert. Noch während der Belagerung begann Bismarck, mit den deutschen Fürs-
65 ten über die nationale Einigung zu verhandeln. Am 18. Januar 1871 erschienen fast alle deutschen Staatsoberhäupter im Schloss von Versailles. Der preußische König Wilhelm I. wurde im Spiegelsaal zum deutschen Kaiser ausgerufen: Das war gleichbedeutend mit der
70 Gründung des Deutschen Reichs, dem ersten deutschen Nationalstaat.

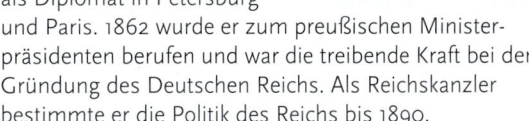

Otto von Bismarck (1815–1898)

Bismarck entstammte einer alten preußischen Landadelsfamilie. Er wurde konservativ* und königstreu erzogen. Seit 1847 war er Abgeordneter des preußischen Landtags. Dort wurde er als Gegner der 1848er-Revolution bekannt. Als preußischer Gesandter war er bei der Versammlung des Deutschen Bundes in Frankfurt, außerdem als Diplomat in Petersburg und Paris. 1862 wurde er zum preußischen Ministerpräsidenten berufen und war die treibende Kraft bei der Gründung des Deutschen Reichs. Als Reichskanzler bestimmte er die Politik des Reichs bis 1890.

Bismarck am 30. September 1862 vor einer Kommission des preußischen Abgeordnetenhauses:
Nicht auf Preußens Liberalismus sieht Deutschland, sondern auf seine Macht: Bayern, Württemberg, Baden mögen den Liberalismus dulden, darum wird ihnen doch keiner Preußens Rolle anweisen;
5 Preußen muss seine Kraft ... zusammenhalten auf den günstigen Augenblick, der schon einige Male verpasst ist; Preußens Grenzen nach den Wiener Verträgen sind zu einem gesunden Staatsleben nicht günstig; nicht durch Reden und Majoritätsbeschlüsse[1]
10 werden die großen Fragen der Zeit entschieden – das ist der große Fehler von 1848 und 1849 gewesen – sondern durch Eisen und Blut.
Otto von Bismarck, Die gesammelten Werke, Bd. 10, Berlin (Stollberg) 1928, S. 140.

[1] *Mehrheitsbeschlüsse*

1 Charakterisiere Bismarcks Handeln als Politiker (Darstellungstext, M2).
Tipp: Was kennzeichnete sein politisches Handeln?
2 **Gruppenarbeit:** Bildet drei Gruppen und erstellt ein Lernplakat zu den Kriegen 1864, 1866 und 1870/71. Informiert euch auch im Internet. Achtet besonders auf die diplomatische Vorbereitung der Kriege durch Bismarck. Nehmt S. 158 zu Hilfe.

3 **a)** Beurteile die politische Haltung Bismarcks aus der Sicht eines liberalen Zeitgenossen 1871.
b) Bewerte die politische Haltung Bismarcks aus deiner heutigen Sicht.
4 **Methode:** Beschreibe die territorialen und politischen Veränderungen Deutschlands zwischen 1864 und 1871 (M1). Nimm die Arbeitsschritte „Eine Geschichtskarte auswerten" auf S. 151 zu Hilfe.

Die Verfassung von 1871 – die Erfüllung liberaler Hoffnungen?

1871 einigten sich die deutschen Fürsten darauf, ein Kaiserreich zu gründen. Sie – und nicht das liberale Bürgertum – trafen die wesentlichen Entscheidungen darüber, wie dieses Reich aussehen sollte. Als Grundlage erhielt das Reich eine neue Verfassung.

- *Untersuche, wie die Verfassung des Deutschen Reichs aussah und welche Folgen sie für das Reich und seine Bürger hatte.*

Wer hat das Sagen – das Reich oder die Länder?

Das deutsche Kaiserreich war ein Bundesstaat mit 25 Mitgliedern. Das mit Abstand größte Mitglied war Preußen. Es hatte im Bundesrat 17 von 58 Stimmen. An der Spitze des Reichs stand als „deutscher Kaiser" der
5 König von Preußen. Er ernannte den Reichskanzler, der zugleich auch preußischer Ministerpräsident war. Preußen hatte damit überall ein starkes Gewicht. Gegen seinen Willen konnte niemand die Verfassung verändern. Die Fürsten blieben weiter Herrscher der Einzelstaaten,
10 allerdings galt der Grundsatz „Reichsrecht bricht Landesrecht". Das bedeutete, Gesetze des Reichs galten im Zweifelsfall mehr als die der Länder. Außenpolitik, Militär, Wirtschaft und Verkehr waren Sache des Reichs. Auch wenn die Bundesstaaten nicht mehr unabhängig
15 waren, behielten sie weiterhin viele Rechte: Sie durften über ihre inneren Angelegenheiten selbst entscheiden, wie zum Beispiel über Kultur und Bildung. Vor allem Bayern und Württemberg hatten zusätzliche Sonderrechte, zum Beispiel im Bereich der Post, der Eisenbahn
20 oder des Militärs.

Der Reichstag – ein mächtiges Organ?

Der Reichstag stellte die Volksvertretung dar: Seine Mitglieder wurden allgemein, geheim und direkt von männlichen Staatsbürgern über 25 Jahren gewählt. Die
25 Stimmen der Bürger zählten gleich viel. Die Macht des Reichtags war jedoch beschränkt. Er hatte keinen Einfluss darauf, wer in der Regierung saß. Nur der Kaiser ernannte und entließ den Reichskanzler. Dieser wiederum war nur dem Kaiser verantwortlich, nicht dem
30 Reichstag. Allerdings hatte der Reichstag das Recht über den Haushalt („Budgetrecht") und musste allein Reichsgesetzen zustimmen. Das bedeutete, dass der Reichskanzler immer wieder Mehrheiten bei den Parteien finden musste.

Das Deutsche Reich – ein „Obrigkeitsstaat"?

35 Bismarck, der die Verfassung im Wesentlichen entworfen hatte, wollte das Volk nicht an der Staatsführung beteiligen. Er versuchte, die Volksvertretung nach Möglichkeit von den Staatsgeschäften fernzuhalten.
40 Dadurch verhinderte er, dass sich das politische Leben demokratisch entwickelte. Grundrechte standen nur in den Verfassungen der Länder, nicht in der Reichsverfassung. Durch den Grundsatz „Reichsrecht bricht Landesrecht" konnte man sie aufheben. Staat und Ver-
45 waltung entwickelten sich zu mächtigen Institutionen, deren Vertreter, die Beamten, Gesetz und Ordnung durchsetzten. Eine demokratisch aktive Gesellschaft konnte sich unter dieser Verfassung nur schwer entfalten. War die Revolution von 1848 der Versuch, einen
50 Nationalstaat „von unten" zu gründen, wurde er 1871 „von oben" gegründet. Historiker nennen das Deutsche Reich deshalb auch einen „Obrigkeitsstaat".

*Bismarck und der Reichstag,
Karikatur aus Ungarn, 1879*

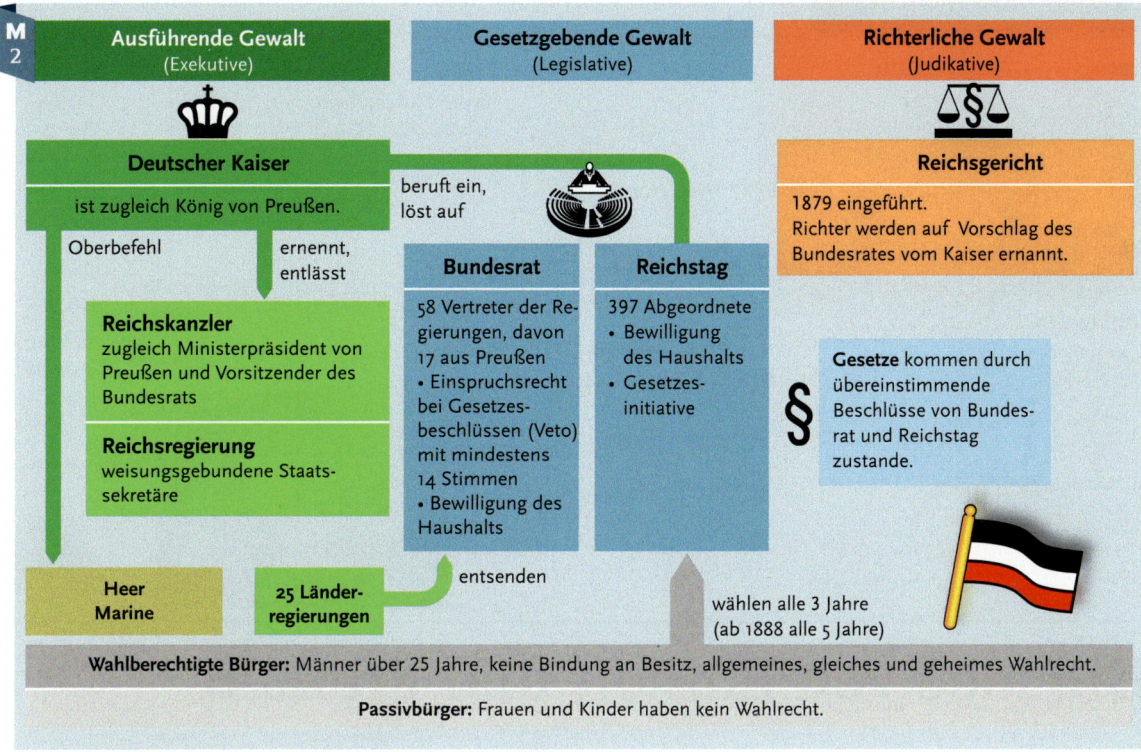

M2

Ausführende Gewalt (Exekutive)	Gesetzgebende Gewalt (Legislative)	Richterliche Gewalt (Judikative)

Deutscher Kaiser
ist zugleich König von Preußen.

Oberbefehl — ernennt, entlässt

beruft ein, löst auf

Reichsgericht
1879 eingeführt.
Richter werden auf Vorschlag des Bundesrates vom Kaiser ernannt.

Reichskanzler
zugleich Ministerpräsident von Preußen und Vorsitzender des Bundesrats

Reichsregierung
weisungsgebundene Staatssekretäre

Bundesrat
58 Vertreter der Regierungen, davon 17 aus Preußen
• Einspruchsrecht bei Gesetzesbeschlüssen (Veto) mit mindestens 14 Stimmen
• Bewilligung des Haushalts

Reichstag
397 Abgeordnete
• Bewilligung des Haushalts
• Gesetzesinitiative

§ **Gesetze** kommen durch übereinstimmende Beschlüsse von Bundesrat und Reichstag zustande.

Heer Marine

25 Länderregierungen

entsenden

wählen alle 3 Jahre (ab 1888 alle 5 Jahre)

Wahlberechtigte Bürger: Männer über 25 Jahre, keine Bindung an Besitz, allgemeines, gleiches und geheimes Wahlrecht.

Passivbürger: Frauen und Kinder haben kein Wahlrecht.

Die Verfassung des Deutschen Reichs von 1871

Wilhelm I. (1797–1888)

König von Preußen (1861–1888) und erster deutscher Kaiser (1871–1888), bekam eine militärische Ausbildung und kämpfte in den Befreiungskriegen (1813–1815). Bei der Niederschlagung der Revolution 1848/49 verhielt er sich rigoros gegenüber den Aufständischen. Als König von Preußen zeigte er gegenüber den Liberalen kein Entgegenkommen. 1862 berief er den konservativen Otto von Bismarck zum Ministerpräsidenten. Das Kaiserreich war eine Erbmonarchie des preußischen Königshauses der Hohenzollern, anders als das Heilige Römische Reich Deutscher Nation, das immer Wahlmonarchie geblieben war. Der Kaiser hatte vor allem im militärischen Bereich eine dominante Stellung. Er hatte das Recht, Krieg zu erklären und Frieden zu schließen. Wichtige Teile des Militärwesens waren der Parlamentskontrolle entzogen. Es bildete sich eine Art Militärkabinett, in das die zivilen Stellen keinen Einblick hatten. Der Kaiser und mit ihm der Reichskanzler konnten auch innen- und außenpolitisch weitgehend den Kurs bestimmen.

1 Partnerarbeit: Einer von euch bearbeitet a), der andere b), c) bearbeitet ihr gemeinsam:
a) Reich, Länder, Reichstag, Reichskanzler … Arbeite heraus, wer die Macht im Deutschen Reich hatte (Darstellungstext, Personenkasten).
b) Methode: Untersuche die Verfassung des Deutschen Reichs 1871 (M2) mithilfe der Arbeitsschritte „Ein Verfassungsschaubild auswerten" auf S. 155.
c) Vergleicht eure Ergebnisse und nehmt Ergänzungen vor.
2 Vergleiche die Verfassung von 1871 mit der Paulskirchenverfassung von 1849.

3 Untersuche Bismarcks Stellung zum Reichstag. Deute dazu die Karikatur M1.
4 Wähle eine Aufgabe aus:
a) Nimm Stellung zu folgender Aussage: „Mit der Reichsgründung 1871 waren die nationalen Forderungen von 1848 erfüllt, aber nicht die liberalen Forderungen der Revolutionäre".
b) Beurteile, inwiefern die Bezeichnung „Revolution von oben" für die Gründung des Kaiserreichs gerechtfertigt ist.
Tipp: Worin besteht der Unterschied zwischen Revolution und Reform?

| 1800 | 1810 | 1820 | 1830 | 1840 |

1807 Beginn der preußischen Reformen

1830/31 Julirevolution in Frankreich

1832 Hambacher Fest

1848/49 Revolutionen und Aufstände in Europa

1812 Russland-Feldzug Napoleons

1848 Märzrevolution in Deutschland: Paulskirchenparlament

1813 Beginn der Freiheitskriege; Völkerschlacht bei Leipzig

1849 Ablehnung der Kaiserkrone durch Friedrich Wilhelm IV.

1815 Niederlage Napoleons; Wiener Kongress; Deutscher Bund

1817 Wartburgfest

1819 Ermordung Kotzebues; Karlsbader Beschlüsse

Die Idee von Einheit und Freiheit

Die Ideen der Französischen Revolution verbreiten sich

Die Französische Revolution (1789–1799) hatte die Idee von Freiheit, Gleichheit und Brüderlichkeit bekannt gemacht. Auch in Deutschland identifizierten sich viele Bürger mit diesen Ideen. Überall regte sich der Wunsch nach
5 einer Aufhebung der Stände, nach Menschenrechten und politischer Mitbestimmung. Das verstärkte sich insbesondere, als die Franzosen unter Napoleon deutsche Staaten eroberten. Auch wenn es in diesen Gebieten erstmals Gleichheit vor dem Gesetz und Grundrechte gab (Code
10 civil), so wurde doch die Fremdherrschaft Napoleons immer mehr als bedrückende Last empfunden. Es entstand, auch vor dem Hintergrund der Niederlage der preußischen Truppen bei der Schlacht von Jena und Auerstedt (1806), ein ausgeprägter Franzosenhass. Nach der Nie-
15 derlage wurde Preußen im Frieden von Tilsit (1807) zu einem Frieden unter harten Bedingungen gezwungen, was die preußische Schmach steigerte. Preußen wurde besetzt und verlor fast die Hälfte seines Landes. Außerdem mussten hohe Kriegssteuern gezahlt und die preußi-
20 sche Armee verkleinert werden.
Gleichzeitig besannen sich die Deutschen auf ihre eigene nationale Eigenständigkeit. In den Befreiungskriegen von 1813 bis 1815 kämpften viele von ihnen mit patriotischer Begeisterung gegen die französische Vorherrschaft. Das
25 schuf ein neues Gemeinschaftsgefühl. Die Ideen des Liberalismus und Nationalismus hatten sich fest in der Bevölkerung verankert.

Die Zeit der Restauration und des Vormärz

Als Napoleon besiegt war, trafen sich die Vertreter der
30 Großmächte Europas 1815 auf dem Wiener Kongress. Unter der Leitung von Fürst Metternich ordneten sie die Machtverhältnisse neu. Dabei nahmen sie keine Rücksicht auf die Wünsche des nationalliberalen Bürgertums. Im Gegenteil: Die Fürsten versuchten, die Zeit zurückzu-
35 drehen und die Ergebnisse der Französischen Revolution rückgängig zu machen, sowohl geografisch als auch politisch. Trotzdem entstanden auch konstitutionelle Monarchien wie in Frankreich oder in den süddeutschen Staaten. Viele Fürsten sahen sich von Gottes Gnaden eingesetzt
40 und lehnten die Volkssouveränität* ab. Ihr Ziel war die Restauration, die Wiederherstellung der alten Ordnung. Für viele Deutsche war dies eine große Enttäuschung. Auch die Schaffung eines deutschen Nationalstaates war nicht vorgesehen. Stattdessen gründete sich der Deutsche
45 Bund, ein loser Staatenbund ohne gemeinsame Regierung. Als die Bürger ihre Unzufriedenheit äußerten, gingen die Fürsten hart gegen sie vor und verboten mithilfe der Karlsbader Beschlüsse (1819) eine freie Meinungsäußerung. Zudem führten sie eine strenge Zensur ein; wer
50 sich für einen deutschen Nationalstaat oder Bürgerrechte aussprach, wurde verfolgt. Dennoch gelang es vor allem nationalen studentischen Bewegungen, immer wieder Feste und Kundgebungen zu organisieren. Eines der größten war das Hambacher Fest 1832.
55 In der nationalen Aufbruchsstimmung nach den Befreiungskriegen wurden alte Volkslieder wiederentdeckt. An-

1850   1860   1870   1880   1890   1900

1862 Berufung Bismarcks zum
preußischen Ministerpräsidenten

1864 Deutsch-Dänischer Krieg

1866 deutscher Krieg zwischen
Österreich und Preußen

1867 Gründung des Norddeutschen
Bundes und der Doppelmonarchie
Österreich-Ungarn

1870/71 Deutsch-Französischer Krieg

1871 Spiegelsaal von Versailles: Ausrufung
des deutschen Kaisers und Gründung des
Deutschen Reichs

gehörige aller Schichten trafen sich in Gesangsvereinen. Liederfeste brachten Sänger aus den verschiedensten Regionen zusammen. Bekannte Melodien erhielten neue,
60 zunehmend auch politische Texte und konnten sich als gefährliche „Ohrwürmer" schnell verbreiten. Im 19. Jahrhundert wurden Lieder genutzt, um politische Ideen und Gedanken zu formulieren, Kritik zu üben und diese weit zu verbreiten. Neben der Ausübung von Kritik an Politik
65 und Gesellschaft förderte das gemeinschaftliche Singen von Liedern der Freiheitsbewegung vor allem das Zusammengehörigkeitsgefühl. Um seine Sehnsucht nach einem einheitlichen Deutschland auszudrücken, verfasste Heinrich August Hoffmann von Fallersleben 1841 das „Lied
70 der Deutschen", dessen dritte Strophe noch bis heute die deutsche Nationalhymne darstellt.
Nach dem Hambacher Fest wuchsen die Spannungen weiter. Als in Frankreich im Februar 1848 erneut eine Revolution ausbrach, sprang der Funke einen Monat später
75 auch auf deutsche Staaten über.

Die Revolution 1848/49

Die Revolution verlief im Deutschen Bund zunächst erfolgreich. Die Fürsten gaben den Forderungen der Revolutionäre nach. Im Mai 1848 traf sich das erste frei ge-
80 wählte Parlament in der Frankfurter Paulskirche. Es sollte eine Verfassung ausarbeiten. In zähen Debatten einigten sich die Abgeordneten auf eine konstitutionelle Monarchie, einer Monarchie, bei der die Macht des Königs oder Kaisers durch eine Verfassung eingeschränkt wird. Dafür
85 hatten sie den preußischen König Friedrich Wilhelm IV. vorgesehen. Außerdem wollten sie die „kleindeutsche Lösung", also ein Staatsgebiet ohne Österreich. Als der preu-

ßische König die Kaiserkrone aber ablehnte, kam es im Frühjahr 1849 zu Unruhen. Sie wurden durch die Fürsten
90 blutig niedergeschlagen. Die Revolution war gescheitert. Die Verfassung der Paulskirche wurde nicht anerkannt, ein deutscher Staat kam nicht zustande. Zu den Gründen des Scheiterns gehören u. a.:
- die Uneinigkeit des Bürgertums, vor allem der
95 gemäßigten Liberalen und der radikalen Demokraten
- die Doppelaufgabe, eine Verfassung und einen Staat schaffen zu müssen
- der Machtkampf zwischen den Großmächten Preußen und Österreich

Hegemonialkriege und Gründung des Deutschen Reichs 1871

100 Der erste deutsche Nationalstaat entstand unter der Führung Preußens. Treibende Kraft war der Ministerpräsident Otto von Bismarck. Er verfolgte eine zielstrebige und
105 rücksichtslose Politik gegen die Liberalen und setzte eine Heeresreform durch, die die Macht des preußischen Königs stärkte. Preußen gelang es daraufhin, Dänemark, Österreich und Frankreich in drei Kriegen zu besiegen. Durch diese Hegemonialkriege wurde die Vormachtstel-
110 lung Preußens deutlich. Bismarck arbeitete daraufhin auch eine Verfassung für das künftige Deutsche Reich aus. Die Verfassung des deutschen Kaiserreichs erfüllte viele liberale Forderung nicht. Am 18. Januar 1871 wurde der erste deutsche Nationalstaat „von oben" gegründet. Es
115 war ein Bundesstaat auf „kleindeutschem" Gebiet ohne Österreich. Der preußische König wurde in Versailles zum deutschen Kaiser ausgerufen.

In diesem Kapitel konntest du folgende Kompetenzen erwerben:

- die Anziehungskraft der Ideen von Freiheit und nationaler Einheit bewerten
- den Aussagewert von mindestens zwei historischen Liedern mit Blick auf die Wiederspiegelung von Nationalbewusstsein vergleichend untersuchen
- Vorstellungen und Fremdbilder früher deutscher Nationalisten herausarbeiten

- die Entwicklung der deutschen Nationalbewegung erklären und dabei in einer Nacherzählung Verlaufsformen verdeutlichen
- das Bewahren bzw. den Missbrauch historischen Liedgutes im Internet recherchieren und beurteilen
- **Methode:** Ein historisches Lied analysieren

....

Folgende Begriffe hast du kennengelernt:

- Franzosenhass
- napoleonische Hegemonialpolitik
- Restauration
- Nationalbewegung
- Volkssouveränität
- Hambacher Fest
- Legitimität
- Staatenbund und Bundesstaat
- Nationalismus
- Liberalismus
- Hegemonialkriege
- Revolution 1848/49
- Nationalstaat

1 Wähle mindestens fünf Begriffe aus und erkläre sie deinem Banknachbarn.

Der Historiker Heinrich-August Winkler über das Hambacher Fest (2002):

Das Nationalgefühl der Hambacher war von ganz anderer Art als jenes, dem die Preußenfreunde … Jahn und Arndt in der napoleonischen Epoche gehuldigt hatten. [Mit Ausnahme von Wirth] ließ
5 kein Redner des Festes vom Mai 1832 etwas von Franzosenfeindschaft erkennen. Der erstrebte deutsche Nationalstaat sollte nicht gegen Europa entstehen, sondern als Teil eines europäischen Völkerbundes; Freiheit und Einheit wurden als
10 unlösbar miteinander verbundene Ziele verstanden … Die gemäßigten Liberalen Deutschlands, die auf Reformen innerhalb der bestehenden Staaten setzten, fühlten sich dagegen von den republikanischen Parolen des Hambacher Festes abgestoßen: Ansatzweise begannen sich bereits zu jener Zeit die Wege von „Demokraten" und „Liberalen" … zu trennen.

Heinrich-August Winkler, Der lange Weg nach Westen. Bd. 1, 5. Aufl., München (C. H. Beck) 2002, S. 82 f.

Nur eine Antwort stimmt – entscheide dich!

1. Welches wichtige Ereignis fand 1832 statt?
   a) die Kaiserkrönung
   b) das Hambacher Fest
   c) das Wartburgfest
2. Was war der Auslöser der Revolution von 1848?
   a) die Einführung neuer Steuern
   b) Barrikadenkämpfe in Berlin
   c) der Sturz des französischen Königs

3. Wo tagte die erste deutsche Nationalversammlung?
   a) im Spiegelsaal von Versailles
   b) in der Frankfurter Paulskirche
   c) im Berliner Reichstag
4. Welche Staatsform war in der Verfassung von 1848 vorgesehen?
   a) eine konstitutionelle Monarchie
   b) eine Demokratie mit Volkssouveränität
   c) eine absolute Monarchie

M3 Auszug aus dem Lied „Des Deutschen Vaterland" (1813), ursprünglich ein Gedicht von Ernst Moritz Arndt. Die Melodie wurde 1815 von einem Burschenschafter komponiert:

Was ist des Deutschen Vaterland?
Ist's Preußenland, ist's Schwabenland?
Ist's, wo am Rhein die Rebe blüht?
Ist's, wo am Belt die Möve zieht?
5 O nein! nein! nein!
Sein Vaterland muß größer sein.
...
Was ist des Deutschen Vaterland?
So nenne mir das große Land!
10 Ist's Land der Schweitzer? ist's Tirol?
Das Land und Volk gefiel mir wohl;
Doch nein! nein! nein!
Sein Vaterland muß größer sein.
...

15 Was ist des Deutschen Vaterland?
So nenne mir das große Land!
So weit die deutsche Zunge klingt
Und Gott im Himmel Lieder singt,
Das soll es sein!
20 Das, wackrer Deutscher, nenne dein!
...
Das ist des Deutschen Vaterland,
Wo Zorn vertilgt den wälschen Tand[1],
Wo jeder Franzmann heißt Feind,
25 Wo jeder Deutsche heißt Freund –
Das soll es sein!
Das ganze Deutschland soll es sein!

Heinrich Meisner, Gedichte von Ernst Moritz Arndt. Vollständige Sammlung, Bd. 2, Leipzig (Verlag Karl Friedrich Pfau) 1894, S. 18–21.

....

[1] *französischer Kram oder französisches Zeug*

M4

Deutsche Fahne (Schwarz-Rot-Gold), die am 27. Mai 1832 auf das Hambacher Schloss getragen wurde, Foto, 2003. Die Fahne, deren Farben heute stark verblichen sind, ist im Museum im Hambacher Schloss ausgestellt.

M5

Staatsbegräbnis des ehemaligen Bundeskanzlers Helmut Schmidt am 23. 11. 2015, Foto

....

Methoden- und Interpretationskompetenz

1 **a)** Analysiere M3 mithilfe der Arbeitsschritte auf S. 25.
b) Vergleiche M3 mit dem Lied M1 auf S. 24.
2 Erkläre, was sich die Zeitgenossen 1832 unter „Deutschlands Wiedergeburt" (M4) vorgestellt haben.
3 Arbeite aus M1 heraus, wie der Verfasser das Hambacher Fest bewertet.

Geschichte darstellen (narrative Kompetenz)

4 Verfasse mithilfe von S. 27 eine Nacherzählung über die Ereignisse des Jahres 1848. Nutze dazu S. 28 ff. Beachte, dass du historisch belegte Fakten verwendest.

Tipp: Berücksichtige, dass du Zusammenhänge zwischen Ursachen und Folgen deutlich machst. Verwende die dir bekannten Verlaufsformen.
5 Bearbeite M2 mithilfe deines Vorwissens und der entsprechenden Seiten aus dem Kapitel.

Geschichte heute (geschichtskulturelle Kompetenz)

6 Diskutiert in der Klasse, wie man heute mit Liedern der Nationalbewegung umgehen sollte.
Tipp: Ist es heute noch angebracht, diese Lieder zu singen? Sollten diese Lieder weiterhin für Werbezwecke verwendet werden?
7 **a)** Beschreibe das Bild M5.
b) Erkläre, in welcher Absicht die Flagge als nationales Symbol verwendet wurde.

Webcode: FG642700-041
Selbsteinschätzungsbogen

2

Das Entstehen der deutschen Industriegesellschaft

Wir blicken in eine weite Halle mit gewaltigen Maschinen und hart arbeitenden Menschen. In diesem sogenannten Eisenwalzwerk wurden Eisenbahnschienen hergestellt. Der Künstler Adolph Menzel hat dieses große Gemälde (Größe: 153 x 253 cm) im Jahr 1875 geschaffen, nachdem er drei Jahre lang die Bewegungen der Arbeiter und die Maschinen bis ins kleinste Detail beobachtet und gezeichnet hatte. Im Laufe des 19. Jahrhunderts wurden die Manufakturen, in denen Produkte bisher mit der Hand hergestellt wurden, zunehmend durch Fabriken ersetzt. Hier bestimmten nun neu entwickelte Maschinen die Arbeit und das Leben der Menschen.

Betrachte das Gemälde und beschreibe die Tätigkeiten einzelner Personen. Was erfährst du aus dem Gemälde über den Arbeitsalltag der abgebildeten Menschen?

Das Eisenwalzwerk, Gemälde von Adolph Menzel, 1872–1875 (Ausschnitt)

| 1760 | 1770 | 1780 | 1790 | 1800 | 1810 | 1820 | 1830 |

Beginn der Industrialisierung in England

Beginn der Industrialisierung in Deutschland

1789 Französische Revolution

Das Entstehen der deutschen Industriegesellschaft

Der deutsche Fabrikantensohn Friedrich Engels reiste im Jahr 1845 durch England. Daraufhin schrieb er: *„Die Teilung der Arbeit, die Benutzung der Wasser- und besonders der Dampfkraft und der Mechanismus der Maschinerie – das sind die drei großen Hebel, mit denen die Industrie seit der Mitte des vorigen Jahrhunderts daran arbeitet, die Welt aus ihren Fugen zu heben."* Die Industrialisierung, die Ende des 18. Jahrhunderts in England begann, verwandelte die Arbeits- und Lebensbedingungen der Menschen grundlegend. Zahlreiche Historiker vergleichen die Bedeutung dieser Umwälzungen mit der Sesshaftwerdung des Menschen in der Jungsteinzeit, als aus Jägern und Sammlern Bauern und Bäuerinnen wurden. Von England aus griff die Industrialisierung rasant auf den europäischen Kontinent über. Seither bestimmen Rohstoffe und technisches Wissen den internationalen Konkurrenzkampf, der sich immer mehr verschärfte. Unternehmer versuchten, ihre Waren in immer höheren Stückzahlen zu fertigen und Menschen durch Maschinen zu ersetzen. So wollten sie den Verkaufspreis senken. Zu den Begleiterscheinungen dieser neuen Wirtschaftsweise gehören Arbeitslosigkeit und Armut. In diesem Kapitel lernst du die Anfänge unserer heutigen Wirtschaftswelt kennen:

• Wodurch war die Industrialisierung gekennzeichnet?
• Wo und wodurch begann sie?
• Wie veränderte sie das Leben und die Gesellschaft?

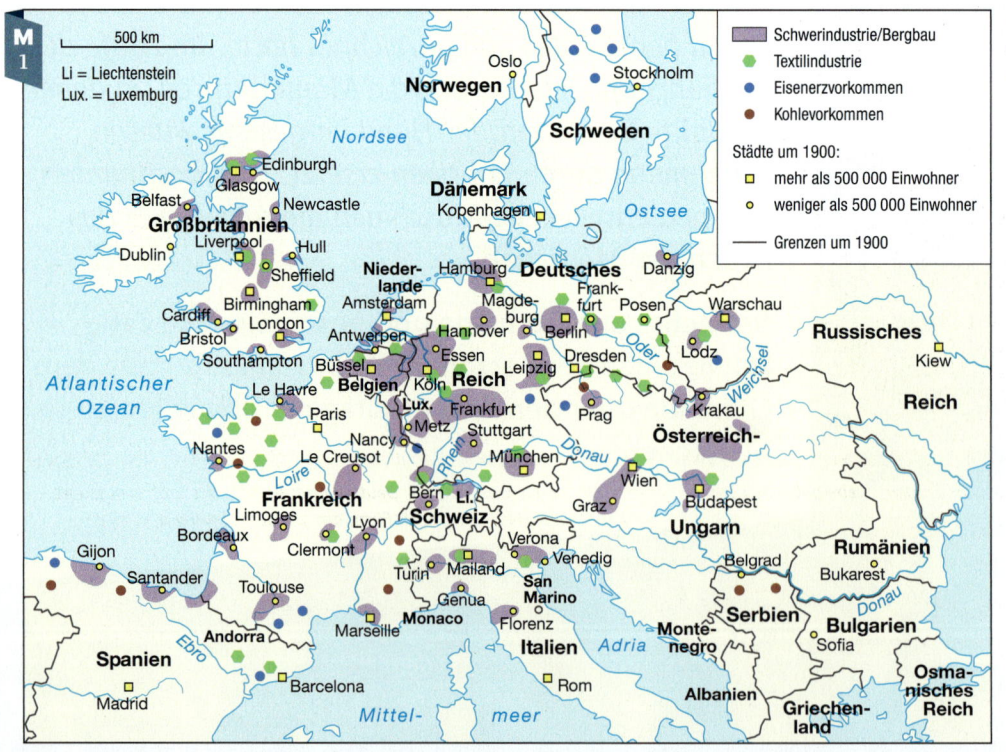

M 1

Industriegebiete in Europa 1800–1900

500 km

Li = Liechtenstein
Lux. = Luxemburg

Legende:
■ Schwerindustrie/Bergbau
● Textilindustrie
● Eisenerzvorkommen
● Kohlevorkommen

Städte um 1900:
□ mehr als 500 000 Einwohner
○ weniger als 500 000 Einwohner
— Grenzen um 1900

| 1840 | 1850 | 1860 | 1870 | 1880 | 1890 | 1900 | 1910 | 1920 |

1848/49 Revolutionen in Europa   1871 Gründung des Deutschen Reichs

1914–1918
Erster Weltkrieg

Einsatz einer „Feuermaschine" des Engländers Thomas Newcomen im englischen Kohlebergbau, mit der Grubenwasser abgepumpt wurde (Ausschnitt), unbekannter Maler, 1792

Kinderarbeit in einem englischen Steinkohlebergwerk, Lithografie, 1884

Erste Eisenbahn in Deutschland: Abfahrt des Eröffnungszuges von Nürnberg nach Fürth am 7.12.1835, Lithografie, 1845

1 Beschreibe anhand von M1 die Entwicklung und Ausbreitung der Industrialisierung im 19. Jahrhundert.

2 Benenne den Nutzen einer Eisenbahn im Vergleich zu Kutsche und Pferdefuhrwerk (M4).

3 Licht- und Schattenseiten der Industrialisierung: Erkläre dies anhand eines Bildes (M2–M4) deiner Wahl.

Warum begann die Industrialisierung in England?

England wird oft als „Wiege" oder „Mutterland der Industrialisierung"
bezeichnet. Tatsächlich war die englische Industrie bis zur Mitte des
19. Jahrhunderts den anderen europäischen Ländern weit voraus.
- *Welche Bedingungen ermöglichten England diesen Vorsprung? Nach*
  Bearbeitung dieser Doppelseite kannst du darauf eine Antwort geben.

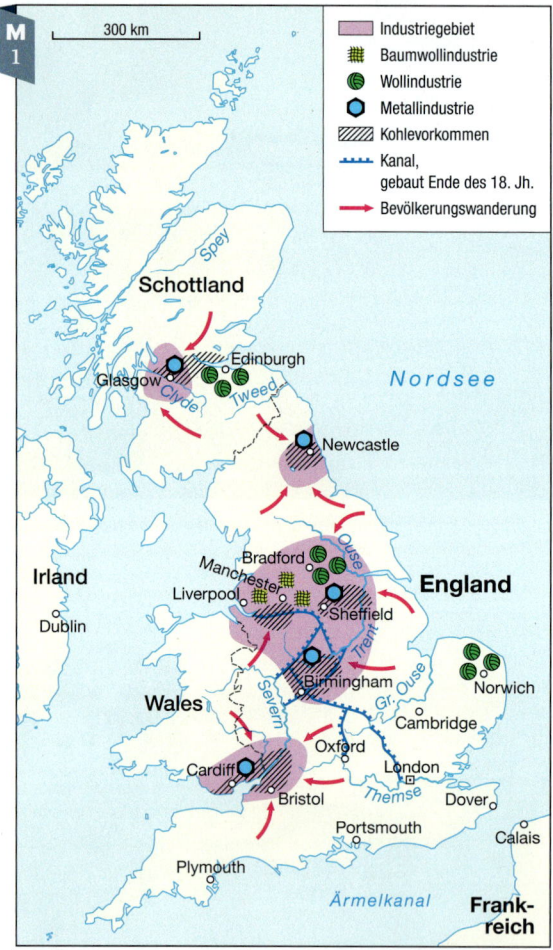

M 1

300 km

Industriegebiet
Baumwollindustrie
Wollindustrie
Metallindustrie
Kohlevorkommen
Kanal, gebaut Ende des 18. Jh.
Bevölkerungswanderung

Wirtschaftszentren in England im 18. Jahrhundert

Landwirtschaft und Bevölkerungswachstum

Eine Ursache der Industrialisierung ist in der Verbesserung der Landwirtschaft zu sehen. Neue Anbaumethoden wie die Fruchtwechselwirtschaft, welche die Dreifelderwirtschaft ablöste, eine sorgfältigere Auswahl des
5 Saatgutes und die Schaffung von großen Anbauflächen durch Zusammenlegung kleiner Felder ließen die Erträge deutlich wachsen. Dadurch konnte die Bevölkerung bes-

ser versorgt werden. Das Bevölkerungswachstum, das bis ins 18. Jahrhundert hinein nur sehr mäßig gewe-
10 sen war, beschleunigte sich deutlich an der Schwelle vom 18. zum 19. Jahrhundert. Diese Entwicklung wurde durch die sich verbessernde Ernährungslage sowie durch mehr Hygiene weiter begünstigt. Sie führte dazu, dass immer mehr Arbeitskräfte den industriellen Unter-
15 nehmern zur Verfügung standen, auch weil immer mehr Bauern vom Land in die Städte zogen.

Unternehmerisches Denken

Der Wandel zu einer Industriegesellschaft ging in England mit einem neuen Denken einher. Eine wichtige
20 Rolle spielte die Einstellung zu Geld und Besitz. Viele vermögende Engländer investierten ihr Kapital in wachsende Industriezweige. Das hohe Risiko gingen sie in Erwartung hoher Gewinne bereitwillig ein. Der schottische Philosoph und Volkswirtschaftler Adam Smith
25 (1723–1790) vertrat die Ansicht, dass gesellschaftlicher und wirtschaftlicher Fortschritt nur möglich sei, wenn sich der Einzelne frei entfalten könne. Der Staat solle die Interessen weder lenken noch behindern. Smiths Ideen setzten sich in Großbritannien durch. Der Staat zog sich
30 weitgehend aus dem Wirtschaftsleben zurück (Wirtschaftsliberalismus*). Die Monopole* der Handelsgesellschaften wurden aufgehoben, Handwerkszünfte und Binnenzölle abgeschafft.

Die Baumwolle als Leitsektor

35 Die Textilproduktion wurde zum wichtigsten Bereich der industriellen Entwicklung in England. Die Nachfrage nach Baumwollprodukten nahm im 18. Jahrhundert zu – auch wegen der wachsenden Bevölkerung. Deshalb überlegten Unternehmer und Handwerker, wie sie Garn
40 schneller und billiger produzieren konnten. Der Handwerker James Hargreaves erfand 1764 die „Spinning Jenny", die die schwierigen Handgriffe beim Spinnen automatisierte. Ein einziger Arbeiter konnte fortan bis zu 80 Spindeln bedienen. Richard Arkwright entwickel-
45 te die Spinnmaschine weiter. Er baute 1771 eine Textil-

fabrik mit Maschinen, die durch Wasserkraft angetrieben wurden. James Watt entwickelte 1769 die Dampfmaschine weiter, mit der mittels Wasserdampf andere Maschinen angetrieben werden konnten. So wurde es
50 möglich, Fabriken auch abseits von fließenden Gewässern zu errichten. Die neuen Formen der Energiegewinnung ermöglichten es, viele Güter in kurzer Zeit herzustellen. Eine Massenproduktion entstand.
Durch seine Kolonien in Nordamerika hatte England
55 Zugriff auf Rohbaumwolle und konnte fertige Baumwollprodukte dort auch verkaufen. Daher waren die Kolonien Rohstoff- und Absatzmärkte zugleich.

„Spinning Jenny", Spinnmaschine für 16 Fäden im Handbetrieb, Kupferstich, 18. Jh.

M3

Adam Smith schrieb 1776:
Der Einzelne ist stets darauf bedacht herauszufinden, wo er sein Kapital ... so vorteilhaft wie nur irgend möglich einsetzen kann. Und tatsächlich hat er dabei den eigenen Vorteil im Auge und nicht etwa
5 den der Volkswirtschaft. Aber gerade das Streben nach seinem eigenen Vorteil ist es, das ihn ... dazu führt, sein Kapital dort einzusetzen, wo es auch dem ganzen Land den größten Nutzen bringt ... Der Einzelne vermag ganz offensichtlich aus seiner Kennt-
10 nis der örtlichen Verhältnisse weit besser zu beurteilen, als es irgendein Staatsmann[1] oder Gesetzgeber

für ihn tun kann, welcher Erwerbszweig im Lande für den Einsatz seines Kapitals geeignet ist und welcher
15 einen Ertrag abwirft ... Ein Staatsmann, der es versuchen sollte, Privatleuten vorzuschreiben, auf welche Weise sie ihr Kapital investieren sollten, würde sich damit nicht nur, höchst unnötig, eine Last aufbürden, sondern sich auch gleichzeitig eine Autorität anmaßen.
Zit. nach Horst Claus Recktenwald (Hg.), Der Wohlstand der Nationen: Eine Untersuchung seiner Natur und seiner Ursachen, 5. Aufl., München (dtv) 1990, S. 369 ff.

....

[1] *gemeint ist der Staat*

....

Industrialisierung
Veränderungen der Wirtschafts-, Arbeits- und Lebensweise seit Anfang des 19. Jh. Ursachen waren u. a. Erfindungen wie die Spinn- und Dampfmaschine und eine neue Wirtschaftspolitik. Wichtige Merkmale: Einsatz von Maschinen, Arbeitsteilung und Massenproduktionen in Fabriken.

Fabrik
(lat. fabrica = Werkstätte) Produktionsstätte für Waren, bei der viele Arbeitsschritte im selben Gebäude vereint sind. Im Unterschied zur Manufaktur* werden in der Fabrik mehr Maschinen eingesetzt. Weitere Merkmale sind: Aufteilung der Arbeit in spezialisierte Tätigkeiten, größere Anzahl von Arbeitern.

....

1 **Methode:** Analysiere die Karte M1 mithilfe der Arbeitsschritte auf S. 151.
Tipp: Welche Zusammenhänge kannst du erkennen?
2 **Wähle eine Aufgabe aus:**
a) Nenne die Ursachen der Industrialisierung in England (Darstellungstext).
b) Ordne die Ursachen der Industrialisierung in England nach Wichtigkeit und begründe deine Entscheidung (Darstellungstext).

3 Beschreibe anhand von M2 die Auswirkungen der neuen Technik auf das Arbeiten.
Tipp: Nutze auch den Darstellungstext Z. 35 ff.
4 Arbeite aus M3 die Aufgaben des Einzelnen und die des Staates laut Adam Smith heraus.
5 Stelle Vermutungen über die Folgen an, wenn Industrielle ohne staatliche Kontrollen handeln.
Tipp: Welche Konsequenzen könnte das für die einfachen Arbeiter haben? Überprüfe deine Vermutungen mithilfe von S. 54 und S. 67.

Industrialisierung in Deutschland

Um 1800 lebte in Deutschland die Mehrheit der Bevölkerung von der Heimarbeit und der Landwirtschaft. Obwohl bereits einige Industrieregionen existierten, kam die Industrialisierung erst in der zweiten Hälfte des 19. Jahrhunderts ins Rollen – hundert Jahre später als in England.
- *Warum setzte die Industrialisierung in Deutschland verspätet ein?*

Die Entwicklung der Industrialisierung in Deutschland und dem angrenzenden Mitteleuropa 1830–1914

Gründe für die Verspätung

Im Vergleich zum „Pionierland" England war Deutschland rückständig. Dafür gibt es sowohl politische als auch wirtschaftliche Gründe. Zunächst existierte aufgrund der territorialen Zersplitterung des Deutschen
5 Bundes in 39 Einzelstaaten kein nationaler Markt. Der Warenaustausch wurde zudem durch zahlreiche Binnenzölle, unterschiedliche Währungen und Maße erschwert. Die Entwicklung des freien Handels wurde auch durch staatliche Eingriffe in die Wirtschaft, zum Beispiel Ein-
10 und Ausfuhrbeschränkungen, behindert. Schließlich fehlten in Deutschland geeignete Verkehrswege für den Gütertransport. Im Handwerk bestimmten die Zünfte, wer was herstellen und zu welchem Preis verkaufen durfte. Und auf dem Land verhinderte die Leibeigen-
15 schaft, dass die Bauern über eigenes Land frei verfügen oder in die Stadt ziehen konnten.

Preußen wird Vorreiter

Die napoleonischen Kriege Anfang des 19. Jahrhunderts offenbarten die Rückständigkeit Deutschlands. Daher
20 begannen viele deutsche Regierungen nun Reformen einzuleiten. Preußen wurde Vorreiter (S. 16/17). Zu den wichtigsten Maßnahmen gehörten die Abschaffung der Leibeigenschaft und die Aufhebung des Zunftzwanges. Preußen betrieb auch Industriespionage in England und
25 warb Fachleute ab. Darüber hinaus kam es zu einer Vereinheitlichung des deutschen Wirtschaftsraumes: Die Gründung des Zollvereins 1834 beseitigte die Zollschranken. Geschaffen wurde ein gleiches Münz- und Gewichtssystem. Die Einheitswährung wurde allerdings
30 erst 1874 eingeführt – nach der Gründung des Kaiserreichs 1871. Um 1900 erreichte Deutschland den Umfang der industriellen Produktion in England.

M2 **Der Wirtschaftswissenschaftler Friedrich List (1789–1846) verfasste für den „Allgemeinen Deutschen Handels- und Gewerbsverein" eine Bittschrift an die Bundesversammlung in Frankfurt am Main (1819):**

38 Zoll- und Mautlinien in Deutschland lähmen den Verkehr im Innern und bringen ungefähr dieselbe Wirkung hervor, wie wenn jedes Glied des menschlichen Körpers unterbunden wird, damit
5 das Blut ja nicht in ein anderes überfließe. Um von Hamburg nach Österreich, von Berlin in die Schweiz zu handeln, hat man zehn Staaten zu durchschneiden, zehn Zoll- und Mautordnungen zu studieren, zehnmal Durchgangszoll zu bezah-
10 len. Wer aber das Unglück hat, auf einer Grenze zu wohnen, wo drei oder vier Staaten zusammenstoßen, der verlebt sein ganzes Leben mitten unter feindlich gesinnten Zöllnern und Mautnern, der hat kein Vaterland ...
15 Zoll und Maut können, wie der Krieg, nur als Verteidigung gerechtfertigt werden. Je kleiner aber der Staat ist, welcher eine Maut errichtet, desto größer das Übel, desto mehr würgt sie die Regsamkeit des Volkes, desto größer die Erhebungs-
20 kosten; denn kleine Staaten liegen überall an der Grenze ... Und so geht denn die Kraft derselben Deutschen, die zur Zeit der Hansa, unter dem Schutz eigener Kriegsschiffe, den Welthandel trieben, durch 38 Maut- und Zollsysteme zu-
25 grunde ...
Die alleruntertänigst Unterzeichneten ... wagen es demnach, einer hohen Bundesversammlung die alleruntertänigste Bitte vorzutragen: ...

Friedrich List, Schriften, Reden, Briefe. Bd. 1/Teil 2, hg. v. Erwin Beckerath u. a., Berlin 1929, S. 491f.

Die Schlagbäume (= Grenzsicherung) markieren hier auch die Zollschranken innerhalb Deutschlands. Zeitgenössische Karikatur, 1. Hälfte des 19. Jahrhunderts

 M4 **Erfindungen und Entdeckungen (Auswahl):**

1856	künstliche Farbstoffe
1861	Telefon
1876	Ottomotor
1876	Ammoniak-Kältemaschinen
1878	Elektromotor
1879	Glühbirne
1879	elektrische Lokomotive (Siemens)
1883	Benzinmotor (Daimler)
1884	Auto (Benz)
1884	keimfreie Operation
1895	Röntgenstrahlen
1895	Filmgerät
1897	Dieselmotor
1898	Aspirintabletten gegen Schmerzen

....

1 Wähle eine Aufgabe aus:
a) Arbeite die Kritik des Zeichners der Karikatur (M3) heraus und formuliere einen passenden Titel.
b) Analysiere die Quelle (M2) im Hinblick auf die Kritik des Autors. Ergänze die Bittschrift um eine Forderung, die sich aus der Kritik ergibt.
2 Nenne weitere Gründe für die verspätete Industrialisierung in Deutschland (Darstellungstext).
3 Erkläre, wie die deutschen Staaten die Rückständigkeit überwanden (Darstellungstext).

4 a) Benenne in M1 Regionen, in denen sich Industrie ansiedelte. Stelle Vermutungen an, warum sie gerade dort entstanden.
b) Vergleiche M1 mit der Karte M1 auf S. 12. Stell dir vor, ein Kaufmann aus Hannover wollte Waren nach Württemberg verkaufen. Liste auf, wer alles am Transport mitverdiente.
5 a) Ordne die Erfindungen und Entdeckungen (M4) den Bereichen Elektrotechnik, Fahrzeugbau, Chemie und Medizin zu.
b) Erläutere, wie das Leben deiner Familie ohne die Erfindungen aussehen würde.

Webcode: FG642700-049
Deutscher Zollverein

Zusatzaufgaben: siehe S. 140

Die Eisenbahn macht mobil

Während in England die Textilindustrie eine entscheidende Rolle für die Indus-
trialisierung gespielt hatte, ist die Entwicklung in Deutschland ohne die Eisen-
bahn nicht denkbar.
- *Wie beeinflusste die Eisenbahn in Deutschland die Industrialisierung?*

Die erste Eisenbahnstrecke in Deutschland

Im Herbst 1835 waren 19 Kisten von England nach
Deutschland unterwegs. Zunächst wurden sie nach
Rotterdam verschifft und von dort mit Fuhrwerken über
Land bis nach Nürnberg gebracht. Auf diese Weise kam,
5 in ihre Einzelteile zerlegt, die erste voll funktionsfähige
Lokomotive nach Deutschland – die „Adler", die in der
englischen Lokomotiv-Fabrik Robert Stephenson & Co.
gebaut worden war. Der von Stephenson entsandte Ingenieur William Wilson baute die „Adler" wieder zusam-
10 men. Am 7. Dezember 1835 war es dann soweit: Die
erste Eisenbahnstrecke Deutschlands zwischen Nürnberg und Fürth wurde feierlich eröffnet. Viele Neu-
gierige drängten sich schon frühmorgens an der sechs
Kilometer langen Strecke, um mitzuerleben, wie die
15 „Adler" auf dieser ersten Fahrt neun Waggons mit
200 Gästen nach Fürth zog. William Wilson selbst war
der erste Lokführer. Er fuhr die Strecke rund 25 Jahre
lang und blieb bis zu seinem Tod in Deutschland.

Die Eisenbahn: „Motor der Industrialisierung"

20 Ende der 1830er Jahre setzte ein rascher Eisenbahnbau
ein. 1840 betrug die Länge des Schienennetzes bereits
500 Kilometer, zehn Jahre später war diese Strecke
bereits verzehnfacht und 1860 hatte sich diese Länge

wiederum verdoppelt. Im Jahr 1880 umfasste das
25 Schienennetz in Deutschland fast 34 000 Kilometer.
Dabei bestimmten nun zunehmend die Deutschen selbst
den Lokomotivbau. Joseph Anton von Maffei stellte
1841 in seinem Werk in München seine erste Dampflo-
komotive her. Im selben Jahr gelang dies auch August
30 Borsig in Berlin. Dessen Lokomotivfabrik, die 1858 bereits ihre tausendste Lokomotive produzierte, wurde in
der zweiten Hälfte des Jahrhunderts die größte in Europa. Durch den Ausbau des Streckennetzes in Deutschland wuchs der Bedarf an Lokomotiven, Waggons,
35 Schienen, Brücken und damit an Eisen und Stahl. Dies
kurbelte die Eisen- und Stahlindustrie an. Da für die Gewinnung von Eisen Kohle benötigt wird, bedeutete dies
auch Wachstum im Bergbau, wodurch zusätzliche Ar-
beitsplätze entstanden.
40 Die Eisenbahn bewirkte einen Wachstums- und Ent-
wicklungsschub in verschiedenen Wirtschaftsbereichen
und verbilligte gleichzeitig den Warentransport. Sie gilt
als Leitsektor der Industrialisierung in Deutschland.

Die Eisenbahn verändert Zeit und Raum

45 Mit der Eisenbahn veränderte sich auch die Reisege-
schwindigkeit der Menschen. Zwar fuhren die ersten
Eisenbahnen nur etwa 30 bis 40 Kilometer in der Stunde
– das ist aus der Perspektive der Gegenwart wenig –,
jedoch war das immerhin etwa dreimal so schnell wie die
50 gewohnten Postkutschen. Wenn nun die Strecke also in
einem Drittel der bis dahin üblichen Zeit zurückgelegt
werden konnte, reduzierte sich die Strecke zeitlich auf
ein Drittel. Solche Wahrnehmungen und die damit häufig
zitierte „Vernichtung von Raum und Zeit", beunruhigte
55 die einen und begeisterte die anderen. Es ist belegt, dass
eine Reise mit der Eisenbahn als anstrengend, belastend
und ermüdend angesehen wurde. Ganz konkret beeinflusste die Eisenbahn die Zeit an einer anderen Stelle:
Um das anfängliche Chaos in den Fahrplänen zu beseiti-
60 gen, wurden nach und nach auf der ganzen Welt einheit-
liche Zeitzonen eingerichtet. In Deutschland wurde die
Mitteleuropäische Zeit (MEZ), die bis heute gilt, offiziell
1893 eingeführt.

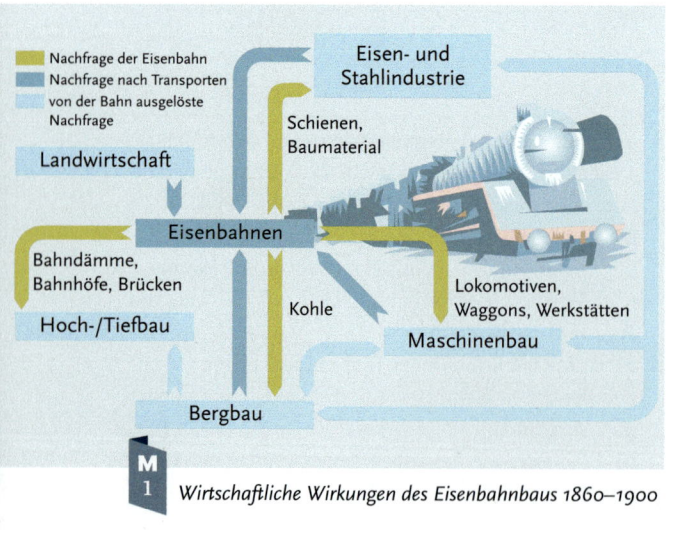

M 1 *Wirtschaftliche Wirkungen des Eisenbahnbaus 1860–1900*

Der Wirtschaftswissenschaftler Friedrich List über den Eisenbahnbau (1841):

Der Zollverein und das Eisenbahnsystem sind siamesische Zwillinge; zur gleichen Zeit geboren ..., unterstützen sie sich wechselseitig, streben nach Vereinigung der deutschen Stämme zu
5 einer großen und gebildeten Nation. Ohne den Zollverein wäre ein deutsches Eisenbahnsystem nie zur Sprache, geschweige denn zur Ausführung gekommen ... Das deutsche Eisenbahnsystem wirkt ... auch als Stärkungsmittel des
10 Nationalgeistes; denn es vernichtet die Übel der Kleinstaaterei und des provinziellen Eigendünkels und Vorurteils.

Zit. nach Friedrich List, Das nationale System der politischen Ökonomie, hg. v. Hartfrid Voss, München (Langewiesche-Brandt) 1942, S. 179 f. Bearb. v. Verf.

Aus dem Gutachten eines Bayerischen Ärzte-Rates (1835):

Ortsveränderungen mittels irgendeiner Art von Dampfmaschinen sollten im Interesse der öffentlichen Gesundheit verboten sein. Die raschen Bewegungen können nicht verfehlen, bei den Passa-
5 gieren die geistige Unruhe, „delirium furiosum" genannt, hervorzurufen. Selbst zugegeben, dass Reisende sich freiwillig der Gefahr aussetzen, muss der Staat wenigstens die Zuschauer beschützen, denn der Anblick der Lokomotive, die
10 in voller Schnelligkeit dahinrast, genügt, diese schreckliche Krankheit zu erzeugen. Es ist daher unumgänglich nötig, dass eine Schranke, wenigstens sechs Fuß hoch, auf beiden Seiten der Bahn errichtet werde.

Zit. nach Friedrich Schulze, Die ersten deutschen Eisenbahnen Nürnberg-Fürth und Leipzig-Dresden, Leipzig (Voigtländer) 1912, S. 24.

Ein anonymer Text über die Vorteile des Schienenverkehrs (1825):

Es steht zu erwarten, dass in nicht allzu langer Zeit der nervöse[1] Mensch einen von einer Lokomotive gezogenen Wagen besteigen und sich dabei wesentlich sicherer fühlen wird als noch zur Zeit, da er in
5 einem Wagen reist, der von vier Pferden gezogen wird, die alle verschieden stark und verschieden schnell, eigensinnig und unkontrollierbar sowie mit allen Schwächen des Fleisches behaftet sind. Eine unbeseelte Kraft, die mittels eines Fingers oder Fu-

10 ßes in Gang gesetzt, angehalten und gelenkt werden kann, verspricht dem Reisenden bestimmt größere Sicherheit als die Kraft der Tiere; denn deren Schwächen und Eigensinn erfordern zu ihrer Beherrschung eine dauernde Anspannung unserer seelischen und
15 körperlichen Kräfte.

Zit. nach Wolfgang Schivelbusch, Geschichte der Eisenbahnreise. Zur Industrialisierung von Raum und Zeit im 19. Jahrhundert, 3. Auflage, Frankfurt am Main (Fischer Taschenbuch) 2004, S. 19 f.

....

[1] *hier im Sinne von empfindlich, ängstlich*

....

1 Erkläre, warum die Eisenbahn als Motor der Industrialisierung galt (Darstellungstext, M1).

2 **Wähle eine Aufgabe aus:**
   a) Erläutere die Bedeutung, die Friedrich List (M2) dem Eisenbahnbau zuschreibt.
   b) Erkläre Friedrichs Lists Formel der „siamesischen Zwillinge".
   Tipp: Ziehe auch noch einmal M3 auf S. 49 heran.

3 Begründe, warum durch die Eisenbahn das Nationalgefühl gestärkt wurde (M2).

4 Erarbeite die zeitgenössische Sicht auf die Eisenbahn (M3, M4).

5 Diskutiert, ob es auch in der Gegenwart Ängste und Skepsis vor neuen Erfindungen gibt.

6 **a)** Beurteile die Triftigkeit (Belegbarkeit) von M3 vor folgendem Hintergrund: Der Technikhistoriker Franz M. Feldhaus fand 1920 heraus, dass sich weder im Verkehrsmuseum Nürnberg noch in Regierungsunterlagen oder in Unterlagen der Münchner Akademie der Wissenschaften ein solches medizinisches Gutachten finden ließ.
   b) Diskutiert mögliche Gründe, warum die Quelle M3 so viele Jahre als authentisch angesehen wurde.
   Tipp: Nimm den Darstellungstext zu Hilfe.

Eine Statistik auswerten

In Zeitungen oder im Fernsehen findest du oft Tabellen und Grafiken mit vielen Zahlen. Sie zeigen z. B. Entwicklungen in der Wirtschaft oder bilden Umfrageergebnisse ab. Wie kann man solche Statistiken entschlüsseln? Und warum ist Zahlenmaterial für Historiker überhaupt wichtig?

M1

Industrielle Produktion
(in Mio. englische Pfund)

Jahr	Deutsch- land	England	Frank- reich	Russ- land
1800	60	230	190	15
1840	150	387	264	40
1888	583	820	485	363

Heinrich Lutz, Zwischen Habsburg und Preußen, Deutschland 1815–1866, Berlin/München (Siedler/Goldmann TB) 1998, S. 89.

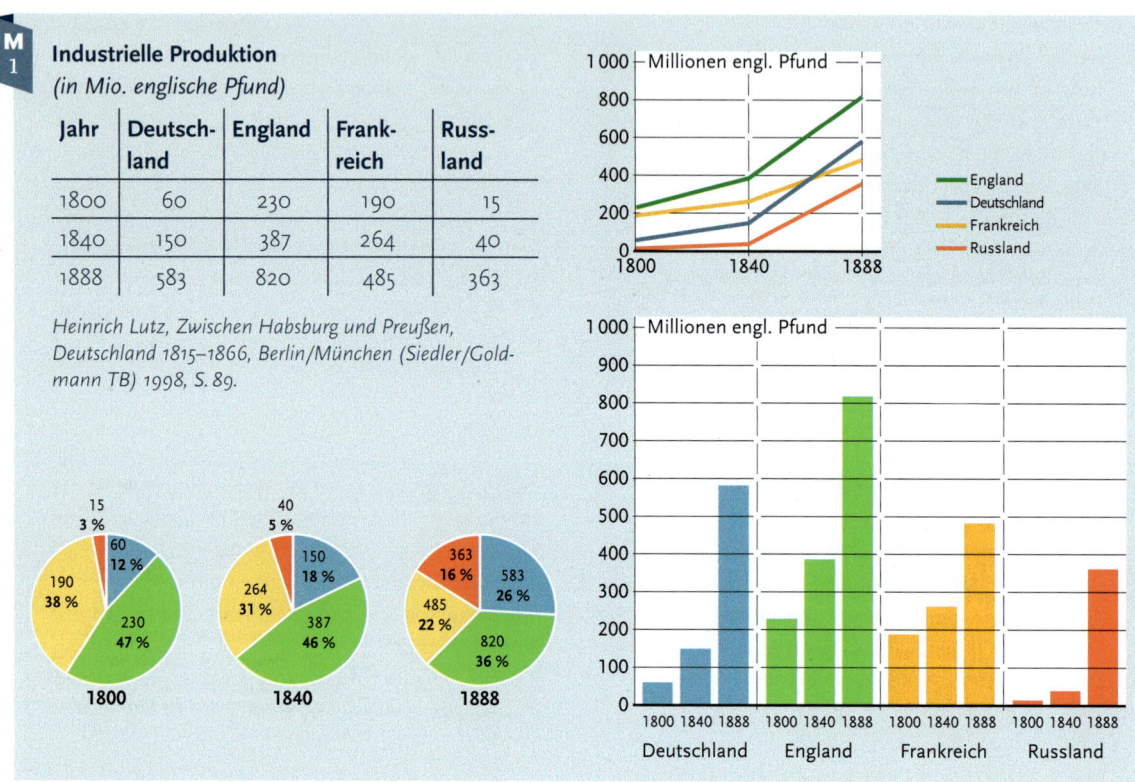

Kreisdiagramm, Liniendiagramm, Säulendiagramm

Wenn Zahlen sprechen:
Statistiken erzählen Geschichte

Wenn Historiker wirtschaftliche und soziale Entwicklungen untersuchen, nutzen sie dafür statistisches Datenmaterial als Quelle. Langfristige Entwicklungen lassen sich oft besser in Zahlen beschreiben, z. B. die Produk-
5 tion von Waren, Menge der Beschäftigten und Arbeitslosen, Angaben über Einkommenshöhen und wirtschaftliche Entwicklungen.

Historiker sammeln daher Zahlenmaterial, das sie nach Frage- oder Problemstellungen ordnen. Sie werten es
10 aus, um es als Tabellen oder grafisch als Diagramme darzustellen. Die so erstellten Statistiken gelten in der Geschichtswissenschaft als eigenständige Form der historischen Darstellung. Das Zahlenmaterial bis in die ersten Jahrzehnte des 19. Jahrhunderts zeigt allerdings nur
15 Tendenzen an, denn die Quellen sind nicht sicher belegt.

M2

In Betrieb befindliche Lokomotiven in Preußen
(nach Herkunftsländern und Anschaffungsjahr)

Jahr	Gesamt- zahl	Deutsch- land	England	Belgien
1838	7	0	6	1
1842	22	6	12	2
1848	74	57	11	6
1853	105	99	0	6

Rainer Fremdling, Eisenbahnen und deutsches Wirtschaftswachstum, Dortmund (Gesellschaft für Westfälische Wirtschaftsgeschichte) 1975, S. 76, Tab. 26.

Arbeitsschritte „Eine Statistik auswerten"

Formale Aspekte	Lösungshinweise zu M1
1. Eine Leitfrage formulieren	• *Zum Beispiel: Wie unterscheiden sich die europäischen Großmächte des 19. Jahrhunderts hinsichtlich ihrer industriellen Produktion?*
2. Gegenstand: Zeitabschnitt; historisches Ereignis, das dargestellt wird	• *Diagramme, die die Entwicklung der Industrieproduktion 1800–1888 für die Länder … dokumentieren*
3. Fundstelle: Ort, Zeit, Urheber der Daten (Institution oder Person, politische/öffentliche Stellung)	• *Die Zahlen wurden 1998 von dem Historiker Heinrich Lutz verwendet.*
4. Adressatenbezug: Wer wird angesprochen?	• *Historiker und Personen, die sich für die Wirtschaftsgeschichte des 19. Jahrhunderts interessieren*
5. Wie wird das Zahlenmaterial präsentiert? (Tabelle oder Diagramm? Säulen- bzw. Balkendiagramm, Linien- bzw. Kurvendiagramm, Kreisdiagramm oder Stapeldiagramm?)	• *…*

Inhaltliche Aspekte	
6. Jahreszahlen, Spalten- oder Achsenbezeichnungen, Strukturierungshilfen	• *Die jeweilige Jahreszahl gibt Auskunft darüber, wie damals … prozentual verteilt waren …*
7. Legende, z. B. die Zuordnung von Farben zu bestimmten Staaten	• *Die Farblegende verweist auf die vier Länder …*
8. Aussageart des Diagramms: Wird ein Vergleich angestrebt oder eine Entwicklung aufgezeigt? Gibt es Auffälligkeiten?	• *Jedes Kreisdiagramm für sich bietet einen Vergleich der Industrieproduktion der vier Länder an. Die drei Diagramme weisen zusammengenommen auf eine Entwicklung hin. Das Kurvendiagramm …*

Aussagekraft bewerten	
9. Fasse die Kernaussagen mit eigenen Worten zusammen und erläutere sie jeweils kurz.	• *Obwohl Deutschland innerhalb von fast 100 Jahren den Umfang an industrieller Produktion vervielfachen kann, bleibt England der absolute Spitzenreiter.*
10. Setze die Aussagen in ihren historischen Zusammenhang.	• *Lies nach auf den Seiten 44–47.*
11. Bewerte die Aussagekraft der statistischen Daten: Ist die grafische Darstellung angemessen? Wird der Sachverhalt zu sehr vereinfacht? Sind alle Zahlen sicher belegt?	• *Auch wenn der Sachverhalt vereinfacht dargestellt wird, lässt er weitreichende Rückschlüsse zu, die erklärt und interpretiert werden müssen. Zu berücksichtigen sind die wirtschaftlichen Anstrengungen und die gesellschaftlichen Veränderungen, die mit einer solchen Entwicklung einhergehen.*

1 Analysiere die Statistik M1 mithilfe der Arbeitsschritte und Lösungshinweise. An einigen Stellen musst du noch eine Antwort ergänzen.

2 Setze die Tabelle M2 in ein Säulen- oder in ein Liniendiagramm um.

3 Erarbeite die Statistik M2 mithilfe der Arbeitsschritte.

Arbeit statt Freizeit und Schule

Deutschland, 6.30 Uhr, der Wecker klingelt. Noch einmal schön räkeln, dann ab ins Bad und frühstücken, bevor es zur Schule geht. Ein normaler Tagesanfang? Im 19. Jahrhundert war das für die meisten Jugendlichen kaum vorstellbar. Stattdessen war die Kinderarbeit weit verbreitet.

- *Was waren die Gründe für die Kinderarbeit und welche Folgen hatte sie für die Kinder und Jugendlichen?*

M 1 *Ein Mädchen bei der Arbeit im Bergbau, Foto, 1890*

Warum gab es Kinderarbeit?

Seit jeher halfen Kinder ihren Eltern bei der Arbeit im Haus oder auf dem Feld. Im Zuge der Industrialisierung wurden Kinder jedoch noch stärker beansprucht, denn viele Familien konnten nur überleben, wenn die Kinder
5 mitverdienten. Bereits im Vorschulalter dienten sie als Hilfskräfte und Hauspersonal – oder sie schufteten in den Textilfabriken und Kohlegruben. Durch die Einführung von Maschinen in den Fabriken war oft kein besonderes Grundwissen und große Muskelkraft mehr
10 nötig, sodass auch Kinder diese bedienen konnten. Den Unternehmern kam dabei auch die geringe Körpergröße der Kinder entgegen. Sie passten in die engen Bergstollen, um Kohlewagen zu schieben, oder unter die großen Maschinen, um dort Abfälle zu entfernen. Außerdem
15 mussten sie den Kindern deutlich weniger Lohn zahlen als einem Erwachsenen – meistens bis zu 75 Prozent weniger. So wurden Kinder als billige Arbeitskräfte ausgebeutet und mussten täglich 10 bis 16 Stunden arbeiten. Während die Unternehmer daran verdienten, schadeten
20 sie den Kindern selbst sowie der Gesellschaft. Einerseits wurden die Kinder anfälliger für Krankheiten. Viele litten unter Schlafmangel und Krankheiten infolge der schlechten Arbeitsbedingungen. Andererseits fehlte den Kindern Bildung, weil der Schulbesuch entfiel oder neben der harten Arbeit geleistet werden musste.
25

Kinder- und Jugendarbeitsschutz

Aus der massiv angewachsenen Kinderarbeit erwuchs auch für die preußische Armee das Problem, geeignete Rekruten zu finden. Viele Jugendliche blieben auf-
30 grund ihres harten Arbeitslebens in der körperlichen und geistigen Entwicklung zurück. So erließ der Staat 1839 ein Gesetz, das die Arbeit von Kindern unter 9 Jahren in Fabriken untersagte; die 9- bis 16-Jährigen durften fortan nicht mehr als zehn Stunden täglich arbeiten, an
35 Sonntagen und in der Nacht war Kinderarbeit verboten. 1853 wurde dann das Mindestalter für die Fabrikarbeit auf zwölf Jahre angehoben. Doch noch im Jahr 1858 waren 12 500 Kinder im Alter von 8 bis 14 Jahren in preußischen Fabriken beschäftigt. Erst durch die Ein-
40 führung einer Gewerbeaufsicht konnten die Beschränkungen durchgesetzt werden. 1903 wurde schließlich ein Kinderschutzgesetz für das ganze Deutsche Reich erlassen. Es verbot eine Beschäftigung vor dem 13. Lebensjahr außerhalb des Elternhauses. Ab 13 Jah-
45 ren war eine Arbeitszeit von drei Stunden erlaubt. Für Heimarbeit lag die Schwelle bei 10 Jahren, für Landarbeit gab es keine Altersbegrenzung.

Bildung für alle?

Kinder aus dem Bürgertum hatten im 19. Jahrhundert
50 Zugang zu schulischer Bildung. Arbeiter- und Bauernkindern hingegen blieb die Schulbildung oft verwehrt. Obwohl es in vielen deutschen Gebieten schon seit dem 18. Jahrhundert eine Schulpflicht für Jungen und teilweise auch für Mädchen gab, setzte der Staat sie nicht
55 durch. Das lag unter anderem daran, dass es längst nicht genug Schulen gab. Erst im 19. Jahrhundert entstanden flächendeckend Volksschulen für ärmere Kinder. Die soziale Not blieb jedoch bestehen. Verschärfend kam hinzu, dass die Eltern auch für die Volksschule Schulgeld zahlen
60 mussten. Obwohl der Schulbesuch deutlich zunahm, meldeten gerade an Industriestandorten viele Eltern ihre Kinder vorzeitig von der Schule ab, weil sie zu Hause mithelfen oder in der Fabrik arbeiten sollten.

Aus dem Lebensbericht von Adelheid Popp (1869 bis 1939), einer Frauenrechtlerin:

Wir zogen in die Stadt zu einem alten Ehepaar in eine kleine Kammer, wo in einem Bett das Ehepaar, im andern meine Mutter und ich schliefen. Ich wurde in einer Werkstätte aufgenommen, wo ich Tücher hä-
5 keln lernte, bei zwölfstündiger fleißiger Arbeit verdiente ich 20 bis 25 Kreuzer am Tag. Wenn ich noch Arbeit für die Nacht mit nach Hause mitnahm, so wurden es einige Kreuzer mehr. Wenn ich frühmorgens um 6 Uhr in die Arbeit laufen musste, dann
10 schliefen andere Kinder meines Alters noch. Wenn ich um 8 Uhr abends nach Hause eilte, dann gingen die anderen gut genährt und gepflegt zu Bette. Wenn ich gebückt bei meiner Arbeit saß und Masche an Masche reihte, spielten sie ... oder saßen in der
15 Schule ... Ein heißer Wunsch überkam mich immer wieder: mich nur einmal ausschlafen zu können ... Wenn ich aber das Glück hatte, schlafen zu können, dann war es erst recht kein Glück, dann war Arbeitslosigkeit, oder Krankheit die Veranlassung.

Aus den Lebensberichten deutscher Fabrikarbeiter, zusammengestellt von Georg Eckert, Braunschweig (Limbach) 1953, S. 40.

Die Diskussion um das „Gesetz, betreffend Kinderarbeit in gewerblichen Betrieben" (1903 verabschiedet)

a) *Aus einem anonymen Schreiben an den deutschen Reichstag (18. 4. 1899):*

Durch das Verbot der Kinderarbeit [würde] man in 10 oder 20 Jahren die Zuchthäuser[1] vermehren müssen, damit die Vagabunden[2], die sich während der Zeit herangebildet haben, aufgenommen werden können.

b) *Der Abgeordnete Emanuel Wurm (SPD) in einer Reichstagsdebatte (23. April 1902):*

Wenn die Kinderarbeit gesund ist und erzieherisch wirkt, dann ist es doch wunderbar[3], dass gerade diejenigen Kreise, die durch ihre Vermögenslage imstande sind, ihren Kindern alles zu gewähren, sich hüten,
5 ihre Kinder in die Fabriken und Werkstätten zu schicken! Wenn Kinderarbeit so gesund ist, warum finden wir sie nur bei den Armen und nicht bei den Wohlhabenden und Reichen?

Zit. nach Annika Boentert, Kinderarbeit im Kaiserreich 1871– 1914, Paderborn (Schoeningh) 2007, S. 347f. Bearb. v. Verf.

....

[1] *Gefängnisse*
[2] *hier: (herumziehende) Kriminelle*
[3] *hier: seltsam, verwunderlich*

....

1 Wähle eine Aufgabe aus:
  a) Beschreibe die Art der Arbeit in M1. Gehe auf die Umgebung sowie auf die Tätigkeiten und die Körperhaltung der Kinder ein.
  b) Arbeite aus M1 heraus, welchen Belastungen Kinder ausgesetzt waren.
2 Erläutere die Folgen der Kinderarbeit (Darstellungstext, M2).
3 a) Gib die Meinungen zur Kinderarbeit wieder, die in M3a und M3b formuliert sind. Achte darauf, wie die beiden Verfasser ihre Position begründen.
  b) Überprüfe, wie die Diskussion um das Kinderschutzgesetz 1903 ausgegangen ist (Darstellungstext).

4 Erstelle ein Schaubild, in dem Ursachen, Erscheinungsformen und Folgen der Kinderarbeit deutlich werden.
5 a) Beurteile, warum es im 19. Jahrhundert viele Eltern gab, die ein Verbot der Kinderarbeit ablehnten.
  b) Bewerte das heutige Verbot von Kinderarbeit.
6 Diskutiere, inwiefern die getroffenen Maßnahmen ausreichend zum Schutz der Kinder waren (Darstellungstext, Z. 26 ff.).
  Tipp: Berücksichtige, warum der Staat eingriff.

Wie wirkte sich die Fabrikarbeit auf die Menschen aus?

Die Fabrikarbeit hatte weitreichende Folgen für die Menschen. Arbeitsprozesse wurden seit der Industrialisierung durch Maschinen übernommen – und auch die Lebensumstände der Menschen veränderten sich.
• Auf dieser Doppelseite kannst du die in der Überschrift gestellte Frage auf drei unterschiedlichen Wegen (A, B oder C) untersuchen.

Arbeit und Leben verändern sich

Die Industrialisierung brachte große Veränderungen für die Menschen: Wohn- und Arbeitsplatz waren ab sofort getrennt und feste Arbeitszeiten regelten nun den Tagesablauf. Das Leben eines Fabrikarbeiters bestand an sechs
5 Tagen in der Woche fast nur aus äußerst belastender Arbeit und wenig Schlaf. Glocken und Sirenen trieben während des Arbeitsprozesses die Menschen an. Dieser technisierte Ablauf führte zu einer Gleichmäßigkeit der Arbeit, die den Menschen völlig neu war. Strenge Fabrik-
10 ordnungen sicherten die Arbeitsdisziplin, ein Zuwider-

handeln wurde mit Lohnabzügen oder Entlassung bestraft. Da der Lohn der Fabrikarbeiter meist nicht zur Ernährung der Familie ausreichte, mussten auch Frauen in der Fabrik zusätzlich Geld verdienen. Einige mussten
15 auch Heimarbeit leisten. Allerdings erhielten sie häufig nur die Hälfte des Verdienstes eines ungelernten Arbeiters. Die Fabrikarbeit führte zu erheblichen gesundheitlichen Schäden, vor allem während der Schwangerschaft. Die Arbeiterfrauen mussten sich neben der Fabrikarbeit
20 auch um Haushalt und Kindererziehung kümmern.

A

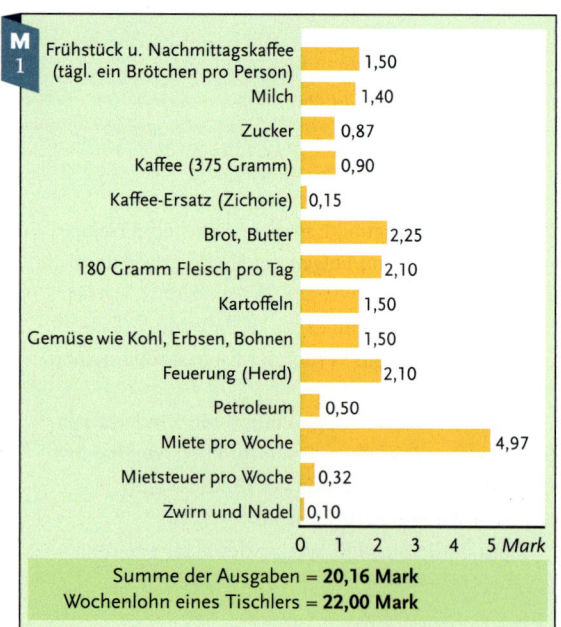

M1

Frühstück u. Nachmittagskaffee (tägl. ein Brötchen pro Person)	1,50
Milch	1,40
Zucker	0,87
Kaffee (375 Gramm)	0,90
Kaffee-Ersatz (Zichorie)	0,15
Brot, Butter	2,25
180 Gramm Fleisch pro Tag	2,10
Kartoffeln	1,50
Gemüse wie Kohl, Erbsen, Bohnen	1,50
Feuerung (Herd)	2,10
Petroleum	0,50
Miete pro Woche	4,97
Mietsteuer pro Woche	0,32
Zwirn und Nadel	0,10

0 1 2 3 4 5 *Mark*

Summe der Ausgaben = 20,16 Mark
Wochenlohn eines Tischlers = 22,00 Mark

Wöchentliche Ausgaben für eine Familie mit vier Kindern um 1870

M2 **Aus einer Fabrikordnung der Firma Krupp (1838):**
Jeder Arbeiter muss treu und unbedingt folgsam sein, sich in- und außerhalb der Fabrik anständig betragen, pünktlich die Arbeitsstunden halten und durch seinen Fleiß beweisen, dass er die
5 Absicht hat, zum Nutzen der Fabrik zu arbeiten. Wer dies befolgt, hat zu erwarten, dass dem Wert der Arbeit nach auch sein Lohn erhöht wird. Wer aus Nachlässigkeit oder bösem Willen sich vergeht, wird bestraft. Branntweintrinken in der
10 Fabrik wird nicht geduldet. Wer ein Stück Arbeit, ein Werkzeug und dergleichen verdirbt oder umkommen lässt, muss dasselbe vergüten. Wer fünf Minuten nach dem Läuten zur Arbeit kommt, verliert ¼ Tag, wer ¼ Tag eigenmächtig fortbleibt,
15 verliert ½ Tag, für ½ Tag Fortbleiben wird ¾ Tag abgezogen.
Zit. nach Carl Jantke, Der Vierte Stand, Freiburg (Herder) 1955, S. 178.

1 Untersuche M1 und stelle die Folgen für den Alltag einer Arbeiterfamilie dar.
2 Erläutere, welche Aussage über die Entlohnung der Arbeiter gemacht wird (M2).

3 Beurteile die Strafen aus M2 aus Sicht eines Arbeiters.

B

 Ein Zeitzeuge und Arzt über die Fabrikarbeit (1894):
Es ist kein schöner, kein erheiternder Anblick, die Arbeitermassen so zu betrachten, wenn sie von ihrer Tätigkeit kommen, die Männer in den rußigen Gesichtern und abgetragenen Kitteln, die bleichen
5 Weiber in ihren dürftigen Kleidern, man sieht ihnen das Ungesunde, die harte, drückende Ausnutzung der Kräfte und das geistig Abstumpfende ihres Berufes an. Die Arbeitszeit ist lang mit ganz unzureichenden, zu klein bemessenen Unterbrechungen,
10 und dazu kommt, dass die Arbeit zum größten Teil äußerst einförmig und gleichmäßig ist, häufig den Körper in eine bestimmte, andauernde Haltung zwingt, die leicht zur Ermüdung führt und gesundheitsschädlich wirkt. Die Arbeit in den Fabrikräumen
15 ist aus dem Grunde schon der Gesundheit nicht zuträglich, weil sie in geschlossenen, überfüllten, ungenügend gelüfteten Werkstätten stattfindet, und eine ausreichende und ausgleichende Bewegung in frischer Luft mangelt. So arbeiten sie einen Tag wie
20 den anderen von früh bis abends, jahrein, jahraus, immer wieder dasselbe in denselben Räumen auf demselben Fleck. Eine Hoffnung, dass sie mit der Zeit durch Ausdauer und Anstrengung vorwärts streben könnten, gibt es nicht.
R. Zeuner, Die Not des vierten Standes, Leipzig (Grunow) 1894, S. 2f.

1 **a)** Fasse die körperlichen und geistigen Folgen der Fabrikarbeit zusammen, die der Arzt in M3 benennt.
b) Beurteile, was die abschließende Stellungnahme (Z. 19–24) für einen 14-Jährigen und seine Zukunftspläne bedeutet.

2 Entwirf mithilfe von M3 Forderungen, die die Arbeiter formulieren könnten.

C

 Frauen bei der Spielzeugherstellung, Zeichnung, 1897. Gearbeitet wurde zu Hause.

1 Beschreibe die Zeichnung M4 und untersuche sie hinsichtlich ihrer Aussage.
Tipp: Verwende den Darstellungstext Z. 12 ff.
2 Beschreibe Arbeitsorte und Arbeitsinhalte für Frauen während der Industrialisierung (M4, M5).

M5 Der Historiker Dieter Ziegler über Frauen als Arbeitskräfte (2012):
Die Frauen der Fabrikarbeiterfamilien arbeiteten vielfach als Dienstboten bürgerlicher Haushalte oder im Gesindedienst. Zunehmend wurden aber auch Frauen zur Fabrikarbeit herangezogen, ins-
5 besondere in der Textilindustrie. Einen gesetzlichen Schutz von Frauenarbeit (Beschränkung der Arbeitszeit bei Schwangeren oder Wöchnerinnen[1], Nachtarbeitsverbot) existierte in der Frühzeit der Industrialisierung nicht. Abgesehen von
10 einigen wenigen frühen Sozialreformen wurde die schrankenlose Ausbeutung der weiblichen Arbeitskraft von den Zeitgenossen kaum als anstößig angesehen. Denn auch in der Landwirtschaft hatten Frauen seit Jahrhunderten körper-
15 lich schwer und dauerhaft arbeiten müssen.
Dieter Ziegler, Die Industrielle Revolution, 3. Aufl., Darmstadt (Wissenschaftliche Buchgesellschaft) 2012, S. 47f.

[1] *Frauen, die gerade ein Kind bekommen haben*

Aufgabe für alle:
Tragt die Auswirkungen der Fabrikarbeit in einer Mind-Map zusammen und bewertet sie.

Wandel in der Stadt und auf dem Land

Seit 2012 wohnen weltweit erstmals mehr Menschen in Städten als auf dem Land. Bis weit ins 20. Jahrhundert war das Leben auf dem Land der „Normalfall" gewesen. In Deutschland begann mit der Industrialisierung ein Prozess der Verstädterung (Urbanisierung). Städte wuchsen, ihr Aussehen änderte sich.
- *Wie hat sich der Alltag und der Lebensstil von Stadt- und Landbewohnern im Zuge der Industrialisierung verändert?*

Blick in den Innenhof des Warenhauses Wertheim, Berlin, Foto, 1906

Die Urbanisierung im Kaiserreich

Während der Industrialisierung wuchs die Einwohnerzahl der Städte enorm, da immer mehr Menschen auf der Suche nach Arbeitsplätzen in die Städte zogen (Binnenwanderung*). Das stellte die Stadtverwaltung vor neue
5 Herausforderungen: Wohnungsbau, Kanalisation, Wasser-, Gas-, Stromversorgung, Müllabfuhr und öffentliche Sicherheit mussten geregelt werden. Es wurden neue Straßen angelegt und durch Laternen beleuchtet. Verkehrsnetze mit Bahn- und Buslinien entstanden. Es ist
10 sicher belegt, dass die erste elektrische Straßenbahn mit Oberleitung ab 1891 in Halle (Saale) fuhr. Der Erfinder

Carl Benz meldete 1886 seinen Motorwagen mit Verbrennungsmotor zum Patent an, was als Geburtsstunde des Automobils gilt. Dennoch waren Autos im Stadtbild
15 noch sehr wenig vertreten und blieben lange ein absolutes Luxusprodukt. Stattdessen setzte sich das Fahrrad als beliebtes Verkehrsmittel durch. Neue Warenhäuser entstanden und zeigten ein vielseitiges Angebot. Das Telefon ermöglichte eine schnellere Kommunikation mit
20 Verbindungen zwischen den deutschen Großstädten. 1896 wurde in Berlin das erste Kino eröffnet, und bald unterhielten „bewegte Bilder" Menschen aus allen Schichten in ganz Deutschland. Der Sport erhielt einen neuen Stellenwert: Unzählige Sportvereine wurden in
25 jenen Jahren gegründet. Allmählich entstand ein neuer Lebensstil. Die Stadt war nicht nur ein Ort zum Arbeiten und Wohnen, sondern auch für Kultur und Vergnügungen – zumindest für die, die es sich leisten konnten. Das

Mietskaserne in Halle, Foto, um 1900

Gesicht der Großstadt um 1900 war geprägt von Gegen-
30 sätzen: Einerseits gab es ein reiches kulturelles Leben,
prachtvolle Vorzeigebauten und wohlhabende Viertel.
Andererseits herrschte Armut, Wohnungsnot in den
Mietskasernen und Kriminalität in den armen Randbe-
zirken.

35 **Verändert sich die Lebensweise auf dem Land?**

Auf dem Land veränderte sich der Alltag kaum. Aber
auch dort machte sich der wirtschaftliche Wandel bemerkbar. Immer mehr Bürger erwarben seit Anfang des
19. Jahrhunderts Landbesitz. Ende der 1870er Jahre
40 stiegen die USA zum großen Konkurrenten auf. Die Getreidepreise sanken und Gutsherren ersetzten ihr Personal durch preiswertere Dresch- und Mähmaschinen.
Unzählige Landarbeiter wurden arbeitslos und zogen in
die Städte, um sich neue Verdienstmöglichkeiten zu su-
45 chen. Während der Ernte holten sich viele Bauern vor
allem polnische Saisonarbeiter aus den östlichen Provinzen des Reichs und aus Russland.

Das Wachstum deutscher Großstädte um 1900:

	Bevölkerung 1875	Bevölkerung 1910	Wachstum in %
Kiel	37 246	211 627	468,2
Essen	54 790	294 653	437,8
Leipzig	127 387	589 850	363,0
Düsseldorf	80 695	358 728	344,5
Frankfurt a. M.	103 136	414 576	302,0
Köln	135 371	516 527	281,6
Dortmund	57 742	214 226	271,0
Chemnitz	78 209	287 807	268,0
Nürnberg	91 018	333 142	266,0
Hamburg	264 675	931 035	251,8
München	193 024	596 467	209,0
Berlin	966 859	2 071 257	114,2

*Zusammengestellt nach Gerd Hohorst/Jürgen Kocka/
Gerhard A. Ritter (Hg.), Sozialgeschichtliches Arbeits-
buch, München (C. H. Beck) 1975, S. 45.*

Urbanisierung
(von lat. urbs = Stadt) Verstädterung, zunehmende
Ausdehnung von Städten in die Natur oder in ländliche
Gegenden. Damit veränderten sich auch die Lebens-
formen.

**Der evangelische Theologe Johann Hinrich
Wichern (1808–1881) besuchte eine Familie in
Hamburg (1867):**
Die scheußlichste Pestluft aus den Gossen erfüllt
zuzeiten die enge Straße, in welcher die Bewohner
einander in die Fenster sehen. Unter manchen
dieser Häuser sind wieder Eingänge in neue Laby-
5 rinthe. Nur gebückt ist das Innere dieser zweiten
Höfe zu erreichen ... Wieder links war eine noch
engere von Wohnungen gebildete Linie; der Atem
wurde von Stickluft, die sich an dieser Stelle entwickelt hatte, gehemmt; hier wohnte rechts die
10 gesuchte Familie in einer förmlichen Höhle; im
untern Teile der elenden Baracke war fast im
Finstern ein ... Paar einquartiert, eine Art Hühner-
treppe führte nach oben, wo wieder zwei bis drei
voneinander unabhängige Parteien ihr Obdach
15 hatten; alles strotzte von Schmutz aller Art an
Wänden, Fenstern, Fußböden; 5 Kinder und
3 Weiber und ein kaum herangewachsener Bube
mit seiner Dirne aßen und tranken hier durchein-
ander. Frechheit, Verzweiflung und völliger Stumpf-
20 sinn warfen dunkle Schatten auf die Gesichtszüge
der Versammelten, um das Bild des leiblichen und
sittlichen Elends, das hier hauste, zu vollenden.
*Zit. nach Quellen zur Alltagsgeschichte der Deutschen
1815–1870, hg. von Hartwig Brandt und Ewald Grothe,
Darmstadt (Wissenschaftliche Buchgesellschaft) 2005,
S. 40f.*

1 Arbeite die Lebensverhältnisse der in M3 beschrie-
   ben Familie heraus.
   Tipp: Nutze auch den Darstellungstext.
2 Erkläre, wie sich das Leben auf dem Land und in der
   Stadt veränderte (Darstellungstext, M1, M2).
3 Analysiere die Tabelle M4.
   Tipp: Verwende die Arbeitsschritte „Eine Statistik
   auswerten" auf S. 53.
4 **Partnerarbeit:** Eine/-r von euch sammelt Argumente
   für bzw. gegen das Leben in der Stadt um 1900,
   der/die andere hingegen Argumente für bzw. gegen
   das Leben auf dem Land um 1900. Anschließend
   diskutiert ihr mithilfe eurer Argumente darüber, wo
   das Leben vermutlich besser war.

Zusatzaufgaben: siehe S. 140

Webcode: FG642700-059
Zum Anhören: Die neue Zeit bricht an

Eine historische Fotografie analysieren

Im Jahre 1826 wurde erstmals ohne Stift und Farbe ein Bild gefertigt: Dem Franzosen Nicéphore Niépce gelang es, allein durch physikalisch-chemische Prozesse eine Kameraaufnahme vom Hof seines Landhauses herzustellen. Das erste Foto der Welt benötigte noch eine Belichtungszeit von acht bis zehn Stunden. Am Ende des 19. Jahrhunderts hatte die Fotografie sich weiterentwickelt. Es entstanden so viele Fotos, dass Historiker sie heute als Quelle nutzen können.
- *Wie aber lässt sich aus Fotos die historische Wirklichkeit erschließen?*

Blick in ein gutbürgerliches Wohnzimmer, Foto, um 1900

Küche in einer Mietskaserne, Berlin, Seestraße 27, Foto, 1908

Ein Foto: Abbild der Wirklichkeit?

Eine Fotografie drängt sich ihrem Betrachter als direktes Abbild der Wirklichkeit auf. Was nicht ist, kann ja auch nicht fotografiert werden. Aber ist das wirklich so? Zeigte das Foto von Niépce tatsächlich die Wirklichkeit auf
5 seinem Hof, oder hatte er diesen vorher etwa aufgeräumt, die Aufnahme also gestellt? Historiker achten auch auf das, was nicht auf dem Bild zu sehen ist. Und sie stellen sich die Frage, ob möglicherweise etwas verändert, z. B. retuschiert, worden ist. Solche Manipulati-
10 onen sind nicht erst seit der Entwicklung von modernen Bildbearbeitungsprogrammen am Computer möglich, sondern wurden manchmal schon im 19. und 20. Jahrhundert vorgenommen.

Aus Fotografien lassen sich Aussagen gewinnen, die
15 über andere Quellen hinausgehen. Wie sahen Wohnhäuser, Stadtviertel, Fabriken aus? Wie wohnten die Menschen? Wie kleideten sie sich? Es reicht nicht, sich ausschließlich auf ein Foto zu stützen, wenn man allgemeine Aussagen über ein Thema treffen möchte. Dazu
20 sind ganze Fotoserien notwendig. Erst wenn Forscher schriftliche Quellen hinzuziehen, können sie abschließende Ergebnisse formulieren. Heute kannst du im Internet viele historische Fotos finden, z. B. bei historischen Museen oder Bildarchiven. Dort gibt es meistens
25 zusätzliche Informationen und eine korrekte Quellenangabe.

Arbeitsschritte „Eine historische Fotografie analysieren"

Angaben zur Entstehung machen	Lösungshinweise zu M1
1. Wann ist die Fotografie entstanden?	• *Die Fotografie ist …*
2. Wo ist sie entstanden?	• *…*
3. Wer hat in wessen Auftrag fotografiert?	• *Der Auftraggeber bleibt unbekannt.*
4. Für wen ist die Fotografie angefertigt worden?	• *Der Adressat bleibt unbekannt.*
Die Fotografie beschreiben	
5. Handelt es sich um eine Farb- oder Schwarz-Weiß-Fotografie?	• *Es handelt sich um …*
6. Welche Bildtechnik ist zu erkennen (Perspektive, Entfernung, Ausschnitt?)	• *Der Fotograf hat den Bildausschnitt so gewählt, dass sowohl ein Teil des Wohn- als auch des Esszimmers zu erkennen sind.*
7. Was ist genau zu sehen?	• *Im Vordergrund … Im Hintergrund … Links im Bild … Rechts im Bild …*
Die Fotografie deuten	
8. Was ist der erste Eindruck?	• *Die Wohnung ist hell und aufgeräumt. Die Familie sitzt geordnet am Kaffeetisch.*
9. Welche Gesamtaussage lässt sich formulieren?	• *Die Einrichtungsgegenstände lassen auf eine wohlhabende Familie schließen. Der Mann könnte … von Beruf sein.* • *…*
10. Ist die Fotografie glaubwürdig? Ziehe ggf. weitere Quellen hinzu. Was gilt als sicher belegt, teilweise belegt, vermutlich und unklar?	• *Es gibt zahlreiche Fotografien aus der Zeit, die ähnliche Einblicke zeigen. Die Fotografie ist also …*
11. Welche Fragen bleiben offen?	• *Es gibt keinen Hinweis auf die Größe der Wohnung und …*

1 Analysiere M1 und ergänze die Lösungshinweise.
2 Bearbeite M2 mithilfe der Arbeitsschritte.
3 Vergleiche die beiden Fotografien. Beachte dabei insbesondere die jeweilige Wohnsituation und die Entstehungszeit.

4 **Wähle eine Aufgabe aus:**
   a) Erörtere anhand von M2 und S. 59 M3 Stärken und Schwächen von Bildquellen.
   b) Ein Kind aus dem in M3 auf S. 59 beschriebenen Mietshaus betrachtet das Foto M1. Formuliere drei Wünsche, die es daraufhin haben könnte.

Zusatzaufgaben: siehe S. 141

Webcode: FG642700-061
Geschichte der Fotografie

Der Not entgehen – durch Auswanderung?

Im 19. Jahrhundert wanderten Millionen Deutsche wegen der großen sozialen Not aus. Einige verließen ihre Heimat nur für kurze Zeit, andere für immer. Es gab jedoch auch gleichzeitig Einwanderer, die sich in Industriezentren wie dem Ruhrgebiet niederließen.

- *Untersuche Ursachen, Bedingungen und Probleme der Auswanderung zur Zeit der Industrialisierung.*

M 1 *Deutsche Auswanderer im Hafen von Hamburg, Holzstich, 1882*

Die wirtschaftliche Not

Zahlreiche Menschen verließen Deutschland im 19. Jahrhundert für immer, indem sie in die USA, aber auch nach Brasilien, Kanada oder Argentinien auswanderten. Es war vor allem die wirtschaftliche Not, die die Menschen
5 aus ihrer Heimat vertrieb. In den Jahren nach 1815 erlebte die bäuerliche Bevölkerung, die zu Teilen immer noch unfrei war (Feudalismus*), viele Missernten. Diese Entwicklung hatte ihren Höhepunkt in den „Hungerjahren" 1846 und 1847. In vielen Teilen der Bevölkerung
10 wurde zudem über Steuererhöhungen geklagt. Durch den Beschluss der Erbteilung wurde viel Ackerland unwirtschaftlich. Dies bedeutete, dass die nach der Aufteilung auf die Nachkommen übrig gebliebene Ackerfläche nicht mehr ausreichte, um eine Familie zu ernähren.

Politische und religiöse Gründe

15 Auch die gescheiterte Revolution von 1848 veranlasste viele Menschen, ihrer Heimat auf der Suche nach einem besseren Leben den Rücken zu kehren. Besonders die USA mit ihrer sehr fortschrittlichen Verfassung hatte
20 eine große Anziehungskraft auf die politischen Migranten*. Auch einzelne religiöse Gruppen, die in Deutschland nicht akzeptiert wurden, fanden dort eine neue Heimat und die Freiheit, ihren Glauben zu leben.

Auswanderungsbedingungen

25 Um auswandern zu dürfen, wurde die Genehmigung der jeweiligen Regierung benötigt. Es mussten Besitzverhältnisse geregelt und das Hab und Gut, welches man zurückließ, verkauft werden – anderenfalls wurde es versteigert. Es durften keine Schulden hinterlassen wer-
30 den. Die Auswanderung bedeutete aber auch eine Entlastung für die Gemeinden. Deshalb wurde in einigen Regionen die Übersiedlung nach Amerika befördert, zum Beispiel durch Übernahme der Reisekosten. Besonders häufig wurden die Hilfen bei Personen angewandt,
35 die man gerne außer Landes haben wollte: Kriminelle und vollkommen Mittellose.

Leben der Auswanderer in den USA

Pennsylvania, Cincinnati und St. Louis waren oft Ziel deutscher Auswanderer. Die erste deutsche Siedlung,
40 welche Mitte des 17. Jahrhunderts in Pennsylvania gegründet wurde, hieß „Germantown". Sie ist heute ein Stadtteil von Philadelphia. Wieder andere zog es in den mittleren Westen, um wie in der alten Heimat Landwirtschaft zu betreiben. Auch in New York blieben viele der
45 deutschen Einwanderer. Der große Teil der Deutschen lebte am Ende des 19. Jahrhunderts im Stadtteil „Little Germany". Die Einwanderer pflegten ihre deutsche Kultur, indem sie deutsch sprachen, deutsche Vereine gründeten, Buchläden oder Theater eröffneten. Auch ihren
50 Kindern wurde in der Schule Deutsch gelehrt.

Akzeptanzprobleme in der „Neuen Welt"

Die Einwanderer wurden in den USA zwar größtenteils
55 bereitwillig aufgenommen, dennoch kam es auch immer
wieder zu Konflikten. Beispielsweise entwickelte sich in
der Mitte des Jahrhunderts eine starke Abneigung gegen
katholische Einwanderer durch die bereits ansässige,
überwiegend protestantische Bevölkerung. Ab Ende
60 des 19. Jahrhunderts wurden Regelungen veranlasst,
welche die Einwanderung stärker beschränkten und sich
gegen bestimmte Einwanderergruppen richteten, wie
beispielsweise Kriminelle, Kranke oder Analphabeten.

 M3 **Eduard Müller siedelte 1834 von Bremerhaven nach Ohio (USA) über. Dort wurde er Farmer. Er schrieb an Verwandte in Deutschland:**

Den eingewanderten armen Deutschen sind die
schweren Arbeiten überlassen ... Sehr viele aber
schämen sich ihrer deutschen Abkunft, wollen als
Engländer gelten und kein Deutsch mehr können
5 ... Wir gingen, nachdem unser Haus fertig war,
daran, unsern Acker zu cultivieren, was allerdings
in sehr primitiver Weise hier überall geschieht ...
Nach solcher Cultivierung wurde der Boden ...
mit Kartoffeln und Mais bepflanzt ... Ein paar
10 Kühe hatte ich auch gekauft, 12 Dollar das Stück
nebst Kalb. Nun konnten wir doch bisweilen
Milchsuppe kochen.

*http://www.geschichte-projekte-hannover.de/
zweilaender/eng/starteng.html (Stand: 14. 4. 2016).*

 M2 **Artikel aus der Zeitschrift „Nile's Weekly Register" vom 18. September 1819:**

Immer noch ergießt sich eine Einwanderungsflut
in die Vereinigten Staaten. Außer im letzten Jahr
sind vielleicht noch nie zuvor so viele Menschen
aus Europa an unsere Küsten gekommen, um
5 sich bei uns niederzulassen ... Wir bedauern
diese Tatsache. Hunderte von ihnen, wir können
wohl sagen Tausende, werden uns während des
kommenden Winters zur Last fallen; denn viele
Zehntausende unserer eigenen Landsleute, die
10 gewöhnt sind, sich durch ihre Arbeit selbst zu
unterhalten, werden ohne Beschäftigung sein ...
Bisher haben wir den Fremden bei seiner Ankunft
hier immer mit Freude begrüßt. Es gab Raum
genug für alle, die kommen wollten, und Fleiß
15 war ein sicherer Weg zu einem angenehmen
Leben, wenn nicht gar zu Unabhängigkeit und
Reichtum. Wir waren froh über die Vermehrung
unserer Bevölkerung, die sie bewirkten, und über
den Impuls, den sie unserer Produktionsfähigkeit
20 gaben, womit sie unser Land in seiner Macht und
seinem Kräftepotential ... beförderten ... Jetzt
scheint allerdings die Bevölkerung ... zu dicht zu
sein – es gibt zu viele Münder, um das zu essen,
was von den Händen beim gegenwärtigen
25 Arbeitsmangel produziert werden kann.

Zit. nach Günter Moltmann (Hg.), Aufbruch nach Amerika. Die Auswanderungswelle von 1816/17. Stuttgart (Wunderlich) 1989, S. 309–311.

Deutsche Ortsnamen in den USA (Kartenausschnitt)

Webcode: FG642700-063
Briefe von Auswanderern (unter anderem aus Sachsen-Anhalt)

1 Suche dir eine/-n auf dem Holzstich (M1) abgebildeten Auswanderer/-in aus und entwirf eine fiktive Geschichte über das Verlassen der alten Heimat.
   Tipp: Verwende die Informationen aus dem Darstellungstext sowie der letzten drei Doppelseiten.
2 Erkläre, inwiefern die Einwanderung ein umstrittenes Thema war (M2, Darstellungstext).
3 Erörtere anhand des Briefes (M3), ob sich die Erwartungen deutscher Auswanderer nach einem besseren Leben erfüllten.
4 Erläutere, wo und wie sich die deutschen Einwanderer in den USA niederließen (Darstellungstext, M4).
5 a) Tragt zusammen, warum Menschen heute nach Deutschland einwandern und welche Schwierigkeiten sie dabei meistern müssen.
   b) Vergleicht die Migration in der Gegenwart mit der während der Industrialisierung.
   Tipp: Gibt es Gemeinsamkeiten und Unterschiede?

Industrialisierung und Umweltverschmutzung

Qualm und Rauch aus Schornsteinen von Fabriken und Lokomotiven galten im 19. Jahrhundert als Fortschritt. Dass sie die Luft verpesteten, wurde zwar erkannt, aber nur langsam entwickelte sich ein Bewusstsein für den schonenden Umgang mit der Natur.

- *Welche Auswirkungen hatte die Industrialisierung auf die Umwelt?*

Ansicht der Krupp Stahlwerke in Essen, Kupferstich, 19. Jh.

Brief Alfred Krupps vom 12. Januar 1867:
Für die Pariser Ausstellung und für einzelne Geschenke an hochstehende Personen müssen wir neue Fotografien im Mai, wenn alles grünt und der Wind stille ist, ausführen ...
5 Ich denke nämlich, dass die kleinen Fotografien vollkommen im Allgemeinen ausreichen, daneben wünsche ich aber in größtem Maßstabe eine oder besser zwei Ansichten mit Staffage [= mit Ausstattung, Ausschmückung, damit etwas besser aussieht] und Leben auf den Plätzen, Höfen und Eisenbahnen. Ich würde vorschlagen, dass man dazu Sonntage nehme, weil die Werktage zu viel Rauch, Dampf und Unruhe mit sich führen, auch der Verlust zu groß wäre ...
15 Es ist nachteilig, wenn zu viel Dampf die Umgebung unklar macht, es wird aber sehr hübsch sein, wenn an möglichst vielen Stellen etwas weniger Dampf ausströmt. Die Lokomotiven und Züge sind auch sehr imponierend so wie die
20 großen Transportwagen für Güsse.
Zit. nach Wilhelm Berdrow (Hg.), Alfred Krupps Briefe 1826–1887, Berlin (Verlag Reimar Hobbing) 1928, S. 180f.

Gedicht des Schriftstellers Philipp Witkop über das Ruhrgebiet (1901):
Aus tausend Schloten steigt ein dicker Rauch,
Der wälzt sich langsam durch die Lüfte her,
Dann sinkt er nieder dicht und schwarz und schwer,
5 Und brütet dumpf auf Haus und Baum und Strauch.
Es lauert rings ein großes schwarzes Sterben,
Und alle Blätter sind so welk und grau,
Als funkelte hier nie ein Tropfen Tau,
10 Kein Frühling will die Straßen bunter färben.
...
Ihr wisst es nicht, ihr könnt es nimmer wissen,
Und nimmer fühlen könnt ihr all das Leid,
Das mir die ganze Jugend hat zerrissen,
15 Das mich durchbebt so lange, lange Zeit,
Nur Rauch, nur Qualm der sich voll träger Ruh,
Aus tausend Schloten wälzt in schwarzer Masse –
Wie ich dich hasse, meine Heimat du!
Wie ich seit Kindertagen schon dich hasse!
Philipp Witkop, Ein Liebeslied und andere Gedichte, Kempten-München (Kösel) 1902, S. 73f.

Gutachten des Chemikers Konrad Jurisch von 1890:

Wie weit hat die Fischerei eine Berechtigung gegenüber der Chemischen Industrie in der Abwässerfrage? Es hat sich herausgestellt, dass für ganz Deutschland der wirtschaftliche Wert der Indus-
5 trie, welche Abwässer liefern, ca. tausendmal größer ist als der Wert der Binnenfischerei in Senn und Flüssen ... Haben sich an einem kleinen Flusse ... so viele Fabriken angesiedelt, dass die Fischzucht in demselben gestört wird,
10 so muss man dieselbe preisgeben [= aufgeben, beseitigen]. Die Flüsse dienen dann als die wohltätigen, natürlichen Ableitungen der Industrieabwässer nach dem Meere ... Dieser Grundsatz entspricht nicht nur den Anforderungen des
15 Nationalwohlstandes, sondern auch den wirtschaftlichen Interessen eines jeden Landstriches, das Aufblühen der Industrie zu fördern, selbst auf Kosten der Fischerei.

Zit. nach Konrad Wilhelm Jurisch, Die Verunreinigung der Gewässer, Berlin 1890, S. 103. In: Gerhard Henke-Bockschatz, Industrialisierung, Schwalbach/Ts. (Wochenschau) 2003, S. 224 f.

Bericht des Fabrikanten Friedrich Engels über Manchester (1845):

Die Aussicht von dieser Brücke – zartfühlenderweise von einer mannshohen gemauerten Brustwehr den kleineren Sterblichen verhüllt – ist überhaupt charakteristisch für den ganzen Bezirk. In
5 der Tiefe fließt oder vielmehr stagniert der Irk [Fluss, der durch Manchester fließt], ein schmaler, pechschwarzer, stinkender Fluss voll Unrat und Abfall, den er ans rechte, flachere Ufer anspült; bei trocknem Wetter bleibt an diesem Ufer
10 eine lange Reihe der ekelhaftesten schwarzgrünen Schlammpfützen stehen, aus deren Tiefe fortwährend Blasen miasmatischer [= giftiger] Gase aufsteigen und einen Geruch entwickeln, der selbst oben auf der Brücke, vierzig oder fünf-
15 zig Fuß über dem Wasserspiegel, noch unerträglich ist. Der Fluss selbst wird dazu noch alle fingerlang durch hohe Wehre aufgehalten, hinter denen sich der Schlamm und Abfall in dicken Massen absetzt und verfault. Oberhalb der Brü-
20 cke stehen hohe Gerbereien, weiter hinauf Färbereien, Knochenmühlen und Gaswerke, deren Abflüsse und Abfälle samt und sonders in den Irk wandern, der außerdem noch den Inhalt der anschießenden Kloaken und Abtritte aufnimmt.

Zit. nach Marx-Engels-Werke, Bd. 2, Berlin (Dietz Verlag) 1972, S. 282 f.

Karikatur aus der englischen Zeitschrift „Punch", 1858

1 **Gruppenarbeit:** Arbeitet in Dreiergruppen heraus, welche Probleme die Industrialisierung für die Umwelt mit sich brachte (M1–M6).
2 **a)** Gib die Vorstellungen Alfred Krupps von einem gelungenen Foto wieder (M2).
   b) Erläutere die Absichten, die er damit verfolgt.
3 **a)** Arbeite aus M4 die Position und die Argumentation des Chemikers Konrad Jurisch heraus.
   b) Nimm Stellung zu seiner Position.
4 **Wähle eine Aufgabe aus:**
   a) Lies das Gedicht von Philipp Witkop (M3) und verfasse ein Parallelgedicht, in dem deine Vorstellungen von einem angemessenen Umgang mit der Umwelt deutlich werden.
   b) Um 1900 entstand in Deutschland eine erste Umweltbewegung. Verfasse einen offenen Brief, den deren Anhänger an eine Zeitung geschickt haben könnten (M1–M6).

Die Arbeiterbewegung – vom Protest zur Organisation

Viele Land- und Fabrikarbeiter kehrten auf der Suche nach einem besseren Leben der Heimat den Rücken und gingen dauerhaft ins Ausland. Die Mehrheit war dazu aber nicht bereit oder nicht in der Lage. Um gegen ihre soziale und wirtschaftliche Not zu kämpfen, schlossen sich im Laufe des 19. Jahrhunderts die Arbeiterinnen und Arbeiter zu einer Bewegung zusammen.

- *Wie organisierte sich die Arbeiterschaft und mit welchen Mitteln kämpfte sie für ihre Interessen?*

Die soziale und wirtschaftliche Krise

Die Industrialisierung veränderte die Zusammensetzung der Gesellschaft grundlegend. Während der Anteil an Bauern in der Bevölkerung abnahm, entstand die stetig größer werdende Gruppe der Industriearbeiter. Adel und
5 Klerus, die führenden Gruppen der alten Ständegesellschaft, hatten durch die Revolutionen und Reformen im 19. Jahrhundert viele Vorrechte verloren. Die Unternehmer dagegen gewannen an Macht und sozialem Ansehen. Das Elend und die Rechtlosigkeit der Arbeiter
10 standen im deutlichen Widerspruch zu den technischen Fortschritten. Dieser Widerspruch wurde zum zentralen Problem der Industriegesellschaft: Die soziale Frage* war entstanden.

Die Arbeiter wehren und organisieren sich

15 Die Selbstorganisation der Arbeiterschaft spielte in der zweiten Hälfte des 19. Jahrhunderts in Deutschland eine wichtige Rolle. Als eine Vorform können Arbeitsniederlegungen (Streiks*) gesehen werden. Schon in der Frühen Neuzeit gab es Gesellenvereine, die sich gegen
20 niedrige Löhne und schlechte Arbeitsbedingungen wehrten: Die Gesellen veranstalteten Protestumzüge oder legten die Arbeit nieder. Für die Industriearbeiter waren Streiks ein wirksames Mittel, um ihre Interessen gegenüber dem Fabrikbesitzer zu vertreten. Streiks stärkten das
25 Zusammengehörigkeitsgefühl und führten zu dauerhaften Zusammenschlüssen. Die Arbeiter bildeten Gewerkschaften*. Indem sie die Arbeit niederlegten und streikten, übten sie Druck auf die Unternehmer aus. So versuchten sie, höhere Löhne und bessere Arbeitsbedin-
30 gungen, wie eine Beschränkung der Arbeitszeit, Schutz und Unterstützung bei Krankheit, bei Unfällen und Arbeitslosigkeit, zu erkämpfen. Dauerte ein Streik länger, sorgte die Gewerkschaft für sie. Es entstand eine regelrechte „Arbeiterkultur": Zeitungen, Läden, Arbeiter-
35 sport- und Gesangsvereine, Bildungsvereine und gemeinsame Feste wirkten in allen Bereichen des täglichen Lebens. Die Arbeiterbewegung wurde zur Massenbewegung und die Arbeiter entwickelten das Gefühl, ebenso wie die Unternehmer, als „Klasse*" zusammenzugehören.

40 ### Arbeiterparteien entstehen

Um auch in der Politik mitbestimmen zu können, gründete der Schriftsteller Ferdinand Lassalle 1863 den „Allgemeinen Deutschen Arbeiterverein" (ADAV). Es war die erste Arbeiterpartei auf deutschem Boden.
45 Allerdings kam bald Streit auf: Reformer wie Lassalle wollten mit dem Staat zusammenarbeiten, andere wollten ihn durch eine Revolution umstürzen. Es kam zu Abspaltungen und zur Gründung neuer Parteien. 1875 vereinigte sich der ADAV mit der von August Bebel
50 und Wilhelm Liebknecht gegründeten Sozialdemokratischen Arbeiterpartei (SDAP) zur Sozialistischen Arbeiterpartei (SAP), um die Spaltung der deutschen Arbeiterbewegung zu verhindern. Die SAP wurde 1890 zur Sozialdemokratischen Partei Deutschlands (SPD).

Traditionsfahne der SPD von 1873, Foto

Der Streik, Gemälde von
Robert Koehler, 1886
1 = Unternehmer
2 = verängstigte Ehefrau
3 = aggressiver Arbeiter
4 = Vermittler (siehe Aufgabe 3)

Auch Arbeiterinnen werden aktiv

55 Erste politische Aktivitäten von Frauen gab es in den 1840er Jahren. In Frauenvereinen organisierten sich vor allem Dienstmädchen, Näherinnen und Arbeiterinnen. Sie setzten sich für höhere Löhne, eine geringere tägli-
60 che Arbeitszeit und eine Beseitigung der Nacht- und Sonntagsarbeit ein. Das preußische Vereinsgesetz hatte den Frauen aber jede politische Betätigung verboten. Deshalb wurden viele Arbeiterinnenvereine von der Obrigkeit wieder aufgelöst. Erst 1903 fiel die Beschränkung
65 des Vereinsgesetzes von 1850. Noch um 1900 sahen Männer-Gewerkschaften in den Frauen Konkurrentinnen, die den Lohn drückten.

M3 Lieder der Arbeiterbewegung: „Bet' und arbeit'"
Das folgende Gedicht verfasste Georg Herwegh auf Bitten Ferdinand Lasalles anlässlich der Gründung des ADAV im Jahr 1863. Es gab im Laufe der Zeit verschiedene Vertonungen:

2. Und du ackerst, und du säst,
Und du nietest, und du nähst,
Und du hämmerst, und du spinnst –
Sag, o Volk, was du gewinnst!
...

5 5. Alles ist dein Werk!, o sprich,
Alles, aber nichts für dich!
Und von allem nur allein,
Die du schmiedst, die Kette dein?
6. Kette, die den Leib umstrickt,

10 Die dem Geist die Flügel knickt,
Die am Fuß des Kindes schon
Klirrt – o Volk, das ist dein Lohn.
...

10. Mann der Arbeit, aufgewacht!
15 Und erkenne deine Macht!
Alle Räder stehen still,
Wenn dein starker Arm es will.
...

12. Brecht das Doppeljoch entzwei!
20 Brecht die Not der Sklaverei!
Brecht die Sklaverei der Not!
Brot ist Freiheit, Freiheit Brot!

Zit. nach http://gutenberg.spiegel.de/buch/georg-herwegh-gedichte-1197/101 (Stand: 14. 4. 2017).

---

1 Erläutere anhand des Darstellungstextes die Gründe für den Zusammenschluss der Arbeiterschaft.

2 **Wähle eine Aufgabe aus:**
a) Stelle in einer Zeitleiste wichtige Stationen der Arbeiterbewegungen dar (Darstellungstext).
b) Arbeite heraus, was die Arbeiter unternahmen, um ihre Situation zu verbessern (Darstellungstext).

3 Gestaltet ein Rollenspiel. Verteilt dazu die Rollen 1–4 aus M2. Nehmt die entsprechenden Seiten aus dem Kapitel und die Anleitung „Rollenspiel" auf S. 159 zu Hilfe.

4 Diskutiert, ob Streik damals wie heute eine sinnvolle Maßnahme zur Durchsetzung von sozialen Forderungen ist.

5 Erkläre, inwiefern sich die Arbeiterbewegung auf die Traditionen der Französischen Revolution zurückführen lässt (M1).
Tipp: Beachte die Bürger- und Menschenrechte und die Ursachen der Französischen Revolution.

6 **Methode:** Untersucht das Lied von Georg Herwegh (M3) mithilfe der Arbeitsschritte auf S. 25.
Tipp: Was kritisiert der Verfasser? Welches Ziel verfolgt er? Welchen Appell richtet er an die Arbeiter?

Industrialisierung im heutigen Sachsen-Anhalt

Während der Industrialisierung entstand eine Leistungsgesellschaft*, bei der eine Gruppe besonders hervortrat: die Unternehmer. Sie entstammten meist dem Wirtschaftsbürgertum, das im Gegensatz zu den Handwerkern über genügend Kapital für Firmengründungen verfügte. Zu den bekanntesten Unternehmern gehörten August Borsig in Berlin und Alfred Krupp in Essen. Sie verfügten über wirtschaftliche Macht und waren in ihrem Handeln so bedeutsam, dass sie ganze Industriezweige oder Städte beeinflussten. Zu dieser Gruppe gehörte auch Hermann Gruson (1821–1895), der in Magdeburg-Buckau wirkte.

- *Welchen Anteil hat er an der Industrialisierung?*
- *Inwiefern wird heute noch an Hermann Gruson erinnert?*

M1 Eine Panzergießerei im Grusonwerk 1886, Zeichnung

M2 Fahrbarer Panzerturm, entwickelt von Hermann Gruson, historischer Stich, ca. 1885

Industrialisierung in Magdeburg-Buckau

Bereits 1835 wurde mit dem Bau der ersten Eisenbahnstrecke zwischen Magdeburg und Leipzig begonnen. Im Jahr 1837 wurde die „Magdeburger Dampfschifffahrt-Companie" gegründet, welche den Schifffahrtshandel
5 zwischen Buckau und Hamburg sicherstellte. Es folgte eine rapide Industrialisierung Buckaus.

Hermann Gruson zählte im 19. Jahrhundert zu den bedeutendsten Unternehmern im heutigen Sachsen-Anhalt. Er war in der Maschinenbauindustrie tätig und
10 gründete 1855 in Buckau (ab 1887 ein Stadtteil von Magdeburg) die „Maschinen-Fabrik und Schiffsbauwerkstatt H. Gruson Buckau-Magdeburg". Zu Grusons unternehmerischen Leistungen gehörte die Verbesserung der Festigkeit von Gusseisen. Gruson'sche Hartguss-
15 produkte wurden im Bereich des Maschinen- und Eisenbahnbaus zu Markenprodukten. So versahen viele Eisenbahnhersteller ihre Wagen mit dem Hinweis „nur mit Gruson'schen Hartgußrädern". Als es im Jahr 1859

zu einem Streik* unter den Arbeitern des Werkes kam,
20 führte der eher konservativ eingestellte Gruson eine neue Lohnpolitik ein. Er unterstützte seine Mitarbeiter mit Krediten oder anderen persönlichen Zuwendungen. Die Arbeiter des Grusonwerks, in den 1860er Jahren waren es etwa 250, waren dadurch unter Gruson ver-
25 mutlich mit ihren Arbeitsbedingungen sehr zufrieden, denn unter seiner Führung kam es zu keinem Streik mehr. Gleichzeitig erhielt Gruson ab den 1860er Jahren vermehrt Rüstungsaufträge des preußischen Militärs, für das er unter anderem Panzergranaten und andere
30 Waffen herstellte, die auch im Deutsch-Französischen Krieg 1871 zum Einsatz kamen. Im Grusonwerk wurden demnach nicht länger Produkte ausschließlich für den zivilen Einsatz hergestellt.

Durch die vielen ansässigen, in der Mitte des 19. Jahrhun-
35 derts gegründeten Unternehmen wurde Buckau ein bedeutender preußischer Industriestandort, der den Eisenbahnbau und die Industrialisierung weiter vorantrieb.

Konstanze Buchholz über das Leben von Hermann Gruson:

G[ruson] wurde ... im Wohnhaus der Familie in der Magdeburger Zitadelle geboren ... [Er] besuchte das Magdeburger Domgymnasi-
5 um, wechselte dann aber zur Gewerbe- und Handelsschule, ... die er 1839 mit dem Reifezeugnis abschloss. Nach Ableistung des einjährigen Militärdienstes in einer Pio-
15 niereinheit ging er an die Berliner Universität und hörte dort vor allem naturwissenschaftliche und mathematische Vorlesungen. Seine berufliche Laufbahn begann er 1840 mit dem Eintritt in die Maschinenfabrik von August Borsig (1804–1854) in Berlin ... 1854
20 übernahm [Gruson] die Stelle des technischen Direktors der Vereinigten Hamburg-Magdeburger Dampfschiffahrtsgesellschaft in Magdeburg. Am 1. Juni 1855 gründete er in Buckau bei Magdeburg eine eigene Maschinenfabrik und Eisengießerei mit einer Schiffs-
25 werft. Durch das Einsetzen einer allgemeinen wirtschaftlichen Rezession[1] gingen Werft und Gießerei zunächst nicht gut. Lediglich Aufträge für die Gießerei bewahrten die Firma vor dem Konkurs[2]. [Gruson] experimentierte unermüdlich, um die Qualität seines
30 Gusseisens zu verbessern. In intensiver Laborarbeit entwickelte er einen besonders festen Hartguss, der sich in der Praxis bewährte. So wurden Hartgussprodukte aus den Grusonwerken zu einem Markenprodukt und füllten bald die Auftragsbücher. Groß-
35 aufträge, hauptsächlich für den Eisenbahnbau, führten zu einem schnellen Wachstum des Unternehmens, was wiederum den Bau neuer Werksanlagen erforderlich machte. So wurden zwischen 1869 und 1871 neue Werkstätten in Buckau an der
40 Marienstraße errichtet. Der große Durchbruch als Unternehmer gelang [Gruson] mit der Herstellung

Hermann Gruson, Gemälde, um 1890

gegossener Panzerplatten für Kriegsschiffe und Geschützstände für Landbefestigungen sowie von
45 gegossenen Artilleriegeschossen. Damit revolutionierte er die Militärtechnik ... [Gruson] verdankte seinen geschäftlichen Erfolg vor allem dem großen Bedarf an Kriegsmate-
50 rial in Europa, obwohl auch weiterhin für den zivilen Sektor u. a. Hartgussteile für den Eisenbahnbau, Walzenmühlen und Hebezeuge hergestellt wurden. 1886 erfolgte die Umwandlung des Grusonwerks in
55 eine AG. [Gruson] behielt die Leitung des Betriebes bis 1891. Am 1. Juli dieses Jahres beendete er seine Mitarbeit im Vorstand der Gruson AG. Zwei Jahre später wurde das Werk vom Krupp-Konzern übernommen ...
60 [Gruson] gehörte seit ... 1856 dem Verein deutscher Ingenieure (VDI) an ... Für seine Verdienste erhielt [er] als einer der ersten 1894 die Grashof-Denkmünze, die höchste Auszeichnung des VDI. Auch seine Vaterstadt Magdeburg ehrte ihn und verlieh ihm am
65 1. Mai 1889 die Ehrenbürgerwürde[3] ... [Sein] privates Interesse galt besonders ... den Kakteen. Er galt auf diesem Gebiet als exzellenter Kenner. Zwei Kakteen wurden nach ihm benannt. [Seine] Kakteensammlung war eine der größten und bedeutendsten in
70 Europa.

Zit. nach https://www.magdeburg.de/Start/Bürger-Stadt/ index.php?La=1&NavID=37.367&object=tx,37.3448.1 (Stand: 23. 6. 2017). Bearb. v. Verf.

....

[1] *wirtschaftlicher Wachstumsrückgang*
[2] *Bankrott/Pleite*
[3] *An Hermann Gruson erinnert heute die Grusonstraße in Magdeburg und Frankfurt am Main. Außerdem wurde das Gebäude der Fakultät für Maschinenbau an der Universität Magdeburg nach ihm benannt.*

....

1 Stelle die Arbeitsbedingungen in M1 dar.

2 Geschichte darstellen: Stelle mithilfe des Darstellungstextes und M3
a) das Wirken Herman Grusons in Magdeburg-Buckau und
b) seinen Anteil an der Industrialisierung dar.

3 Geschichte heute:
a) Arbeite anhand von M3 die gegenwärtige Würdigung Herman Grusons heraus.
b) Der große Durchbruch als erfolgreicher Unternehmer gelang Hermann Gruson mit der Produktion von Kriegsgerät. Nimm Stellung, ob die heutige Würdigung daher gerechtfertigt ist (M2, M3).
c) Diskutiert in der Klasse, inwiefern heutige Unternehmer gewürdigt werden.

Wer löst die soziale Frage?

Nicht nur die Arbeiterschaft nahm die negativen Folgen der Industrialisierung wahr, auch andere erkannten die sozialen und wirtschaftlichen Probleme, die dringend gelöst werden mussten. Die Motive und auch die Lösungsvorschläge waren jedoch sehr unterschiedlich.

- *Untersuche auf den nächsten drei Seiten, welche Lösungsansätze es für die soziale Frage gab und ob die Lösungen dauerhaft erfolgreich waren.*

M 1 *Der Vampir des Kapitalismus, Holzschnitt, Walter Crane, um 1890. Die Karikatur zeigt eine symbolische Darstellung von Sozialismus (dargestellt als Engel), Kapitalismus (dargestellt als Fledermaus) und Proletariat (dargestellt als Arbeiter): Der Sozialismus weckt das Proletariat, das dem blutsaugenden Vampir des Kapitalismus ausgeliefert ist, aus seinem politischen Schlaf.*

Ideologien als Lösung? – Sozialismus* und Kommunismus*

Einige Intellektuelle wollten die soziale Frage und die wirtschaftlichen Probleme lösen. Karl Marx sah den Sozialismus* bzw. den Kommunismus* als gesellschaftspolitisches Ziel. Er ging davon aus, dass die Gesellschaft in
5 Klassen eingeteilt war. Die besitzende Klasse verfügte über alle Produktionsmittel wie Fabriken, Maschinen oder Land. Die besitzlose Klasse hatte dagegen nur ihre Arbeitskraft. Die Besitzenden nannte er Kapitalisten* oder Bourgeoisie*, die Besitzlosen Proletarier*. Beide
10 stünden sich unversöhnlich gegenüber. Die Proletarier erwirtschafteten durch ihre Arbeit deutlich mehr, als sie als Lohn bekamen. Dieses Geld steckten sich die Kapitalisten in die Tasche. Um die Lage der Proletarier zu verbessern, müssten sie sich vereinigen und die
15 Kapitalisten letztendlich enteignen. Anschließend sollte alles der Gemeinschaft gehören. Karl Marx sah die Geschichte als Abfolge von Klassenkämpfen. Am Ende stand für ihn die Abschaffung aller Klassen, eine klassenlose Gesellschaft. Viele reiche und mächtige Menschen
20 fühlten sich durch die Ideen von Marx bedroht, während sich die Arbeiterbewegung diese in unterschiedlichen Ausprägungen zu eigen machte.

Kirchen wollen die Lage der Arbeiter verbessern

Angesichts des Elends der Arbeiter äußerten sich auch
25 Vertreter der Kirchen zur Sozialen Frage. Sie versuchten die Not zu lindern. 1833 gründete der evangelische Geistliche Johann Hinrich Wichern das „Rauhe Haus" in Hamburg. Hier wohnten obdachlose Kinder, die in Lehrwerkstätten ausgebildet wurden. 1846 rief der Priester
30 Adolf Kolping einen katholischen Gesellenverein ins Leben. Unverheiratete Gesellen konnten in den Häusern des Kolpingwerks ein christliches Zuhause finden. 1864 umfasste das Kolpingwerk bereits 420 Vereine sowie 60 000 Mitglieder. In Mainz trat Erzbischof Wilhelm Em-

35 manuel von Ketteler für Sozialreformen, Koalitions- und Streikrecht ein. Ketteler beeinflusste auch das päpstliche Rundschreiben von 1891. Darin forderte der Papst eine gerechte Eigentumsverteilung und Maßnahmen zur Verbesserung der Arbeitsbedingungen.

40 **Wie reagierten die Unternehmer?**

Viele Unternehmer zeigten wenig Verständnis für die Lage der Arbeiter. Sie waren der Überzeugung, dass diese durch mehr Fleiß und Genügsamkeit ihre schwierigen Lebensbedingungen ändern könnten. Sie fürchteten sich 45 aber zugleich vor möglichen Protesten, Streiks oder gewaltsamen Unruhen. Daher mussten sie reagieren. Einige Unternehmen wie BASF, Siemens oder Krupp versuchten, die größte Not der Arbeiter deshalb selbst zu lindern. Sie gründeten soziale Einrichtungen in ihren 50 Betrieben wie Werkswohnungen, betriebliche Altersvorsorge oder Krankenkassen. Der betriebliche Wohnungsbau verzeichnete in den 1870er Jahren einen enormen Aufschwung. Besonders eindrucksvoll waren die Bemühungen des Krupp-Konzerns. Nach vorsichti- 55 gen Schätzungen lebten um die Jahrhundertwende allein zwölf Prozent der Essener Bevölkerung in Werkswohnungen.

Dennoch war ein Unternehmer ein Patriarch*, der zwar vordergründig viel für „seine" Arbeiterschaft tat, 60 jedoch war es ihr auch verboten, sich gemeinsam zu organisieren.

Sozialpolitik des Staates

Auch die Regierung des Deutschen Reichs suchte eine Lösung für die soziale Frage. In den 1870er Jahren hatte 65 sie die Arbeiterbewegung noch unterdrückt und die Spannungen so verschärft. Nun sollten Reformen den sozialen und politischen Druck lindern. Reichskanzler Otto von Bismarck erließ deshalb zwischen 1883 und 1889 Sozialgesetze zur Kranken-, Unfall- und Renten- 70 versicherung (S. 104/105). Nun hatten Arbeiter einen Versicherungsschutz, bei Krankheit, bei Unfällen und Invalidität, außerdem einen Anspruch auf Rente und Hinterbliebenenfürsorge. Bismarck konnte und wollte die soziale Frage durch seine Sozialgesetzgebung nicht 75 völlig lösen. Tatsächlich milderte sie die Notlage vieler Menschen nur, schaffte sie aber nicht ganz ab. Er beabsichtigte damit, die Arbeiterbewegung zu schwächen.

M2 Der Mainzer Erzbischof Wilhelm Emmanuel von Ketteler über die soziale Frage (1864):

Die von uns bisher besprochenen Ursachen der damaligen Lage der Arbeiter sowie die Bösartigkeit der aus diesen Ursachen hervorgegangenen Wirkungen und Folgen haben ihren wesentlichen und tiefs- 5 ten Grund im Abfall vom Geiste des Christentums, der in den letzten Jahrhunderten stattgefunden hat ... Hier kann und wird daher die Heilung von innen heraus erfolgen ... Damit die Macht des Reichtums nicht die Armen erdrücke, dazu ist notwendig, dass 10 die Reichen sich selbst beschränken und nicht alles, was einer rein egoistischen Ausbeutung aller den Reichen zustehenden Mittel möglich wäre, sich auch erlauben. [Zur Abhilfe nennt Ketteler im Folgenden: 1. Anstalten für arbeitsunfähige Arbeiter, 2. die 15 christliche Familie und Ehe, 3. wahre Bildung durch das Christentum, 4. katholische Handwerker und Gesellenvereine.]

Zit. nach Martin Grohmann und Wolfgang Jäger, Industrielle Revolution und Moderne um 1900, Berlin (Cornelsen) 2001, S. 112f.

---

1 Arbeite die Lösungsvorschläge zur sozialen Frage in einer Tabelle heraus (Darstellungstext).

	Kirche	Staat	...	...
Ideen	...	...	...	...
Maßnahmen				
Lösungsvorschläge				

Tipp: Liste die im Text genannten Personen bzw. Gruppen auf und ordne diesen die entsprechenden Ideen, Maßnahmen und Lösungsvorschläge zu.

2 **Methode:** Interpretiere die Karikatur M1 mithilfe der Arbeitsschritte auf S. 155.

3 Arbeite aus M2 die Motive und Ziele der katholischen Kirche heraus.

Zusatzaufgaben: siehe S. 141

Die deutsche Sozialversicherung, Plakat der Reichsregierung, 1913

Alfred Krupp in einer Ansprache an seine Arbeiter (1877):

Die Apostel[1] der Sozialdemokraten suchen aber den bescheidensten Leuten durch ihre verführerischen Reden den Kopf zu verdrehen, und sie werden das Unglück von manchem Arbeiter verschulden, der
5 ihnen Gehör schenkt und deshalb entlassen wird ... Ich habe die Erfindungen und neuen Produktionen eingeführt, nicht der Arbeiter. Er ist abgefunden mit seinem Lohne ... Ich habe den Mut gehabt, für die Verbesserung der Lage der Arbeiter Wohnungen zu
10 bauen, worin bereits 20 000 Seelen untergebracht sind, ihnen Schulen zu gründen und Einrichtungen zu treffen zur billigen Beschaffung von allem Bedarf. Ich habe mich dadurch in eine Schuldenlast gesetzt, die abgetragen werden muss. Damit dies geschehen
15 kann, muss jeder seine Schuldigkeit tun in Friede und Eintracht und in Übereinstimmung mit unsern Vorschriften ...

Genießet, was Euch beschieden ist. Nach getaner Arbeit verbleibt im Kreise der Eurigen, bei den El-
20 tern, bei der Frau und den Kindern und sinnt über Haushalt und Erziehung. Das sei Eure Politik, dabei werdet Ihr frohe Stunden erleben. Aber für die große Landespolitik erspart Euch die Aufregung. Höhere Politik treiben erfordert mehr freie Zeit und Einblick
25 in die Verhältnisse, als dem Arbeiter verliehen ist. Ihr tut Eure Schuldigkeit, wenn Ihr durch Vertrauenspersonen empfohlene Leute erwählt. Ihr erreicht aber sicher nichts als Schaden, wenn Ihr eingreifen wollt in das Ruder der gesetzlichen Ord-
30 nung. Das Politisieren in der Kneipe ist nebenbei sehr teuer, dafür kann man im Hause Besseres haben.

Wilhelm Berdrow (Hg.), Alfred Krupps Briefe 1826–1887. Im Auftrag der Familie und der Firma Krupp, Berlin (Hobbing) 1928, S. 346 f. Bearb. v. Verf.

....

[1] *hier: eifriger Vertreter einer Sache, eigentlich: Gesandter Jesu Christi*

4 a) Fasse die Aussage von M4 in eigenen Worten zusammen.
b) Stelle Alfred Krupps Bild vom Arbeiter einerseits und vom Arbeitsgeber andererseits dar (M4).
c) Beurteile, wie ein Arbeiter diese Ansprache empfunden haben könnte.

5 a) Beschreibe M3.
b) Erkläre, mit welchen Mitteln die Regierung für die Sozialgesetzgebung warb.
6 Diskutiert: Welche der Lösungsansätze waren dauerhaft erfolgreich?

Die Anfänge einer Freizeitkultur

Vielleicht ist es für dich eine Selbstverständlichkeit, mindestens einmal im Jahr in Urlaub zu fahren. Viele verreisen heute auch übers Wochenende und besuchen andere Städte. Für die meisten Menschen war Freizeit aber bis ins 19. Jahrhundert hinein eine Seltenheit und Urlaub sogar ganz unbekannt.
- *Warum änderte sich dies mit der Industrialisierung allmählich?*
- *Wie gestalteten die Menschen im 19. und beginnenden 20. Jahrhundert ihre Freizeit?*

Anfänge des Tourismus

Um in den Urlaub fahren zu können, benötigt man Zeit und finanzielle Mittel. Beides stand lange Zeit nur dem Adel und dem wohlhabenden Bürgertum zur Verfügung. Durch die Errungenschaften der Industrialisierung konnten aber auch immer häufiger einfache Arbeiter in den Urlaub fahren. Das lag vor allem am technischen Fortschritt: Eisenbahn und Dampfschiffe konnten immer mehr Menschen immer schneller und immer günstiger an ihr Ziel bringen. Erste Tourismusregionen entstanden in den Alpen und an Ost- und Nordsee. Als um 1900 die ersten Unternehmen für ihre Belegschaft Urlaubsregelungen trafen, verfügten die Angestellten und Arbeiter allmählich über mehr Freizeit. Diese blieb allerdings stark beschränkt: Das Unternehmen BASF etwa gewährte ab 1907 jährlich gerade einmal eine Woche Urlaub im Jahr – aber erst nach zehn geleisteten Dienstjahren. Die meisten Menschen verließen dennoch kaum länger als ein bis zwei Tage ihren Wohnort, denn Urlaub blieb lange sehr teuer und bis weit ins 20. Jahrhundert hinein ein Privileg der wohlhabenden Schichten.

Vereinswesen

Ende des 19. Jahrhunderts zeigte sich die Entwicklung einer Freizeitkultur auch in der Gründung von Vereinen. Dazu gehörten Arbeitervereine, in denen die Arbeiterschaft einen Ausgleich zu ihrem harten Arbeitsalltag finden konnte. In den Städten entstanden um 1900 viele Sportvereine. Eine Vereinsmitgliedschaft wurde durch die zunehmende Reduzierung der täglichen Arbeitszeit von durchschnittlich 14 bis 16 Stunden um 1850 auf durchschnittlich 10 Stunden bis 1914 möglich gemacht. Urbanisierung und die als zunehmend problematisch empfundene Umweltverschmutzung führten dazu, dass sich immer mehr Menschen nach der Natur sehnten und den Umweltschutz zum Thema machten. So entstanden beispielsweise die von der vornehmlich bürgerlichen Jugend getragene „Wandervogel-Bewegung" (1896) oder die aus der Arbeiterbewegung hervorgegangene Organisation der „Naturfreunde" (1895).

Wandervogel-Gruppe am Lagerfeuer, Foto, 1911

1 **Wähle eine Aufgabe aus:**
   a) Verfasse für eine Reisezeitschrift einen Artikel über die Anfänge des Tourismus.
   b) Vergleiche den Tourismus des 19. Jahrhunderts mit dem Tourismus heute. Gehe dabei beispielsweise auf Transportmittel und Reiseziele ein.
2 Stelle Vermutungen an, weshalb Ende des 19. Jahrhunderts eine Freizeitkultur entstand.
   Tipp: Nimm den Darstellungstext und die S. 64/65 zu Hilfe.
3 Beschreibe das Foto M1.
   Tipp: Welche Stimmung wird darauf deutlich?
4 Erläutere die Voraussetzungen und Gründe für das Entstehen von Vereinen (Darstellungstext).

| 1760 | 1770 | 1780 | 1790 | 1800 | 1810 | 1820 | 1830 |

um 1764 James Hargreaves baut eine Spinnmaschine („Spinning Jenny"), auf der viele Fäden gleichzeitig gesponnen werden können

1769 James Watt meldet eine betriebstaugliche Dampfmaschine zum Patent an

um 1770 Beginn der Industrialisierung in England

1771 Richard Arkwright entwickelt eine Spinnmaschine, die mit Wasser- und Dampfkraft angetrieben wird

um 1776 Adam Smith veröffentlicht seine Wirtschaftslehre: Staat soll Wirtschaft nicht behindern

1817 Missernten und extrem gestiegene Getreidepreise bringen erste Auswanderungswelle aus Europa

1833 der evangelische Theologe Johann Hinrich Wichern gründet in Hamburg das „Rauhe Haus" für obdachlose Kinder

1834 Gründung des Deutschen Zollvereins

1835 erste Eisenbahnlinie in Deutschland

Das Entstehen der deutschen Industriegesellschaft

Merkmale der Industrialisierung

Unter Industrialisierung versteht man einen tiefgreifenden Wandel, der sich seit dem Ende des 18. Jahrhunderts in Europa vollzog. Die wichtigsten Merkmale waren:

- Einsatz von Maschinen in den neuen Fabriken
5 - Unterteilung der Arbeit in viele Einzelschritte, die von Arbeitern übernommen wurden
- Massenproduktion
- Nutzung neuer Energieträger wie Kohle, später auch Erdöl und Elektrizität
10 - Ansammlung und Einsatz von Kapital

Industrialisierung in England und Deutschland

In der Geschichtswissenschaft ist unbestritten, dass die Industrialisierung in England begann. Dafür waren folgende Faktoren ausschlaggebend:

15 - Verbesserungen in der Landwirtschaft
- schnelles Wachstum der Bevölkerung
- wirtschaftsliberales Denken und Handeln
- technische Erfindungen (z. B. Spinning Jenny)
- Bau von Fabriken als Produktionsstätten, z. B. im
20 Textilgewerbe und Bergbau
- Kolonien als Rohstoff- und Absatzmärkte
- gute Infrastruktur (Straßen, Kanäle, Häfen).

In Deutschland ging die Industrialisierung zunächst nur schleppend voran. Kleinstaaterei, Zollgrenzen, Zunftbe-
25 stimmungen und ein schlechtes Verkehrsnetz hemmten die Entwicklung. Erst nach politischen und wirtschaftlichen Reformen beschleunigte sich der Aufstieg. 1834 wurde der Deutsche Zollverein gegründet. Damit wurde die Grundlage für einen einheitlichen Wirtschaftsraum
30 geschaffen. Eisen- und Stahlindustrie wuchsen nun. Eine wichtige Rolle spielte die Eisenbahn, die die Industrialisierung durch schnelleren Transport beschleunigte, aber auch selbst große Nachfrage an Stahl und Kohle für den Streckenbau erzeugte.

35 **Eisenbahn – Motor der Industrialisierung**

Die erste Eisenbahnlinie in Deutschland wurde am 7. Dezember 1835 eröffnet. Die Eisenbahn war siebenmal schneller als eine Postkutsche. In Deutschland kam es in der Folgezeit zu einem schnellen Ausbau des Strecken-
40 netzes. Der Eisenbahnbau kurbelte die gesamte Wirtschaft an; er wurde zum Motor der Industrialisierung.

Die Industriegesellschaft entsteht

Mit der Industrialisierung veränderten sich auch die Arbeits-, Wohn- und Lebensbedingungen der Menschen.
45 Die Fabrikarbeit trennte Wohnung und Arbeitsplatz. Es entstanden zwei neue gesellschaftliche Gruppen: die der Unternehmer und die der Arbeiter. Für Unternehmer wie Alfred Krupp, August Borsig oder Hermann Gruson, die

| 1840 | 1850 | 1860 | 1870 | 1880 | 1890 | 1900 | 1910 |

1846 erster katholischer
Gesellenverein (Adolf Kolping)

1896 Gründung der „Wandervogel-Bewegung"

1848/49 Revolutionen in Europa

1853 Verbot der Kinderarbeit
in Fabriken unter zwölf Jahren

ab 1883 Einführung der
staatlichen Kranken-,
Unfall- und Renten-
versicherung

1900 Kinderschutzgesetz
im Deutschen Reich

1863 Ferdinand Lassalle
gründet den „Allgemeinen
Deutschen Arbeiterverein"

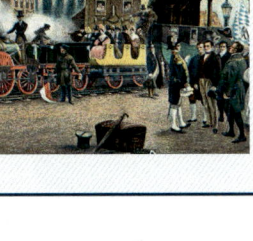

über das notwendige Kapital verfügten, bot die Indust-
50 rialisierung die Möglichkeit, mit ihren Fabriken ein Vermögen zu verdienen. Für die Arbeiter hingegen war das
Leben meistens mühselig und entbehrungsreich. Es gab
niedrige Löhne, lange Arbeitszeiten, härtere Kinderarbeit, strenge Fabrikordnungen und große Wohnungsnot.
55 Arbeiterfamilien waren nicht abgesichert, wenn jemand
krank wurde, einen Unfall hatte oder starb. Die Kluft
zwischen Fabrikbesitzern und der Masse der abhängigen
Arbeiter wurde immer größer. Weil es viel mehr Arbeit-
suchende als Stellen gab, konnten Unternehmer die Löh-
60 ne senken. Das führte dazu, dass Arbeiterfamilien oftmals am Rande des Existenzminimums lebten. Auch
Kinderarbeit war anfangs nahezu die Regel. Diese sozialen Probleme infolge der Industrialisierung bezeichnet
man als „Soziale Frage". Einige Menschen versuchten,
65 dieser Not durch Auswanderung in andere Länder zu
entkommen.

Die soziale Frage – Lösungsansätze

Staat, Kirchen, Arbeiter, Unternehmer und Gesell-
schaftstheoretiker wie Karl Marx versuchten die Soziale
70 Frage auf unterschiedliche Weise zu lösen:
- Unter Reichskanzler Bismarck wurden Versicherungen eingeführt.
- Kirchenvertreter kümmerten sich um Alleinstehende
  und Obdachlose. Sie ermahnten die Unternehmer.
75 - Die Arbeiter selbst gründeten Gewerkschaften, um
  durch Streiks bessere Arbeitsbedingungen zu erreichen. Sie forderten politische Mitbestimmung und
  organisierten sich in Arbeiterparteien.

- Karl Marx und seine Anhänger sahen die Lösung in
80 einer klassenlosen Gesellschaft.
- Einige Unternehmer sorgten sich um die Belange der
  Arbeiter, oft, weil sie Streiks fürchteten. Sie führten
  eigene Versicherungen ein und bauten günstige
  Wohnsiedlungen für ihre Arbeiter.
85 Dennoch dauerte es Jahrzehnte, bis die Verbesserungen
wirkten.

Folgen der Industrialisierung für die Lebenswelt

Nicht nur die Gesellschaft änderte sich durch die Industrialisierung, auch die Umwelt wurde durch sie nachhal-
90 tig geprägt. Als sehr problematisch erwies sich die zunehmende Umweltverschmutzung. Rauch verpestete
die Luft, Chemikalien verunreinigten die Gewässer. Nur
langsam setzte ein Bewusstsein für die davon ausgehen-
de Bedrohung für Mensch und Natur ein. Durch die
95 wachsenden Industriezentren und die damit verbundene Urbanisierung zogen außerdem zahlreiche Menschen
vom Land in die Städte. Dort zeichnete sich das Leben
einerseits durch mehr Enge, mehr Tempo und mehr
Schmutz, andererseits aber auch durch mehr Bequem-
100 lichkeiten und mehr Freizeitmöglichkeiten aus. Immer
mehr Menschen versuchten, ihrem Arbeitsalltag und
dem hektischen Großstadtleben durch eine Mitglied-
schaft in einem Sportverein oder durch Wanderfahrten
in der Natur zu entkommen. Dies wurde an der Schwel-
105 le zum 20. Jahrhundert immer leichter möglich, da die
Arbeitszeit sich allmählich reduzierte, Urlaubstage ge-
währt und die Kosten für den Zug oder das Schiff niedriger wurden. Der Tourismus begann sich zu entwickeln.

In diesem Kapitel konntest du folgende Kompetenzen erwerben:

- das Entstehen der deutschen Industriegesellschaft erklären
- Merkmale und Auswirkungen der Industrialisierung auf die Gesellschaft herausarbeiten und bewerten
- auf der Grundlage von Darstellungen und Abbildungen das Wirken eines Unternehmers und dessen Anteil an der Industrialisierung veranschaulichen

- die gegenwärtige Würdigung früher Unternehmer untersuchen
- **Methode:** Eine Statistik auswerten
- **Methode:** Eine historische Fotografie analysieren

Folgende Personen und Begriffe hast du kennengelernt:
- Industrialisierung
- Fabrik
- Hermann Gruson
- Alfred Krupp
- Kinderarbeit
- Migration: Aus- und Binnenwanderung
- Urbanisierung
- Entwicklung der Infrastruktur
- Umweltprobleme
- soziale Frage
- Anfänge einer Freizeitkultur

1 **Partnerarbeit:** Verfasst jeweils eine Darstellung, in der ihr mindestens drei der oben genannten Begriffe verwendet, und baut fünf inhaltliche Fehler ein. Korrigiert anschließend gegenseitig eure Darstellung.

Frauen beim Wickeln von Spulen für Elektromotoren, Maschinensaal der AEG in Berlin, Foto, um 1890

Die Stadtbahnanlage an der Jannowitzbrücke in Berlin, Gemälde von Julian Jacob und Wilhelm Herwarth (Ausschnitt), um 1891

Der Historiker Heinrich Theodor Grütter über die Firma Krupp (2011):

Und was bleibt? Was gibt es zu lernen aus der Geschichte dieses Unternehmens, das innerhalb weniger Jahrzehnte von einer Werkstatt zu einem Weltkonzern wurde? Zunächst wohl, dass Krupp,
5 bei aller Tradition, immer in das Neue, in Forschung und Wissenschaft investierte. Krupp steht für eine deutsche Industrie, die stets mehr auf Innovation denn auf Massenproduktion gesetzt hat. Zu lernen gibt es gerade heute aber noch
10 etwas anderes. Das Urkonzept des Krupp-Erfolgs, die Firmenbindung, das Engagement für die eigenen Leute, die man auch in Krisen weiterbeschäftigte, samt der Pflege einer qualifizierten Facharbeiterschaft – das alles hat angesichts der
15 wirtschaftlichen Situation[1] eine unerwartete neue Bedeutung bekommen und bleibt Empfehlung für die Zukunft ... Essen jedenfalls bleibt Krupp-Stadt. Gerade erst wurde das Denkmal Alfreds vor der Marktkirche umgesetzt. Es steht jetzt
20 wieder an seinem alten Platz.

Heinrich Theodor Grütter, Die Herren der Ringe, http://www.zeit.de/2011/47/Firma-Krupp/seite-3 (Stand: 22. 6. 2017)

....

[1] *gemeint ist die heutige Situation*

Denkmal von Alfred Krupp vor der Marktkirche in Essen. Das Denkmal wurde drei Wochen nach dessen Tod 1887 von der Stadt bei Fritz Schaper in Auftrag gegeben und 1889 aufgestellt. Auf der Rückseite des Sockels befindet sich die Inschrift „Die dankbare Vaterstadt". Unter der rechten Hand der Figur befindet sich ein Amboss, in der linken Hand hält sie einen zerdrückten Hut.

Methoden- und Interpretationskompetenz

1 Beschreibe mithilfe des Gemäldes M2 die Merkmale und Auswirkungen der Industrialisierung auf die Gesellschaft.
   Tipp: Bedenke z. B. die Auswirkungen der Industrialisierung auf die Verkehrsmittel, das Stadtbild und die Umwelt.

2 Untersuche M1 mithilfe der Arbeitsschritte „Eine historische Fotografie analysieren" (S. 61).

Geschichte darstellen (narrative Kompetenz)

3 Erläutere, warum die Industrialisierung in England früher einsetzte als in Deutschland.

4 Eine der Frauen aus M1 findet möglicherweise sonntags Zeit, einer alten Freundin auf dem Land einen Brief zu schreiben, in dem sie ihr von dem Leben als Industriearbeiterin berichtet. Verfasse diesen fiktiven Brief. Siehe dazu auch S. 157.
   Tipp: Verwende die Informationen auf den S. 56–59.

Geschichte heute (geschichtskulturelle Kompetenz)

5 **a)** Arbeite aus M3 die Position Heinrich Theodor Grütters heraus.
   b) Fasse zusammen, was du aus M3 und in diesem Kapitel über Alfred Krupp erfahren hast.
   Tipp: Nutze M2 auf S. 56, M2 auf S. 64, den Darstellungstext auf S. 71 und M4 auf S. 72.
   c) Erörtere, ob und inwiefern Alfred Krupp heute als Vorbild für moderne Unternehmer gelten kann.

6 Diskutiert, ob das Denkmal auf dem Essener Marktplatz (M4) eine angemessene Form der Erinnerung an Alfred Krupp und sein Unternehmen darstellt.
   Tipp: Beachte dabei auch die Körperhaltung, den Gesichtsausdruck und die verwendeten Attribute.

3
Fachpraktikum: Bezüge unserer Gegenwart zum 19. Jahrhundert finden und erklären

In diesem Fachpraktikum sollt ihr Bezüge unserer heutigen Gegenwart zum 19. Jahrhundert untersuchen. Ziel des Fachpraktikums ist es, Exponate oder Poster für eine Ausstellung zum Thema „Spuren der Industrialisierung in Sachsen-Anhalt" zu erstellen. Ihr könnt das Fachpraktikum auf verschiedenen Wegen bearbeiten:

- In Gruppenarbeit: Bildet Gruppen und bearbeitet die Themen aus dem Fachpraktikum. Erstellt jeweils einen Beitrag zur geplanten Ausstellung.
- Als Einzel- oder Partnerarbeit: Jeder bearbeitet alle Themen aus dem Fachpraktikum.
- Freies Arbeiten: Bearbeite ein Thema deiner Wahl, das Bezüge unserer Gegenwart zum 19. Jahrhundert aufweist.

Schülerinnen aus Halle erstellen ein Plakat für eine Ausstellung zum Thema „Spuren der Industrialisierung in Sachsen-Anhalt", Foto, 2017

Eine Ausstellung gestalten

Bis heute befinden sich in eurem Umfeld Spuren der Industrialisierung. Hierbei kann es sich um alte Gebäude wie Fabrikanlagen, Straßen oder auch Schienen, bis auf die Gegenwart auswirkende Erfindungen oder Produkte handeln.

- *Auf dieser Doppelseite werden die einzelnen Themen des Fachpraktikums kurz vorgestellt. Dabei werden Vorschläge unterbreitet, wie ihr die Themen nach Bearbeitung der Doppelseiten für die Ausstellung aufbereiten könnt. Ihr könnt auch Bezüge zur Industrialisierung in eurer Stadt oder Region suchen und in der Ausstellung präsentieren.*

M 1

Schülerinnen aus Halle erstellen ein Plakat für eine Ausstellung zum Thema „Spuren der Industrialisierung in Sachsen-Anhalt", Foto, 2017

M 2

Thema 1: Carl Adolph Riebeck: Aufstieg durch Leistung? (S. 82/83)

Carl Adolph Riebeck war zur Zeit der Industrialisierung ein bedeutender Unternehmer in Halle (Saale). Aus einer einfachen Bergmannsfamilie stammend schaffte er in der Leistungsgesellschaft der Industria-
5 lisierung den Aufstieg zu einem der mächtigsten Industriellen Halles und Umgebung. Noch heute sind die Spuren seines Handelns in Halle (Saale) sichtbar. Mithilfe der Doppelseite 82/83 könnt ihr für eure Ausstellung ein Poster oder einen Entwurf für ein Denk-
10 mal, das an die Leistungen Carl Adolph Riebecks erinnert, entwickeln.

Carl Adolph Riebeck (1821–1883), Foto 19. Jh.

Thema 2: Wie beeinflusste die Industrialisierung die Herstellung von Nahrungsmitteln? (S. 84/85)

Ehemalige Zuckerfabrik in Glauzig bei Köthen, Foto, undatiert

Die Industrialisierung veränderte das Leben der Menschen im 19. Jahrhundert grundlegend. In der Lebensmittelindustrie spielte in Sachsen-Anhalt vor allem die Zuckerrübenindustrie eine besonders wichtige Rolle.
5 Der Zuckerrübenanbau war so bedeutend, dass er im Industriezeitalter zur „Schule der deutschen Landwirtschaft" wurde.
Auf dieser Doppelseite untersucht ihr die Zuckerproduktion im 19. Jahrhundert. Erstellt für eure Aus-
10 stellung ein Poster oder plant eine Anordnung für eine Ausstellungsvitrine.

Thema 3: Der Beginn des Tourismus am Brocken (S. 86/87)

Ausflügler auf dem Brocken, Kreidelithographie, 1855

Der Brocken im Harz ist der höchste Berg in Norddeutschland. Spätestens seit Ende des 19. Jahrhunderts, als die Brockenbahn eröffnet wurde und dadurch mehr Menschen den Gipfel des Berges
5 besuchen konnten, ist er ein beliebtes Ausflugsziel.
Auf dieser Doppelseite könnt ihr den Beginn des Tourismus am Brocken und seine Spuren bis heute untersuchen. Erstellt für eure Ausstellung ein Poster oder ein Konzept für eine Veranstaltung auf dem
10 Brocken, die an die Anfänge des Tourismus vor Ort erinnert.

Thema 4: Wasserversorgung im 19. Jahrhundert (S. 88/89)

Alter Wasserturm in Burg bei Magdeburg, Foto, 2006

In Sachsen-Anhalt gibt es zahlreiche Städte, in denen heute noch alte Wassertürme aus dem 19. Jahrhundert stehen. Obwohl viele dieser Türme ihre Funktion bei der Wasserversorgung verloren haben, prägen sie
5 immer noch das Stadtbild.
Untersucht auf dieser Doppelseite, wie eine Stadt im 19. Jahrhundert mit Wasser versorgt wurde und welche Rolle ein Wasserturm dabei spielte. Erstellt für eure Ausstellung ein Poster oder ein Nutzungs-
10 konzept für die heutige Verwendung eines alten Wasserturms, z.B. als Restaurant oder als Museum.

Carl Adolph Riebeck: Aufstieg durch Leistung?

Carl Adolph Riebeck (1821–1883) zählte im 19. Jahrhundert zu den bedeutendsten Industriellen Halles. Wie kein anderer prägte er die Braunkohleindustrie Mitteldeutschlands. Der Aufstieg des aus einer armen Bergmannsfamilie stammenden Riebeck zu einem wohlhabenden und mächtigen Industriellen ist ein Beispiel für die im 19. Jahrhundert entstehende Leistungsgesellschaft.
- *Untersuche Riebecks Aufstieg zum bedeutenden Industriellen.*

M 1

Carl Adolph Riebeck, Zeichnung, 19. Jh. Er machte sich vor allem um die industrielle Gewinnung und Verarbeitung von Braunkohle verdient. Sein Aufstieg ist, da er nicht richtig lesen und schreiben konnte, auf großen Fleiß zurückzuführen.

M 2

Über das Verhältnis Carl Adolph Riebecks zu seinen Beamten[1] (2006):

Es heißt, er hat ein Herz für seine Arbeiter, doch unter den Beamten[1] ist sein Regime gefürchtet. Die Charakterisierung: energisch bis zur Rücksichtslosigkeit ist öfter zu finden, als Legenden
5 über Wohltätigkeit. „Ohne Erbarmen entließ er Beamte, die jahrelang bei ihm tätig gewesen, wenn es ihm nicht mehr passte", schrieb [der Historiker] Stillich [im Jahr 1908]. Hermann Krey, von dem das genaueste Porträt von Riebeck in
10 den „Mitteldeutschen Lebensbildern" stammt, ist selbst nach einem Jahr Tätigkeit von Riebeck entlassen worden ... In den Beamten sieht Riebeck die Studierten, die ihm einst das Hochkommen verwehrten, in den Arbeitern sieht er sich und
15 seine Herkunft.

Simone Trieder, Carl Adolph Riebeck. Vom Bergjungen zum Industriellen, Halle/Saale (Hasenverlag) 2006, S. 58f. Bearb. v.Verf.

[1] *im 19. Jahrhundert ein Angestellter mit Leitungsfunktion*

Carl Adolph Riebeck

* 27.09.1821 in Clausthal (Harz); Besuch der Volksschule in Harzgerode; um zum geringen Familieneinkommen beizutragen, ging er schon als Zehnjähriger auf eine Halde zum Erzausschlagen

ab 1835 Arbeit als Grubenjunge in der Eisensteingrube Albertine (Harzgerode)

ab 1839 beruflicher Aufstieg im mitteldeutschen Braunkohlebergbau (vermutlich ohne Lehrabschluss)

1846 übernimmt mit 25 Jahren die Leitung eines Bergwerks in der Nähe von Frankfurt/Oder

1848 Verhaftung und einjährige Haftstrafe (vermutlich wegen Beteiligung an der Revolution 1848)

1855 Aufstieg zum Berginspektor der Sächsisch-Thüringischen Aktiengesellschaft

1858 verlässt die Aktiengesellschaft im Streit um mangelnde Aufstiegsmöglichkeiten (vermutlich wegen fehlender Schulbildung) und macht sich selbstständig

1859–1870 der hallesche Bankier Lehmann unterstützt Riebeck mit einem Kredit zur wirtschaftlichen Expansion; Kauf und Ausbau von Kohlefeldern und Fabriken südlich von Halle; Riebeck wird wichtigster Unternehmer der Region und kontrolliert die Herstellung verschiedener Produkte vom Kohleabbau bis zum fertigen Produkt (z. B. Kerzen)

1866/1878 spendet während einer Cholera-Epidemie Geld und lässt ein Denkmal für die gefallenen Hallenser im Deutsch-Französischen Krieg errichten

1883 wird auf dem Stadtgottesacker in Halle beerdigt; bei seinem Tod Eigentümer von 15 Kohlebergwerken, 3 Mineralölfabriken, 31 Schwelereien (= Betrieb, in dem Braun- oder Steinkohle entgast wird), 27 Brikettpressen, 19 Ziegeleien, einer Brauerei; nach dem Tod seines Sohnes Paul (1889) fließt ein großer Teil des Familienvermögens in die wohltätige Paul-Riebeck-Stiftung. Die kurz nach seinem Tod 1883 gegründeten „Riebeckschen Montanwerke" existierten bis in die 1990er Jahren und sind bis heute in der Region Halle ein Begriff

Der Riebeckplatz in Halle, ursprünglich Leipziger Platz, ab 1945 Thälmannplatz, seit 1991 wieder Riebeckplatz, ist der größte öffentliche Platz und wichtigste Verkehrsknotenpunkt in Halle. Er ist der einzige Ort in der Stadt, der nach Carl Adolph Riebeck benannt wurde. Nachtluftbild, 2015.

Carl Adolph Riebecks Ansprache an seine Arbeiter

Riebeck vertrat die Position, dass er für seine Arbeiter eine gewisse Verantwortung hatte. Daher richtete er als einer der Ersten eine Kranken- und Pensionskasse für seine Arbeiter ein. Eine staatliche Versicherung gab es noch nicht:

Der Fabrikherr soll ... dem Arbeiter stets beistehen in Krankheit und anderen Nothständen, er soll Sparkassen errichten, die so weit als möglich von den Arbeitern selbst verwaltet werden, und soll dazu
5 den Gesamtbetrag zahlen, welcher sich aus der Summe der Beiträge aller Arbeiter ergibt ... Früher sorgten die Arbeitgeber im Allgemeinen besser für ihre Arbeiter. Letztere waren ständig bei ihrem Meister oder in den Fabriken, deren es allerdings damals
10 weit weniger gab ... Der Fabrikherr ... soll sich nicht zu hoch über seine Leute stellen, soll vielmehr der erste Arbeiter selbst sein, und in Notständen seine Arbeiter nicht verlassen.

Zit. nach Sebastian Kranich u.a. (Hg.): Diakonissen – Unternehmer – Pfarrer. Sozialer Protestantismus in Mitteldeutschland im 19. Jahrhundert, Leipzig (Evangelische Verlagsanstalt) 2009, S. 115ff.

....

1 Erstelle mithilfe der S. 27 eine Nacherzählung zu Riebecks Aufstieg vom armen Bergjungen zum bedeutenden Industriellen (Personenkasten, M1).

2 Vergleiche den Aufstieg Riebecks mit dem Hermann Grusons. Nutze dazu S. 68/69.

3 **Wähle eine Aufgabe aus:**
a) Nimm Stellung zu der in der Überschrift formulierten Frage (Personenkasten, M1, M2).
Tipp: Schlage den Begriff „Leistungsgesellschaft" im Lexikon nach.
b) Bewerte Riebecks Aufstieg zum reichen Industriellen vor dem Hintergrund seiner (vermutlich) fehlenden Schulbildung (Personenkasten, M1).

Webcode: FG642700-083
Carl Adolph Riebeck

4 Stelle Vermutungen an, ob Riebecks Aufstieg aus armen Verhältnissen zum reichen Industriellen auch vor der Industrialisierung möglich gewesen wäre.
Tipp: Beachte, dass es zu dieser Zeit noch ein Ständesystem gegeben hatte.

5 Diskutiert, ob wir heute noch in einer Leistungsgesellschaft leben.

6 Charakterisiere Riebecks Führungsstil anhand seines Umgangs mit seinen Arbeitern und Beamten (M2, M4).
Tipp: Beachte die Bedeutung des Begriffs Leistungsgesellschaft. Nimm das Lexikon zu Hilfe.

7 Nimm Stellung: Wird Carl Adolph Riebeck in Halle heute ausreichend gewürdigt oder sollte ihm zu Ehren auch ein Denkmal errichtet werden (M3)?

Wie beeinflusste die Industrialisierung die Herstellung von Nahrungsmitteln?

Im 19. Jahrhundert vollzog sich auch bei der Herstellung von Nahrungsmitteln ein tiefgreifender Wandel. Die industrielle Verarbeitung der Zuckerrübe war so bedeutsam, dass sie sogar den Kern der Industrialisierung in Mitteldeutschland bildete. Bis heute wird dort Zuckerrübenanbau betrieben.
- *Untersuche auf dieser Doppelseite, wie sich Industrialisierung und Zuckerproduktion im 19. Jahrhundert gegenseitig beeinflussten.*

Vom Luxusgut zur Massenware

Vor der Industrialisierung galt Zucker als teure Delikatesse, denn er wurde nahezu ausschließlich aus Zuckerrohr hergestellt. Dieser musste teuer aus Übersee importiert werden. Der hohe Wert des Zuckers zeigte sich beispielsweise darin, dass er häufig in wohlhabenden Familien in silbernen, abschließbaren Zuckerdosen aufbewahrt und gereicht wurde. Als die Zuckerrohrpreise am Ende des 18. Jahrhunderts unter anderem infolge der Französischen Revolution stark anstiegen, war Zucker für viele Menschen kaum bezahlbar.

Auf der Suche nach einem Zuckerrohrersatz

Auf der Suche nach Alternativen zum teuren Zuckerrohr erwies sich die Runkelrübe als Alternative. Bereits 1747 hatte der Chemiker Andreas Sigismund Marggraf ihren Zuckergehalt entdeckt. In den folgenden Jahrzehnten versuchten Wissenschaftler, ein Verfahren zur Gewinnung von reinem Kristallzucker aus der Rübe zu entwickeln, um ihren Zuckergehalt zu steigern. Wichtige Erfolge erzielte hierbei Franz Carl Achard (1777 bis 1825). Er errichtete 1801 die erste Rübenzuckerfabrik im schlesischen Cunern (Konary in Polen). Sein Verfahren galt zunächst aufgrund vieler Brände in den Raffinerien als gefährlich und der gewonnene Zucker als minderwertig. Trotzdem kam es im frühen 19. Jahrhundert zu einem Aufwind in der Rübenzuckergewinnung, was vor allem durch die napoleonische Kontinentalsperre (siehe S. 14) begünstigt wurde. Nach deren Ende (1813) nahm der Rohrzuckerhandel wieder zu. Die Zuckerpreise fielen und viele Rübenzuckerfabriken mussten den Betrieb wieder einstellen.

Die Rübenzuckerproduktion kommt nach Mitteldeutschland

Die Anstrengungen auf der Suche nach einer Alternative zum Rohrzucker wurden speziell in Preußen unterstützt. Dort verfolgte man eine merkantilistische* Wirtschaftspolitik und wollte vom internationalen Zuckerhandel unabhängig werden. Die fruchtbaren Böden der zu Preußen gehörenden Magdeburger Börde boten für den Anbau der Zuckerrübe ideale Voraussetzungen. Es entstanden zahlreiche Zuckerraffinerien. Durch verbesserte Verarbeitungs- und Anbaumethoden zählten Magdeburger Kaufleute bald zu den größten Zuckerproduzenten im ganzen Deutschen Zollverein. Zudem kostete der inzwischen hochwertige Rübenzucker nur etwa halb so viel wie Rohrzucker.

In der zweiten Hälfte des 19. Jahrhunderts wuchs die Rübenzuckerindustrie weiter stark. In den 1880er Jahren war Rübenzucker bereits zum wichtigsten Exportartikel des deutschen Kaiserreichs geworden. Damit war die Rübe nicht mehr nur Ersatz für das Zuckerrohr, sondern eine ernstzunehmende Konkurrenz auf dem Weltmarkt.

„Duell zwischen zwei Raffinirten", Buchillustration nach einer Zeichnung von J.J Grandville, 1847

Die Zuckerrübe als Wachstumsmotor

Diese Entwicklung führte zu Wachstum in Industrien,
55 die von der Rübenzuckerindustrie abhängig waren. Zum
Verkochen des Rübensaftes wurde Braunkohle als
Brennstoff abgebaut, Maschinen zur Verarbeitung der
Rüben wurden konstruiert und Rohstoffe mussten zu
den Zuckerfabriken sowie Fertigwaren mit der Eisen-
60 bahn zu den Käufern transportiert werden. Die Rübenzuckerindustrie wurde so zur Schlüsselindustrie des industriellen Fortschritts in Mitteldeutschland. Bis heute
hat der Anbau von Zuckerrüben für die Landwirtschaft
in Sachsen-Anhalt herausragende Bedeutung.

*Heutige Zuckerrübenverarbeitung auf dem Gelände der
Diamant-Zuckerfabrik in Könnern in Sachsen-Anhalt, Foto, 2004*

Über den Einfluss der Rübenzuckerherstellung auf verschiedene Industrien während der Industrialisierung (2005):

Als Inputs[1] von den Maschinenfabriken erhielten die
Zuckerfabriken ihre maschinelle Ausrüstung ..., aus
dem Bergbau Braunkohlen als Brennstoff, von der
chemischen Industrie Kalk, Säuren als Hilfsstoffe für
5 die Zuckergewinnung, von der Landwirtschaft die
Rüben. Beim Bau der Fabrikgebäude und Erweite-
rungsbauten erhielten die Fabriken Inputs aus dem
Baugewerbe, bei Lieferungen von Maschinen sowie
der Roh- und Hilfsstoffe vom Transportsektor. Vom
10 Arbeitsmarkt erhielten die Fabriken insbesondere
Inputs in der Zeit der Rübenverarbeitung, Kapital
stellten den Unternehmen ihre Gesellschafter[2] und
Banken zur Verfügung. Outputs[3] gingen in die Landwirtschaft in Form der Rückgabe der Nebenproduk-
15 te, wie Rübenblätter und -schnitzel[4]. Der gewonnene
Rohzucker wurde an die Raffinerien und Zucker ver-
arbeitenden Betriebe der Süßwarenindustrie geliefert
... Schließlich erhielten die Gesellschafter Geld für
die gelieferten Rüben ... die Banken dagegen die Zin-
20 sen und Gebühren für die von ihnen bereitgestellten
Kredite ...

*Dirk Schaal, Rübenzuckerindustrie und regionale Industriali-
sierung. Der Industrialisierungsprozess im mitteldeutschen
Raum 1799–1930, Münster (Lit) 2005, S. 180ff. Bearb. v. Verf.*

[1] *von außen bezogene, in einem Betrieb eingesetzten Rohstoffe oder Produkte*
[2] *Teilhaber an einem Wirtschaftsunternehmen*
[3] *die Gesamtheit der Waren, die ein Betrieb herstellt*
[4] *Rübenschnitzel ist ein Futtermittel für Pferde*

---

1 Fasse mithilfe des Darstellungstextes die Entstehung
  der Rübenzuckerindustrie in Mitteldeutschland zusammen.
2 **Methode:** Interpretiere M1 mithilfe der Arbeitsschritte „Eine Bildquelle interpretieren" auf S. 153.
  Tipp: Beachte, wie das Kräfteverhältnis zwischen
  Zuckerrohr und Rübe im Jahr 1847 dargestellt wurde
  und wie es sich in der Folgezeit entwickelte.

3 Stelle dar, wie sich die Rübenzuckerindustrie und
  andere Wirtschaftssektoren in der Region Mitteldeutschland gegenseitig beeinflussten (M3, Darstellungstext Z. 47 f.).
4 **Recherche:** Finde heraus, für welche Produkte die
  Zuckerrübe heute noch verwendet wird.
5 Beurteile die Bedeutung der Zuckerrübenindustrie
  im 19. Jahrhundert für die Entwicklung Mitteldeutschlands (Darstellungstext, M2).

Webcode: FG642700-085
Zuckerproduktion

Der Beginn des Tourismus am Brocken

*Der Brocken im Harz ist mit 1141 Metern der höchste Berg in Norddeutschland.
Schon im 19. Jahrhundert entwickelten sich dort erste Formen von Tourismus.
Auch heute ist der Berg mit etwa zwei Millionen Besuchern jährlich immer noch
das beliebteste Ausflugsziel der Region.*
- *Wie und warum wurde der Brocken schon während der Industrialisierung zum
  beliebten Ausflugsziel?*

M 1   *Die Brockenbahn im Harz, Foto, undatiert*

M 2   *Skifahren auf dem Brocken, kolorierte Postkarte, 1909*

Beginn des Tourismus im Harz

Die Menschen waren schon früh auf dem Brocken unterwegs. Die erste Besteigung konnte um 1560 nachgewiesen werden.

Begünstigt durch die Nähe zu den Handels- und Indust-
5 riezentren Nord- und Mitteldeutschlands entstand im
19. Jahrhundert am Brocken ein rasant wachsender Tourismus. Besuchten 1825 nur ca. 2000 Menschen den Gipfel, waren es 1855 bereits ca. 8000 Personen. Der wohl wichtigste Grund für die touristische Erschließung
10 des Harzes war der Anschluss von Bad Harzburg und Halberstadt an das Bahnnetz seit 1850. Von dort aus konnten die Besucher mit dem Pferdewagen zum Brockengipfel fahren. Als Ende des 19. Jahrhunderts die Brockenbahn gebaut wurde, änderte sich der Tourismus
15 am Brocken grundlegend. Die erste Teilstrecke der Brockenbahn zwischen Drei-Annen-Hohne und Schierke wurde am 20. Juni 1898 eröffnet. Der letzte Streckenabschnitt bis zum Gipfel wurde am 27. März 1899 eingeweiht. Der Bau der Eisenbahn machte Erholungsreisen
20 in der zweiten Hälfte des 19. Jahrhunderts für einen größeren Teil der Bevölkerung möglich. Durch die Industriearbeit und den eintönigen Lebensalltag in den Städten wuchs das Bedürfnis nach Erholung in der Natur.

Massentourismus am Brocken

25 Der Brocken hatte um die Jahrhundertwende für den Tourismus im Harz einen hohen Stellenwert, die Besucherzahlen stiegen. Das Brockenhaus, ein im Jahr 1800 erbautes Wirtshaus, verfügte 1888 bereits über 150 Gästebetten und ebenso viele Matratzenplätze. Zu jener Zeit
30 entstanden auch frühe Formen eines Wintertourismus. Bereits 1892 wurde der erste Wintersportverein und 1896 der erste Skiverein der Region gegründet. Auch das Wandern wurde zu einer immer beliebteren Freizeitaktivität. Bereits 1869 wurde auch der „Deutsche Alpenver-
35 ein" gegründet, der sich für die Schaffung zahlreicher Wanderwege einsetzte. Bis heute gehen Menschen auf dem Brocken wandern. Durch den Tourismus entwickelten sich die am Brocken gelegenen Städte Bad Harzburg, Schierke, Wernigerode oder Goslar zu beliebten Erho-
40 lungsorten. Die Besucher konnten sich von April bis Oktober mit der Brockenbahn nahe an den Gipfel transportieren lassen. Diese Entwicklung hatte aber auch Nachteile, denn Ausflügler und Naturfreunde fanden immer seltener die erhoffte Ruhe und Abgeschiedenheit.
45 Stattdessen vernahmen sie das Dampfen und Pfeifen der Lokomotive, welches ihnen aus ihrem Alltag in der Stadt nur allzu vertraut war. Heute ist die historische Brockenbahn längst selbst eine touristische Attraktion.

Hexen am „Blocksberg"?

50 Der Brocken zieht die Menschen schon seit Jahrhunderten an. Bis heute gibt es zahlreiche Mythen und Geschichten rund um den höchsten Berg in Norddeutschland. Eine davon besagt, dass der Brocken – auch „Blocksberg" genannt – schon seit Mitte des
55 17. Jahrhunderts ein Versammlungsort von Hexen aus ganz Deutschland sei. Heutzutage gibt es jedes Jahr in der letzten Aprilnacht, der sogenannten Walpurgisnacht, an mehreren Orten am Brocken Veranstaltungen und Feste. Besucher können dort Menschen begegnen,
60 die sich als Hexen und andere Phantasiewesen verkleidet haben.

Logo des Wintersportvereins WSV Benneckenstein e. V. 1909

Der Historiker Uwe Lagatz über die Auswirkungen des Baus der Brockenbahn auf den Tourismus am Brocken (2014):

„Man vermeide es, zu spät auf dem Brocken anzulangen, um noch ein Bett zu bekommen; am sichersten ist telegraphische Bestellung mit Antwort", empfahl ein 1907 verlegter[1] Reiseführer
5 seinen Nutzern gleich zu Beginn des Brockenkapitels. Dass dieser Tipp durchaus ernst zu nehmen war, wird sich dem damaligen Leser spätestens bei der Lektüre der angegebenen Besucherzahl erschlossen haben. Etwa 80 000 sollen es gewesen sein, die
10 zu jener Zeit jährlich auf den Berg kamen, allerdings nun nicht mehr hauptsächlich traditionell zu Fuß. Schon 1900 hatten es angeblich 51 209 Gäste vorgezogen, mit der im Vorjahr offiziell eröffneten Brockenbahn auf den Gipfel zu fahren. Jene ... besaß
15 für die Entwicklung des Harz-und speziell des Brockentourismus fundamentale[2] Bedeutung.

Uwe Lagatz, Der Brocken. Die Entdeckung und Eroberung eines Berges, Wernigerode (Jüttners) 2014, S. 119.

....

[1] *von einem Verlag veröffentlicht*
[2] *grundlegend*

Skilangläufer und Wanderer auf dem Gipfel des Brockens, Foto, 2008

....

1 Stelle die touristische Erschließung des Brockens in einem Zeitstrahl dar (Darstellungstext).
2 Nenne mögliche Gründe für die Tatsache, dass die Lokomotive der Brockenbahn mittlerweile nicht durch eine moderne Eisenbahnlok ersetzt wurde (M1).
3 Erstelle ein Diagramm, in welchem du die Entwicklung der Besucherzahlen des Brockens darstellst. Berücksichtige die Jahre 1825, 1855 und 1907. (Darstellungstext, M4)
   Tipp: Entscheide dich für ein Säulen- oder Balkendiagramm. Nimm S. 52/53 zu Hilfe.
4 Beurteile mithilfe des Darstellungstextes, M2, M3, warum die Menschen im 19. Jahrhundert verstärkt Freizeitaktivitäten wie dem Wandern oder Skifahren nachgingen.
   Tipp: Warum machen Menschen das heute auch noch (M5)?
5 Erkläre mithilfe der Materialien, wie die Industrialisierung den Tourismus am Brocken beeinflusste und welche Folgen dies für die Region hatte.

Wasserversorgung im 19. Jahrhundert

In zahlreichen Städten stehen alte Türme aus Stein, die heute scheinbar keinen Nutzen mehr haben. Im 19. Jahrhundert waren sie für die Wasserversorgung von Städten sehr wichtig, denn oft handelt es sich um alte Wassertürme.
- *Wie funktionierten die Wassertürme?*
- *Warum werden sie heute noch erhalten?*

„Monster Soup, commonly called Thames Water." Britische Karikatur von William Heath, ca. 1828. Der Kreis zeigt die Vermutung des Karikaturisten darüber, was sich im Wasser der Themse befindet.

Der Neue Wasserturm in Dessau, erbaut 1896–1897, bereits seit den 1930er Jahren außer Betrieb, Foto, 2014

Sauberes Wasser ist ein Grundbedürfnis

Bereits für das 4. Jahrtausend v. Chr. ist durch archäologische Funde sicher belegt, dass die Menschen über Rohrsysteme Wasser verteilten und Abwasser entsorgten. Das technische Wissen, solche Anlagen zu errichten,
5 ging allerdings verloren und ist für das frühe Mittelalter nicht mehr nachweisbar.

Die Menschen lebten in Europa zu dieser Zeit vorrangig auf dem Land und in kleinen Städten. Mit der Entstehung größerer Städte im Hochmittelalter um 1100 kam
10 es zu Hygieneproblemen, weshalb neue Brunnen- und Leitungsbauten aus dieser Zeit nachweisbar sind.

Wasserversorgung und Industrialisierung

Mit der Industrialisierung änderten sich die wirtschaftlichen und sozialen Strukturen grundlegend. Die Städte
15 wuchsen, und die teilweise noch aus dem Mittelalter übernommenen Einrichtungen zur Wasserversorgung funktionierten nur noch unzureichend. Eine unzuverlässige Versorgung mit Trinkwasser und immer wieder ausbrechende Epidemien waren die Folge.

20 Neben dem Bau von Abwasserrohren, welche verhindern, dass Schmutzwasser ins Grundwasser einsickern konnte, war auch die flächendeckende Versorgung mit frischem Trinkwasser aus Wasserleitungen während der Industrialisierung ein wichtiger Schritt zu mehr Hygiene.
25 Damit waren die Menschen nicht mehr auf verschmutztes Wasser aus Brunnen und Flüssen angewiesen. Ab der 2. Hälfte des 19. Jahrhunderts wurden Dampfmaschinen eingesetzt, um das Wasser in die Haushalte der Menschen zu befördern. Die Pumpen konnten aber große
30 Druckschwankungen nicht genügend ausgleichen. Diese entstanden durch den hohen Wasserbedarf der Dampflokomotiven und die gleichmäßig getakteten Tagesabläufe der Fabrikarbeiter in den Großstädten. Die Lösung hierfür waren die Wasserhochbehälter, umgangssprach-
35 lich auch Wassertürme genannt. Bei ihrem Bau machten sich die Architekten neue industrielle Baustoffe wie Gusseisen, Stahl und Beton zunutze. Durch die neuen Materialen konnten große Wassermengen zur Speicherung mit Dampfmaschinen in hohe Türme gepumpt wer-
40 den. Bei steigendem Verbrauch durch die Haushalte

wurde das Wasser wieder ins Rohrleitungssystem eingespeist und der Druck so hochgehalten. Mithilfe der Türme wurde so ein Grundproblem der Wasserversorgung der Städte in der zweiten Hälfte des 19. Jahrhunderts
45 gelöst. Auf dem Gebiet des heutigen Sachsen-Anhalts finden sich noch zahlreiche Wassertürme aus dieser Zeit.

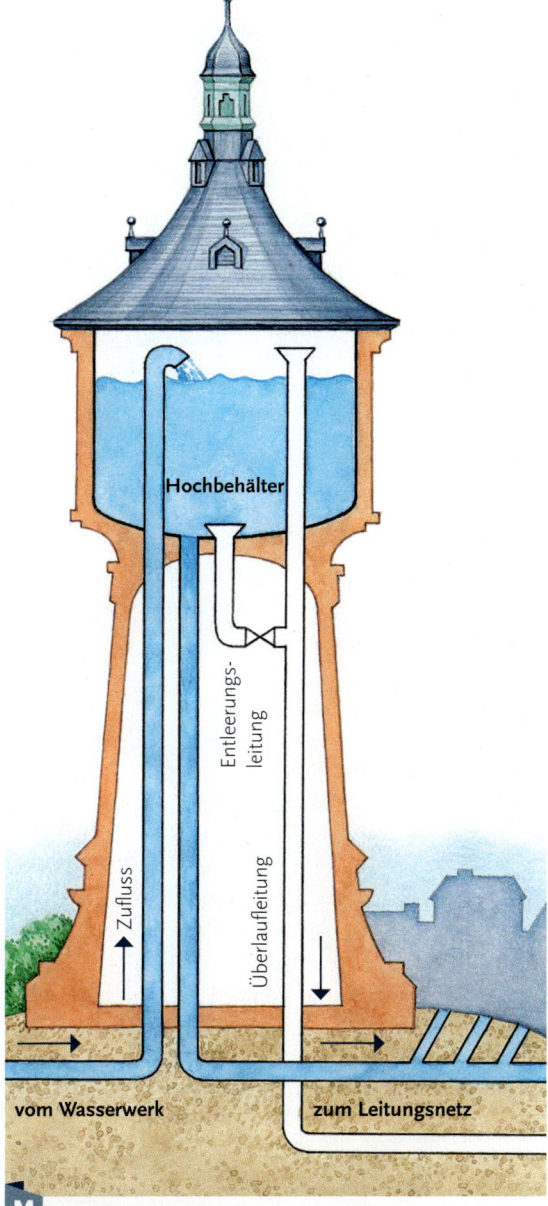

M4 Funktionsweise eines Wasserturms, Rekonstruktionszeichnung, 2017. Wassertürme wurden zunächst als Bahnwassertürme verwendet, um in den Bahnhöfen genügend Wasser für die Dampflokomotiven lagern zu können. Später wurden sie vor allem zur Trinkwasserversorgung und als Löschwasserspeicher eingesetzt.

Labels in image: Hochbehälter, Entleerungsleitung, Zufluss, Überlaufleitung, vom Wasserwerk, zum Leitungsnetz

M3 Der Ingenieur Jan Werth führt Gründe für die Modernisierung der Wasserwirtschaft im 19. Jahrhundert an:

Bis Anfang des 19. Jahrhunderts kannte man keine Abwasserbeseitigung, das Schmutzwasser versickerte im Untergrund oder floss in offenen Rinnen den Stadtbächen zu. Oft lagen die Dung-
5 haufen dicht neben den Trinkwasserbrunnen, sodass eine Verseuchung des Untergrundes ... nicht ausbleiben konnte. Als Folgeerscheinungen traten die gefürchteten Massenepidemien auf ... Die ersten Versuche, diese hygienischen Missstände
10 zu beseitigen, unternahm man 1850 in Hannover, wo man bei den ersten Anzeichen einer nahenden Seuche eine sofortige Straßenreinigung anordnete ... Ähnliche Missstände wie im Abwasserwesen herrschten bis in die zweite Hälfte des
15 19. Jahrhunderts im Feuerlöschwesen ... [Erst] der Ausbruch eines Großbrandes am 5. Mai 1842 in Hamburg gab den entscheidenden Anstoß, der die Entwicklung der Löschwasserversorgung umwälzend beeinflusste ... Die nach der Katastrophe
20 einberufene Kommission entschloss sich kurzfristig für die Neuanlage eines großen zentralen Wasserversorgungsnetzes, das neben der Versorgung mit Brauchwasser auch eine Löschwasserversorgung enthalten sollte.

Jan Werth und Heinrich Schönberg, Industriearchitektur des 19. Jahrhunderts, München (Prestel-Verlag) 1971, S. 339. Bearb. v. Verf.

1 **Methode:** Interpretiere die Karikatur M2 mithilfe der Arbeitsschritte auf S. 155.
   Tipp: Nimm den Darstellungstext zu Hilfe.
2 Nenne Gründe für den Ausbau der Wasserver- und entsorgung in der zweiten Hälfte des 19. Jahrhunderts (M1, M3).
3 **Wähle eine Aufgabe aus:**
   a) Beschreibe die Funktionsweise eines Wasserturmes (Darstellungstext, M1, M4).
   b) Erkläre, wie die Wasserversorgung im 19. Jahrhundert funktionierte (Darstellungstext, M4).
4 Recherchiere im Internet zum Neuen Wasserturm in Dessau. Die Recherche sollte folgende Aspekte berücksichtigen: Bau und Nutzung, Verfall, Gründe für Erhaltung und Nutzung des Turmes heute.

Webcode: FG642700-089
Wassertürme

4
Das Kaiserreich – der erste deutsche Nationalstaat

Seit der deutsche Nationalstaat 1871 „von oben" gegründet worden war, gab es einen nie dagewesenen wirtschaftlichen Aufschwung. Moderne Erfindungen veränderten das Leben der Menschen stark. Auf der anderen Seite durften die Bürger aber kaum etwas mitbestimmen. Viele vertrauten dennoch auf den neuen Obrigkeitsstaat. Sein deutlichstes Zeichen waren die Uniformen, die man überall sehen konnte.

Beschreibe den Eindruck, den das Foto auf dich macht.
Diskutiert, was die Zuschauer im Hintergrund bewegt haben könnte.

Prinz Heinrich, ein Bruder des Kaisers, bei einer Autofahrt, Fotografie, Berlin 1914

1870	1875	1880

1871–1873 Gründerjahre: Nationale Begeisterung und Wirtschaftsaufschwung

1871–1890 Reichskanzler Bismarck bestimmt den politischen Kurs

1872–1878 „Kulturkampf" gegen die katholische Kirche

1871 Gründung des Deutschen Reichs

1878–1890 „Sozialistengesetz": Verbot der politischen Betätigung für die Sozialdemokratie

Das Kaiserreich – der erste deutsche Nationalstaat

Die ersten Jahre des Kaiserreichs bezeichnet man häufig als „Gründerjahre". Sie waren geprägt von großer nationaler Begeisterung und wirtschaftlichem Aufschwung. Der Wirtschaftsboom wurde anfangs durch Geld aus
5 Frankreich gefördert. Frankreich hatte den Krieg von 1870/71 verloren und musste nun hohe Entschädigungen zahlen. In den Folgejahren von 1874 bis 1898 ließ der Aufschwung wieder stark nach. Es gab aber immer noch ein stabiles Wirtschaftswachstum. Millionen
10 Menschen zogen vom Land in die Städte, wo sie als Fabrikarbeiter oder Angestellte besser verdienten. Der Aufbau der Gesellschaft änderte sich dadurch aber kaum. Herkunft, Rang und adlige Vorrechte zählten mehr als Leistung. Der Adel blieb die führende Schicht, obwohl
15 auch Männer aus dem Bürgertum hohe Posten in Politik und Verwaltung einnehmen konnten. Der Nationalismus

schuf bei den Bürgern ein neues Wir-Gefühl. Viele wünschten sich, dass Deutschland zu einer Weltmacht aufsteigen sollte. Gleichzeitig grenzten der Staat und die
20 Gesellschaft Menschen aus, die eine andere Muttersprache, Kultur oder Tradition hatten. Der Reichskanzler Bismarck nutzte diese Stimmung, um gegen Gruppen vorzugehen, die seiner Politik misstrauten oder ihm gefährlich werden konnten. Ein großer Teil der Bevölkerung
25 akzeptierte das und vertraute dem neuen Obrigkeitsstaat*. Für sie war ein geeintes Deutschland wichtiger als Freiheit und Gleichheit für alle.

- Welche Ideen und Einstellungen bestimmten die Politik und das Leben im Kaiserreich?
30 - Wie lebten Minderheiten im Kaiserreich?
- Mit welchen Methoden wurde versucht, das gemeinsame Nationalbewusstsein weiter zu stärken?

Die Länder des Deutschen Reichs 1871. Elsass-Lothringen war als „Reichsland" direkt dem deutschen Kaiser unterstellt.

1885	1890	1910	1915

1914–1918 Erster Weltkrieg

ab 1883 Sozialgesetze: Einführung einer staatlichen Pflichtversicherung gegen Krankheit und Unfall

1890 Auf Drängen des Kaisers reicht Bismarck seinen Rücktritt ein

Dienstmädchen warten in einer Stellenvermittlung, Foto, Berlin 1913. Dienstmädchen kamen meist aus ländlichen und armen Verhältnissen. Ihre Arbeitgeber durften über ihre Kleidung und Ausgehzeit bestimmen. Auch körperliche Züchtigung war erlaubt.

Szene auf einer Straße in Berlin, Foto, 1914

Hamburger Gymnasiasten bei der Gedenkfeier an den Sieg über Frankreich in Sedan, Foto, 1891. Die Sedanfeier war der inoffizielle Nationalfeiertag im Kaiserreich.

1 a) Schau dir die Karte M1 an. Arbeite heraus, welche Länder 1871 das Deutsche Reich bildeten, die vorher unabhängig waren.
b) Stelle Vermutungen an: Welche Probleme ergaben sich aus der geografischen Lage des Deutschen Reichs (M1)?
Tipp: Überlege: Wer waren die Nachbarländer? Mit welchen Nachbarn konnten Spannungen auftreten?

2 a) Wähle aus den Bildern M2 bis M4 eines aus, das du besonders spannend findest. Beschreibe es und formuliere Fragen, die dir dazu einfallen.
b) Tragt eure Ergebnisse in der Klasse zusammen. Sammelt eure Eindrücke, die ihr vom Kaiserreich bekommen habt.

Ein Historiengemälde analysieren

Nach dem Deutsch-Französischen Krieg wurde im Januar 1871 das deutsche Kaiserreich proklamiert (ausgerufen). Der Maler Anton von Werner hielt die sogenannte Kaiserproklamation in verschiedenen Historiengemälden fest. Historiengemälde sind „Geschichtsbilder", die Ereignisse aus der Vergangenheit darstellen. Häufig handelt es sich dabei um Auftragsarbeiten, die erst nach dem historischen Ereignis entstanden sind.

- Wie kannst du aus Historiengemälden Informationen über die Vergangenheit entnehmen und was muss dabei beachtet werden?

Die Kaiserproklamation im Spiegelsaal zu Versailles am 18. 1. 1871, Gemälde von Anton von Werner, 1877. Der Künstler nahm im Auftrag des Hofes an der Zeremonie in Versailles teil. Er erarbeitete vier Fassungen des Gemäldes. Das 4,34 x 7,32 m große Bild (1. Fassung) schenkten die Fürsten Wilhelm I. zum 80. Geburtstag. Es wurde bei einem Angriff auf das Berliner Schloss im Zweiten Weltkrieg zerstört und ist nur als Schwarz-Weiß-Fotografie erhalten (am rechten Rand verkürzt).

Die Kaiserproklamation im Spiegelsaal zu Versailles am 18. 1. 1871, Gemälde von Anton von Werner, 1885. Das 170 x 200 cm große Bild (3. Fassung) war ein Geschenk Kaiser Wilhelms I. an Bismarck zu dessen 70. Geburtstag. Es hängt heute im Bismarck-Museum in Friedrichsruh. Die weiße Uniform hat Bismarck am 18. Januar 1871 nicht getragen. Der Proklamationstag ist nicht zufällig gewählt worden: Es ist der 170. Jahrestag der Krönung des ersten preußischen Königs in Königsberg am 18. 1. 1701.

Arbeitsschritte „Ein Historiengemälde analysieren"

Das Bild beschreiben	Lösungshinweise zu M1
1. Welches Ereignis ist dargestellt?	• *Das Historiengemälde zeigt die …*
2. An welchem Ort spielt sich das Geschehen ab? Hat er eine symbolische Bedeutung?	• *Wilhelm der I. wurde …* • *Dieser Ort wurde gewählt, weil …*
3. Welche Personen sind zu sehen? Welche stehen im Mittelpunkt?	• *Auf der rechten Seite des Bildes sieht man viele … Wilhelm ist im linken Teil des Bildes auf einer Treppe zu sehen. Neben ihm …*

Die Entstehung des Bildes untersuchen	
4. Wer hat das Bild gemalt?	• *Das Bild wurde von …*
5. Wer hat es in Auftrag gegeben?	• *Es wurde von den … in Auftrag gegeben.*
6. Für welchen Zweck wurde es geschaffen?	• *Das Bild wurde beauftragt, um …*
7. Welcher Zeitraum liegt zwischen dem Ereignis und der Entstehung des Bildes?	• *Das Bild entstand …*
8. Hat der Maler das Geschehen selbst miterlebt?	• *Der Maler war …*

Das Bild mit der Wirklichkeit vergleichen	
9. Suche nach Abbildungen (Fotos, Gemälde, Zeichnungen usw.), die das gleiche Ereignis zeigen, und vergleiche diese miteinander.	**Tipp:** siehe M2
10. Ziehe gegebenenfalls schriftliche Quellen heran.	• …

Die Aussage des Bildes erschließen	
11. Was wollte der Maler dem Betrachter zeigen? Berücksichtige, ob es Abweichungen zwischen Bild- und weiteren Quellenaussagen gibt.	• *In dieser Version der Darstellung der Kaiserproklamation wird gezeigt, dass …*
12. Welche Wirkung wollte der Künstler beim Publikum erreichen?	• *Kaiser Wilhelm sticht weder durch Kleidung noch durch Farbe besonders hervor, dadurch soll gezeigt werden …*
13. Welche Informationen erhalten wir über das Thema des Bildes hinaus, die z. B. Aufschluss geben über politische und gesellschaftliche Verhältnisse oder über die Kultur?	• *Zusätzlich kann man dem Bild entnehmen, dass das Militär und der Adel im Prozess der Nationalstaatsbildung eine wichtige Rolle …*

Das Bild, die Absicht und die Wirklichkeit

Bei Historiengemälden handelt es sich meist um Auftragsarbeiten, die ein bestimmtes Ziel verfolgen. Es werden häufig Motive gewählt, die herausragende Ereignisse oder Situationen aus der Vergangenheit darstellen – zum Beispiel die Krönung eines Kaisers. Problematisch dabei ist, dass der Maler erst Jahre nach dem Ereignis den Auftrag erhält, das Historienbild zu malen. In den meisten Fällen war er bei dem Ereignis selbst nicht dabei oder hat noch gar nicht gelebt. Aus diesem Grund kann der Maler auch nur sehr schwer wissen, wie sich das Ereignis oder die Situation wahrheitsgetreu abgespielt hat. Darum ging es den Künstlern meist auch gar nicht, sondern vielmehr sollten die dargestellten Persönlichkeiten oder historischen Sachverhalte in einem bestimmten Licht erscheinen. Historiengemälde verraten uns deshalb oft mehr über die Zeit, in der sie entstanden sind, als über die abgebildeten Gegebenheiten. Sie gelten als Zeugnisse, die etwas Symbolhaftes, überzeitlich Bedeutsames zeigen wollen. Sie sind als Bildquellen daher wie andere Quellen kritisch zu betrachten.

Der Historiker Michael Sauer schrieb 2000:

Bis in die jüngste Zeit hat man von Werners Gemälde als eine geradezu fotodokumentarische Wiedergabe des Geschehens aufgefasst ... Gerade die Genauigkeit und Realität der Details indes täuscht darüber hinweg, dass es sich bei der „Kaiserproklamation" um eine Inszenierung und Stilisierung der Ereignisse handelt ... Tatsächlich hat Werner ja den Krönungsakt miterlebt und ihn skizziert. Aber der Maler hat mit seinem Bild nicht einfach eine Wiedergabe der Ereignisse, sondern eine historische Deutung und Würdigung geliefert ... [In S. 94 M1 erscheint die Reichsgründung] als Werk der Fürsten, aber noch mehr des Militärs ... Im Zentrum des Bildes [M1 S. 94] stehen Wilhelm, ... Bismarck, Moltke[1] und Roon[2] ... [Tatsächlich hat Bismarck] in Versailles einen blauen Waffenrock getragen ... und Roon hatte wegen Krankheit an der Zeremonie gar nicht teilgenommen.

Michael Sauer, Bilder im Geschichtsunterricht.
Typen Interpretationsmethoden Unterrichtsverfahren,
3. Auflage, Seelze-Velber (Kallmeyer) 2000, S. 118f.
Bearb. v. Verf.

....

[1] *preußischer Generalfeldmarschall und Chef*
des Generalstabs
[2] *preußischer Generalfeldmarschall und als Politiker*
Mitarbeiter Bismarcks bei der Reichsgründung

Wilhelm I. schrieb am 18. Januar 1871 aus Versailles an seine Gemahlin:

Eben kehre ich vom Schlosse nach vollbrachtem Kaiserakt zurück! Ich kann Dir nicht sagen, in welcher morosen[1] Emotion ich in diesen letzten Tagen war, teils wegen der hohen Verantwortung, die ich nun zu übernehmen habe, teils und vor allem über den Schmerz, den preußischen Titel verdrängt zu sehen! In einer Konferenz gestern mit Fritz [dem Kronprinzen], Bismarck und Schleinitz [Minister des Königlichen Hauses] war ich zuletzt so moros, dass ich drauf und dran war, zurückzutreten und Fritz alles zu übertragen! Erst nachdem ich in inbrünstigem Gebet mich an Gott gewendet habe, habe ich Fassung und Kraft gewonnen!

Briefe Kaiser Wilhelms des Ersten, hg. von Erich Brandenburg, Leipzig (Insel) 1911, S. 254.

....

[1] *mürrischen*

---

1 Deute M1 mithilfe der Arbeitsschritte. Ergänze die Lösungshinweise.
2 Du hast im Arbeitsschritt 9 ein weiteres Gemälde von Anton Werner zur Kaiserproklamation zur Deutung mit herangezogen:
   a) Nenne Unterschiede zwischen diesen beiden Bildern.
   b) Erläutere mithilfe von M3 und M4 die Motive Anton von Werners für seine verschiedenen Darstellungen desselben Ereignisses.
3 Beurteile mithilfe des Darstellungstextes die Triftigkeit (Belegbarkeit) der Aussagen, die Historiengemälde über historische Personen oder Ereignisse machen.

Deutschland über alles?

Der Begriff „Nation" entstand in der Zeit der Französischen Revolution. Er meinte damals eine Gemeinschaft freier Bürger, die die gleichen Rechte hatten. Stand, Herkunft und Religion sollten keine Rolle spielen. Diese Idee veränderte sich ab 1870 grundlegend. Der Nationalismus wurde zu einer Weltanschauung, in der die eigene Nation mehr wert war als alle anderen Nationen – und mehr als der einzelne Mensch.

- *Wie sehr bestimmten Nationalstolz und militärisches Denken den Alltag der Deutschen im Kaiserreich?*

M 1

Militärparade zum „Sedantag" 1900 in Berlin, Foto

Nationalismus und Militarismus in Deutschland

Zu einem Nationalstaat* wurde das Kaiserreich erst 1871 – viel später als andere Länder Europas. Den Deutschen war dieser Rückstand sehr wohl bewusst. Umso deutlicher zeigten sie ihren Nationalstolz. Sie bedienten
5 sich verschiedener Methoden, ein eigenes Nationalbewusstsein zu entwickeln. Dies führte aber auch zu Ausgrenzung: Freiheitlich-demokratische Einstellungen galten in der deutschen Öffentlichkeit ab den 1880er Jahren zunehmend als „undeutsch" und machten anti-
10 liberalen Ideen Platz. Ganze Gruppen wurden zu „Feinden der Nation" erklärt, zum Beispiel die Sozialisten. Man nannte sie „vaterlandslose Gesellen", weil sie einen Zusammenschluss der Arbeiter aller Nationen wollten. Auch die deutschen Juden wurden ausgegrenzt. Viele
15 verachteten sie aufgrund ihrer Herkunft oder bezichtig-

ten sie als Ausbeuter. Daneben galten Personen als verdächtig, die einer Minderheit angehörten, zum Beispiel Polen oder Elsässer im Reich. Und auch den Katholiken unterstellte man „unnationales Verhalten", weil sie ver-
20 meintlich nur auf den Papst in Rom hörten. Die Nation sollte als „einigendes Band" gefeiert und propagiert werden. Und wer sich gegen dieses Band sträubte, sollte gezwungen oder bekämpft werden. Im Alltag des Kaiserreiches war der Nationalismus allgegenwärtig. Er stärkte
25 das Wir-Gefühl im Inneren des Landes.

Nationale Lieder und Denkmäler untermauerten das eigene Überlegenheitsgefühl. Die Hetze gegen Minderheiten und Deutsche jüdischen Glaubens nahm zu. Zugleich forderte dieser radikale Nationalismus die Abkehr vom
30 Freihandel und den Schutz der eigenen Wirtschaft.

Militarismus und Obrigkeitsstaat

Die Vorliebe Kaiser Wilhelms II. (regierte 1888–1918)
35 für Uniformen und militärischen Prunk sowie für einen
soldatischen Umgangston teilten vor allem Angehörige
der bürgerlichen Mittel- und Oberschicht. Viele Eltern
kauften ihren Kindern Matrosenanzüge. Damit wurde
die Begeisterung für die neue deutsche Hochseeflotte
40 ausgedrückt. Wer eine Uniform trug, genoss besonderen
Respekt. Dabei war es egal, ob es sich um einen Dorf-
polizisten oder einen Bahnbeamten in Uniform handelte.
Einem Uniformträger war zu gehorchen.

Bei Festessen mit dem Kaiser durfte nach den herrschen-
45 den Regeln ein Leutnant der Armee näher beim Kaiser
sitzen als ein hoher Politiker oder ein Nobelpreisträger.
Wer als Offizier in der Armee gedient hatte, konnte daraus zahlreiche Vorteile im zivilen Leben genießen. Diese
Bewunderung und damit verbundene Überschätzung
50 des Soldatentums bezeichnet man als Militarismus.

Nationale Feiertage im Kaiserreich

Es gab zahlreiche nationale Feiertage, die das Nationalbewusstsein der Deutschen besonders stärken sollten.
Wie in vielen Monarchien wurde der Geburtstag des
55 Kaisers mit Militärparaden, Feuerwerken und Festessen
gefeiert. Besondere Bedeutung hatte aber der „Sedantag", der am 2. September begangen wurde. Er sollte an
den Sieg über die Franzosen in der Schlacht von Sedan
1870 erinnern. Bei den dazugehörigen Feierlichkeiten
60 legte man viel Wert darauf, die Überlegenheit und Stärke der deutschen Nation hervorzuheben und sich damit
über die anderen Nationen zu stellen. Auch die schon
lang andauernde „Erbfeindschaft" zu Frankreich wurde
besonders an diesem sogenannten „Sedantag" betont.

**Der Pfarrer Ernst Kucharski (1893–1969) erinnerte
sich 1952 an nationale Feiern während seiner
Kindheit in Ostpreußen:**

Wir hörten Eltern und Lehrer mit großer Ehrfurcht
vom Kaiserhause reden und hatten das, was wir
allgemein rühmen und lieben sahen, natürlich auch
lieb. Dass es Menschen geben sollte, die den Kaiser
5 nicht liebten, wollte uns gar nicht in den Sinn. Das
mussten doch ganz schlechte und böse Menschen
sein. Wir erfuhren auch, wie man diese Menschen
nannte: „Sozialdemokraten." Vor diesen Menschen
wurden wir gewarnt. Sie wollten also den Kaiser ab-
10 schaffen und den Staat umwälzen. Sie waren böse
Feinde ... Das mussten alle treuen Vaterlandsfreunde
verhindern und dagegen kämpfen. Das geschah aus-
giebig bei allen Festen und Gedenktagen. Die Fest-
reden flossen über von Beteuerungen der Liebe zum
15 angestammten Fürstenhause und von Gelübden,
dafür bis in den Tod zu kämpfen ... Mit einem drei-

fachen „Hoch" auf den geliebten Kaiser und Landes-
herrn endeten diese Ansprachen. War's im Saale,
dann erhob sich alles von den Plätzen, die Hände
20 flogen hoch, und feierlich erklang das „Heil dir im
Siegerkranz."[1] Fand die Feier im Freien statt, etwa
am Kriegerdenkmal oder bei einer Einweihung, dann
wirbelten die blanken Zylinder und die blitzenden
Helme in der Luft, die dafür vorgeschriebenen Kopf-
25 bedeckungen der Zivillisten und der Militärs ... Für
uns Kinder waren es Höhepunkte unseres Lebens.
Die Begeisterung war wirklich echt. Der Gedanke, es
könnte jemals anders gewesen sein oder es könnte
in Zukunft anders werden, ist uns überhaupt nicht
30 gekommen.

*Ernst Kucharski, Erinnerungsbuch, S. 60ff., unveröffentlichtes
Manuskript 1950–1966 (Privatbesitz F. Terpitz).*

....

[1] preußisches Volkslied; wurde nach 1871 bei offiziellen
Anlässen als „Kaiserhymne" zur Melodie der britischen
Nationalhymne „God save the King" gesungen

Obrigkeitsstaat

Eine politische Ordnung, bei der der Herrscher seine
Untertanen bevormundet und keine Mitsprache zulässt.
Er wird von Beamten und der Armee unterstützt.
Freiheiten und Rechte der Bürger sind eingeschränkt.
Oft ordnen sich die Bürger auch freiwillig dem Wohl
des Staates unter.

Militarisierung

Eine militarisierte Gesellschaft ist geprägt von der
Denkweise des Militärs, z. B. Befehl und Gehorsam.
Das zeigt sich in der Vorliebe für Uniformen, Auf-
märsche und bei der Kindererziehung.

Vorwärts mit frischem Mut.

M3 Mädchen und Jungen mit der Reichskriegsflagge der Marine, Postkarte, um 1910

„In den preußischen Schulen soll jetzt als neues Unterrichtsfach Staatsbürgerkunde eingeführt werden. Es ist wohl selbstverständlich, dass der Unterricht von Schutzleuten erteilt wird." Karikatur von Thomas Th. Heine aus der Satirezeitschrift „Simplicissimus", 1911

Einweihung der Siegessäule in Berlin 1873, Druckgrafik. Beim Bau wurden erbeutete französische Kanonen als Material mitverwendet. Im Vordergrund: Kaiser Wilhelm I., der Kronprinz und der Reichskanzler Bismarck zu Pferde.

1 **a)** Erstelle mithilfe des Darstellungstextes eine Mind-Map zu der Überschrift: „Methoden zur Entwicklung des Nationalbewusstseins der deutschen Nation". Nimm die Anleitung auf S. 159 zu Hilfe.
b) Partnerarbeit: Diskutiert, ob die Ausgrenzung bestimmter Gruppen das Nationalbewusstsein stärkt.
c) Nimm zur Ausgrenzung von Minderheiten Stellung.

2 Beschreibe den Eindruck, den du von den Feierlichkeiten zum „Sedantag" bekommst (M1).

3 Erkläre, welche Bedeutung der „Sedantag" für die deutsche Nation im Kaiserreich hatte (Darstellungstext).
Tipp: Nimm auch M5 zu Hilfe.

4 Diskutiert, warum der 2. September heute kein Nationalfeiertag mehr in Deutschland ist.

5 **Methode:** Untersuche das Historiengemälde M5 mithilfe der Arbeitsschritte auf S. 95.

6 Untersuche, wie der Verfasser von M2 die Funktion nationaler Feiern im Kaiserreich darstellt.

7 Stelle dar, wie der Verfasser von M2 die Erziehung im Kaiserreich beschreibt und welche Haltung er dazu einnimmt.

8 **Wähle eine Aufgabe aus:**
a) Analysiere die Karikatur M4. Beschreibe die Stimmung in der Klasse.
Tipp: Achte auf die Bildunterschrift.
b) Beschreibe die Postkarte M3. Bewerte sie aus heutiger Sicht.
Tipp: Nimm dabei Bezug auf den Militarismus.

Webcode: FG642700-099
Film: Kaiser Wilhelm II.

Ein Denkmal interpretieren

Denkmäler im engeren Sinne sind Skulpturen, Plastiken, aber auch Gebäude, die die Erinnerung an Personen und Ereignisse für künftige Generationen bewahren sollen. Sie beeindrucken oft durch ihre Größe und Lage. Im 19. Jahrhundert entstanden zahlreiche Denkmäler, die den Geist der damaligen Zeit wiedergeben.

- *Untersuche am Beispiel des Kyffhäuser-Denkmals in Thüringen, wie ein Denkmal interpretiert wird, und nimm Stellung, welchen Wert Nationaldenkmäler für die heutige Gesellschaft haben.*

M 1

Allegorie

Eine Allegorie ist eine menschliche oder tierische Figur, die einen abstrakten Inhalt darstellt. Die Göttin Justitia mit Waage und Schwert steht z. B. für die Gerechtigkeit. Nationen stellte man gerne als Frauen dar.

Kyffhäuser-Denkmal in Thüringen, Foto, 2015. Das 81 m hohe Denkmal wurde zwischen 1890 und 1896 auf den Ruinen der mittelalterlichen Burg Kyffhausen zu Ehren Kaiser Wilhelms I. gebaut. Im Untergeschoss sitzt Kaiser Barbarossa, auf der Terrasse steht das Reiterdenkmal Kaiser Wilhelms I., auf der Turmspitze befindet sich die Kaiserkrone der Hohenzollern. Das Kyffhäuser-Denkmal ist das drittgrößte Denkmal Deutschlands. Es wurde zwischen 2012 und 2014 restauriert.

Reiterstandbild Kaiser Wilhelms I. (11m hoch), Foto, undatiert. Wilhelm I. wird als Soldat dargestellt, der die vom deutschen Volk lang ersehnte Reichseinigung vollendete. Er sitzt mit Pickelhaube und Großkreuz des Eisernen Kreuzes auf einem Ross. Links und rechts daneben sitzen zwei allegorische Figuren. Zur Linken ist eine Frau mit einem Stift und einem Eichenlaubkranz in den Händen zu sehen. Sie ist ein Symbol für die Geschichtsschreibung. Rechts neben Wilhelm I. sitzt ein germanischer Krieger, ein Symbol der Wehrkraft und des Krieges.

Der schlafende Kaiser Barbarossa, Foto, 2010. Der Sage nach ist Kaiser Friedrich II. 1250 nicht gestorben, sondern hatte sich nur versteckt. Als Aufenthaltsort des nur schlafenden Herrschers verfestigte sich im 16. Jahrhundert der Kyffhäuser. In der folgenden Zeit wurde die Sage verfälscht weitergegeben und aus Friedrich II. wurde sein Großvater Friedrich I., Barbarossa genannt. Die Anhänger der Nationalbewegung machten nach 1813 aus der Kyffhäusersage einen nationalen Mythos: Kaiser Barbarossa und der Kyffhäuser wurden zu einem Symbol für nationale Einheit und neue deutsche Macht.

Turmspitze des Kyffhäuser-Denkmals, Foto, 2015. Auf der Turmspitze befindet sich die Kaiserkrone des Herrschergeschlechts der Hohenzollern, dem Adelsgeschlecht Wilhelms I. Die stilisierte Kaiserkrone ist 6,6m hoch. Besucher können über 247 Stufen in die Krone emporsteigen und haben von dort eine Aussicht, die bei gutem Wetter vom Harz mit dem Brocken bis zu den Höhenzügen des Thüringer Waldes reicht.

Webcode: FG642700-101
Das Kyffhäuser-Denkmal

Arbeitsschritte „Ein Denkmal interpretieren"

Beschreibung	Lösungshinweise zu M1 bis M4
1. Um welchen Denkmal-Typ handelt es sich (z. B. Krieger-, Sieges- oder Heldendenkmal, Mahnmal)?	• *Das Kyffhäuser-Denkmal ist ein Nationaldenkmal zu Ehren ...*
2. Was sind die Hauptbestandteile?	• *Das Denkmal kann in drei Hauptbestandteile gegliedert werden und zwar in ...*
3. Wie groß ist das Denkmal und aus welchem Material besteht es?	• *Das Denkmal weist eine Höhe von ..., eine Länge von 131 m und eine Breite von 96 m auf; es ist aus Sandstein gefertigt.*
4. Welche Elemente, Symbole und Inschriften weist es auf?	• *Rechts neben Wilhelm sitzt ein ... und links neben ihm ...* • *...*
Historische Einordnung	
5. Aus welcher Zeit stammt das Denkmal?	• *Der Bau dauerte von ...*
6. Woran soll das Denkmal erinnern?	• *Das Denkmal soll an ... und seine ruhmreiche Einigung des deutschen Reiches erinnern.*
7. Ist etwas über den Auftragsgeber und die Finanzierung bekannt?	• *Es wurde vom deutschen Kriegerbund in Auftrag gegeben und durch Spenden finanziert.*
8. Wie wurde die Einweihung gestaltet?	• *Die Denkmalweihe fand unter Anwesenheit von Kaiser Wilhelm II. und 20 000 Soldaten statt*
Deutung der Aussage	
9. Welche Absicht wurde mit der Standortwahl verfolgt?	• *Das 81 m hohe Denkmal wurde auf den Ruinen der mittelalterlichen Burg ... errichtet und ist von weitem zu sehen.*
10. Welche Funktion hatte das Denkmal bei seiner Errichtung?	• *Wilhelm I. stellte man mit diesem Denkmal in die Tradition der sieg- und ruhmreichen deutschen Kaiser, die das Reich einten und zu Ruhm und Ehre verhalfen.*
11. Welche Aussageabsichten haben die einzelnen Elemente und Inschriften?	• *Zwischen Friedrich Barbarossa und dem Kyffhäuser besteht schon seit dem Mittelalter eine lange Verbindung (siehe M5). Besonders im 19. Jahrhunderte wurde der Kyffhäuser und die mit ihm verbundene Sage zum Sinnbild des Nationalbewusstseins.* • *Bezugnehmend auf die Sage, sah man in Wilhelm I. den erwachten Friedrich Barbarossa.* • *...*
12. Gab es mit der Zeit einen Wandel in der Wahrnehmung des Denkmals, und wie wird es heute beurteilt?	• *Heute gilt das Denkmal als Sinnbild des übersteigerten Nationalismus des ausgehenden 19. Jahrhundert und der daraus kriegerischen Zerstörung Europas.* • *...*
13. Gibt es weitere Quellen, die die Auswertung des Denkmals unterstützen?	• *siehe M5*

Die Barbarossa-Sage von Friedrich Rückert (1817):

Der alte Barbarossa,
Der Kaiser Friederich,
Im unterird'schen Schlosse
Hält er verzaubert sich.

5 Er ist niemals gestorben,
Er lebt darin noch jetzt;
Er hat im Schloss verborgen
Zum Schlaf sich hingesetzt.

Er hat hinabgenommen
10 Des Reiches Herrlichkeit,
Und wird einst wiederkommen,
Mit ihr, zu seiner Zeit.

Der Stuhl ist elfenbeinern,
Darauf der Kaiser sitzt:
15 Der Tisch ist marmelsteinern,
Worauf sein Haupt er stützt.

Sein Bart ist nicht von Flachse,
Er ist von Feuersglut,
Ist durch den Tisch gewachsen,
20 Worauf sein Kinn ausruht.

Er nickt als wie im Traume,
Sein Aug' halb offen zwinkt;
Und je nach langem Raume
Er einem Knaben winkt.

25 Er spricht im Schlaf zum Knaben:
Geh hin vors Schloss, o Zwerg,
Und sieh, ob noch die Raben
Herfliegen um den Berg.

Und wenn die alten Raben
30 Noch fliegen immerdar,
So muss auch ich noch schlafen
Verzaubert hundert Jahr.

Michael Sauer, Bilder im Geschichtsunterricht.
Typen Interpretationsmethoden Unterrichtsverfahren,
3. Auflage, Seelze-Velber (Kallmeyer) 2000, S. 118f.
Bearb. v. Verf.

Die Journalistin Ana Rios über den Sinn von Denkmälern (2016):

Denkmale, die an die deutsche Reichsgründung erinnern sollten, wurden nach 1871 an vielen Orten errichtet. Besonders nach dem Tod Bismarcks 1898 stieg seine ohnehin schon hohe
5 Popularität an und damit die Zahl der Denkmalprojekte. Gestalterisch wurden nach seinem Tod eher wuchtige architektonische Monumente … gebaut. Viele Kriegerdenkmale, die nach der Reichsgründung und nach dem Deutsch-Franzö-
10 sischen Krieg entstanden, bedachten die geehrten Soldaten mit Inschriften, die sie als „siegreiche Helden" bezeichnen. Dem damaligen nationalen Selbstverständnis nach, zieren solche Denkmale oft Viktoria, Germania oder ein Adler
15 mit ausgebreiteten Schwingen. Viele der Denkmäler, die nach 1900 bis zum Ersten Weltkrieg in Erinnerung an den Deutsch-Französischen Krieg 1870/71 entstanden, sind Zeichen der Militarisierung, die die Gesellschaft unter Kaiser Wilhelm II.
20 erfuhr. Heute wird der Erhalt oder gar die Rekonstruktion von Denkmälern, die zwischen der Reichsgründung und dem Ersten Weltkrieg entstanden, oft kritisch gesehen. Aus denkmalpflegerischer Sicht ist eine Auseinandersetzung mit den
25 über das Denkmal tradierten Werten[1] sinnvoll. Der Idealfall ist es, wenn eine historische Auseinandersetzung gegebenenfalls in eine neue, zeitgemäße Deutung führt. In einigen Fällen wurden ehemalige, den Krieg idealisierende
30 Kriegerdenkmale umgestaltet: Aus Kriegerdenkmälern wurden Denkmäler für Frieden und Völkerverständigung.

http://www.planet-wissen.de/kultur/architektur/
geschichte_des_denkmalschutzes/pwiedasdenkmalzumge
denkenerrichtet100.html (Stand: 2. 2. 2017)

[1] überlieferte Werte

1 Interpretiere das Kyffhäuser-Denkmal mithilfe der Arbeitsschritte. Ergänze die Lösungshinweise (…).
Tipp: Nimm M1 bis M4 zu Hilfe.
2 **a) Recherche:** Führe eine Internetrecherche zur Barbarossa-Sage (M5) durch. Fasse kurz zusammen, wer Barbarossa war und wie es zur Entstehung der Sage kam. Nimm den **Webcode** auf S. 101 zu Hilfe.

b) Erkläre den Zusammenhang zum Kyffhäuser-Denkmal.
3 **Geschichte heute:** Nimm Stellung dazu, welchen Wert Nationaldenkmäler für die heutige Gesellschaft haben (M6).
Tipp: Was können wir von ihnen erfahren?

Veränderung und Beharrung im Kaiserreich

Das Kaiserreich war eine Zeit der Widersprüche. Einerseits entwickelten sich Technik und Wirtschaft rasend schnell. Andererseits hielt die Gesellschaft starr an alten Traditionen fest.
- *Welche Probleme ergaben sich daraus?*
- *Was waren die Folgen für die Gesellschaft?*

M1

Allgemeine Elektrizitäts-Gesellschaft Berlin, Werbeplakat von Louis Schmidt, 1888. Die Göttin des Lichts sitzt auf einem geflügelten Rad.

Technischer Fortschritt und Wirtschaftswachstum
Ende des 19. Jahrhunderts entwickelten sich die deutschen Universitäten zu Forschungszentren, die internationales Aufsehen erregten. Zwischen 1901 und 1914 ging jeder dritte Nobelpreis für Naturwissenschaften an
5 einen Deutschen. Darunter waren Physiker wie Max

Planck oder der Arzt Robert Koch. Technische Neuerungen machten sich auch im Alltag bemerkbar. Die Erfindung von Auto und Telefon machte das Leben rasanter und mobiler. Der Nahverkehr wurde ausgebaut. Elektro-
10 und Benzinmotoren verdrängten die Dampfmaschine. Mit der Erfindung des Zeppelins eroberte man ab 1900 auch den Luftraum. Viele neue Geräte und Verfahren erleichterten den Alltag der Menschen. Das Deutsche Reich wurde zur stärksten Wirtschaftsmacht Europas: Es
15 entwickelten sich Großunternehmen mit mehreren zehntausend Beschäftigten. Der Aufschwung begünstigte auch ein Wachstum der Bevölkerung. Viele neue Berufe entstanden und auch immer mehr Frauen wurden berufstätig.

20 **Schule zwischen Tradition und Modernisierung**
Nur ein Jahr nach der Gründung des Deutschen Reichs wurden alle deutschen Schulen unter staatliche Aufsicht gestellt und durch entsprechende Behörden kontrolliert. Dies brachte Veränderungen mit sich: Auf der einen
25 Seite gab es die Gymnasien, in denen die Schüler traditionell zu Untertanen erzogen wurden. Was man hier lernte, war für das spätere Berufsleben nicht unbedingt brauchbar. Auf der anderen Seite entstanden sogenannte Realgymnasien und Oberrealschulen. Dort waren
30 die Lehrpläne stärker auf Mathematik und Naturwissenschaften ausgerichtet. Sie sollten die Schüler für Berufe in der Industrie und Verwaltung vorbereiten. Um 1900 besuchten etwa 90 Prozent der Schülerinnen und Schüler die achtjährige Volksschule, drei Prozent gingen
35 auf die Mittelschule bis zur 9. oder 10. Klasse. Sieben Prozent eines Jahrgangs besuchten ein Gymnasium und machten das Abitur.

Beharrung oder Veränderung?
Trotz der schnellen Modernisierung in Technik und
40 Wirtschaft blieb die Gesellschaft im Kaiserreich konservativ*. Sie beharrte auf ihren Traditionen und wurde allein von Männern bestimmt. Der Adel hatte dabei eine herausragende Stellung. Seine Werte, Vorstellungen und Privilegien prägten das Bild. Politische Mitbestimmung
45 war nur begrenzt möglich (siehe S. 37 M2). Als Wirt-

schaft und Industrie immer stärker wuchsen, veränderte sich auch die Gesellschaft. Allmählich wurden Leistung und Können wichtiger als Herkunft, Rang und Namen. Viele Bürger wurden Unternehmer oder Wissenschaftler
50 und stiegen gesellschaftlich auf. Die soziale Lage der Arbeiterinnen und Arbeiter war dagegen schlecht. Sie bekamen niedrige Löhne und hatten harte Arbeitsbedingungen. Wohnungen waren knapp. Zwischen Wohlhabenden und Arbeitern entwickelte sich ein neuer
55 „Mittelstand". Das war eine Schicht von Angestellten, die stark wuchs. Der Mittelstand war zumeist darauf bedacht, sich von den Arbeitern abzugrenzen.

Eine neue Mittelschicht entsteht: Angestellte in einem Büro, Foto, um 1900

M3 **Der Journalist Cay Rademacher berichtet 2013 über die Kaiserzeit:**

Die Deutschen ... leben um 1900 in einem „Zeitalter der Reizbarkeit" – in einer Epoche der tausend neuen Anregungen, die Begeisterung auslösen und Schaudern, Sehnsucht und Verwirrung. Nichts, so
5 scheint es, ist noch stabil und verlässlich. Kein Wunder: Allein zwischen 1890 und 1913 nimmt die Bevölkerungszahl von 49,4 auf 66,9 Millionen Menschen zu – um ein Drittel in nicht einmal einer Generation.
10 Hunger und Seuchen ... sind zum ersten Mal nicht mehr alltäglich. Neue Techniken erhöhen die Ernten, Waren können per Zug und Schiff über weite Strecken herangeschafft werden, Frischwasserleitungen und Kanäle verbessern die öffentliche Hygiene[1], in
15 den Laboratorien ... ersinnen Ärzte, Physiker und Chemiker vom Aspirin bis zum Röntgengerät revolutionäre neue Medikamente und Heilverfahren. Aber es leben nicht bloß mehr Menschen im Kaiserreich – sie durchwandern es auch, ruhelos und sprung-
20 haft. Fast jeder zweite Deutsche lebt 1907 nicht mehr an dem Ort, an dem er einst geboren wurde ... So stolz die Zeitgenossen auf die Entwicklung sind, ... so verunsichert sind sie auch über die in dieser Zeit entstehende „Massengesellschaft".

Zit. nach http://www.geo.de/GEO/heftreihen/geo-epochepanorama/deutsches-kaiserreich-alltag-eine-zeit-geraet-ausden-fugen-74208.html (Stand: 9. 6. 2017).

[1] *Sauberkeit, Gesundheit*

---

1 **Methode: a)** Beschreibe das Plakat M1.
Tipp: Nutze die Arbeitsschritte „Eine Bildquelle auswerten" auf S. 151.
b) Partnerarbeit: Diskutiert, warum die Firma eine antike Göttin als Werbefigur verwendete, obwohl sie für Elektrizität warb.

2 **a)** Nenne alle Beispiele für Veränderung und Beharrung im Kaiserreich (Darstellungstext).

Beispiel für Beharrung	Beispiel für Veränderung
...	...

b) Partnerarbeit: Fertigt eine Mind-Map zu den beiden Fragen unter der Überschrift auf S. 104 an.
c) Nenne Neuerungen aus dem Kaiserreich, die auch heute noch unseren Alltag erleichtern bzw. beeinflussen (Darstellungstext).

3 In M3 werden weitere Beispiele für Veränderungen genannt. Arbeite sie heraus und ergänze deine Ergebnisse aus Aufgabe 2.

4 **Wähle eine Aufgabe aus:**
a) In M3 ist von der „Verunsicherung" durch Veränderung die Rede. Erkläre, was damit gemeint sein kann.
b) Ein Arbeiter kommt im Jahr 1900 von einem längeren Aufenthalt im Ausland nach Deutschland zurück. Notiere mithilfe von M3, was er nach seiner Ankunft in Deutschland in sein Tagebuch schreiben würde.

Zusatzaufgaben: siehe S. 142

Webcode: FG642700-105
Wirtschaft im Kaiserreich

Konflikte mit Katholiken und Sozialdemokraten

Reichskanzler Bismarck lenkte seit 1871 im Auftrag des Kaisers das Reich.
Er wollte einen starken Nationalstaat bewahren und ließ kaum abweichende
Meinungen zu. Besonders Katholiken und Sozialdemokraten sah er als
„Reichsfeinde", die bekämpft und ausgegrenzt werden sollten.
- *Warum kam es zu einem Konflikt zwischen Staat und katholischer Kirche?*
- *Warum ging Bismarck gegen die Sozialdemokraten im Reich vor?*

10 staatliche Verordnungen. Daran störte sich Bismarck und es kam 1870 zum Konflikt mit den Katholiken: Papst Pius verkündete, dass er in Glaubensfragen unfehlbar sei, sich also niemals irre. Als Sprachrohr gründeten die Katholiken im Deutschen Reich die Partei 15 „Das Zentrum". Bei den Wahlen 1871 wurde die Partei bereits zweitstärkste Kraft. Bismarck veranlasste zahlreiche Veränderungen, die den Einfluss der Katholiken im Deutschen Reich einschränken sollte. Historiker nennen diese Auseinandersetzung „Kulturkampf". In den 20 1880er Jahren verbesserte sich das Verhältnis zu den Katholiken wieder. Bismarck brauchte sie als Verbündete gegen den neuen Feind: die Sozialdemokraten.

Maßnahmen gegen die Sozialdemokraten: „Sozialistengesetz" und Sozialgesetzgebung

25 Ein zweiter großer Konflikt entstand zwischen der Reichsregierung und den Sozialdemokraten. Reichskanzler Bismarck vertrat den Obrigkeitsstaat und hielt nichts von der Mitsprache der Bürger. Er misstraute besonders den Arbeitern, die sich für soziale Gleichheit 30 und Mitbestimmung einsetzten. Als 1878 zwei erfolglose Attentate auf den Kaiser verübt wurden, nahm Bismarck das zum Anlass, gegen die Sozialdemokraten vorzugehen. Er erklärte sie zu „Reichsfeinden", obwohl sie mit den Anschlägen gar nichts zu tun hatten. Bismarck 35 verbündete sich nun mit der Zentrumspartei. Diese stimmten im Reichstag für sein Gesetz gegen die Sozialdemokraten. Es sollte deren „gemeingefährlichen Bestrebungen" verhindern. Das Gesetz von 1878 nennt man auch „Sozialistengesetz". Es verbot den Arbeitern 40 jede politische Betätigung, ihre Organisationen wurden aufgelöst. Bismarck wollte damit besonders die SPD treffen, die Sozialdemokratische Arbeiterpartei Deutschlands. Alle Versammlungen der Sozialdemokraten wurden untersagt, ihre Zeitungen verboten. Trotz dieser 45 Schwierigkeiten gelang es der SPD aber, in den folgenden Wahlen neue Stimmen zu gewinnen. 1890 wurde das „Sozialistengesetz" dann nicht mehr verlängert.

M 1 *Der Kulturkampf, Karikatur aus der Zeitschrift „Kladderadatsch", 1875. Auf Bismarcks Figuren stehen die Namen seiner Gesetze (z. B. „Kanzelparagraf", „Klostergesetz"). Die gefallenen Bauern des Schachspiels vorne sind „interniert" (verhaftet). Der Papst antwortet mit seinen „Enzykliken" (päpstlichen Rundschreiben an die Bischöfe).*

Maßnahmen gegen die Katholiken – der „Kulturkampf"

Im Jahr 1871 hatte das Deutsche Reich 41 Millionen Einwohner, davon waren 62 % Protestanten und 36 % Katholiken. Erstere waren stärker in Ämtern und Ministerien vertreten und hatten Bismarck beim Ausbau des 5 Nationalstaates unterstützt. Im Süden des Reichs waren dagegen die Katholiken in der Mehrzahl. Die Religion prägte hier das Leben: Man heiratete nur kirchlich, viele Schulen wurden von der Kirche geleitet und kontrolliert. Die Menschen hörten eher auf einen Priester als auf

Stattdessen versuchte die Regierung Bismarcks, die Arbeiter zu besänftigen und sie für den Staat zu gewinnen.
50 Dazu führten sie von 1883 bis 1889 mehrere Versicherungen ein. Die Arbeiter zahlten Geld ein und bekamen Hilfe bei Krankheit und Alter, oder wenn sie einen Unfall hatten. So wollte die Regierung die Probleme der Arbeiter lindern und den starken Zuspruch zur SPD mindern.
55 Bismarck schuf damit etwas weltweit Neues: eine staatliche Versicherung, die für alle verpflichtend war. Dies war die Geburtsstunde des heutigen deutschen Sozialversicherungssystems. Der Konflikt mit den Arbeitern war damit aber noch keineswegs gelöst.

Gesetze gegen die katholische Kirche:

1871 „Kanzelparagraf": Den Geistlichen im Reich wird verboten, in ihren Predigten politische Fragen so zu behandeln, dass sie „den öffentlichen Frieden" gefährden.

5 **1872** Schulaufsichtsgesetz: Alle Schulen in Preußen stehen nun unter staatlicher Aufsicht.

1872 Jesuitengesetz: Verbot des Jesuitenordens.

1873 „Maigesetze": Ausbildung und Anstellung der Geistlichen in Preußen werden staatlich
10 kontrolliert.

1874 Expatriierungsgesetz: Katholische Geistliche können zu einem bestimmten Aufenthaltsort gezwungen oder ausgebürgert werden.

1874 Zivilstandsgesetz: Nur noch die neuen
15 Standesämter dürfen Urkunden über Geburt, Tod oder Eheschließung ausstellen.

1875 „Brotkorbgesetz": Preußen streicht alle finanziellen Zuschüsse für soziale Einrichtungen der Katholiken.

20 **1875** „Klostergesetz": Verbot fast aller Gemeinschaften von Mönchen und Nonnen in Preußen.

Vom Autor zusammengestellt.

August Bebel, der Führer der Sozialdemokraten im Reichstag, berichtete 1913 über das „Sozialistengesetz":

Sobald das Gesetz verkündet und in Kraft getreten war, fielen die Schläge hageldicht. Binnen weniger Tage war die gesamte Parteipresse mit Ausnahme des „Offenbacher Tageblatts" und der „Fränki-
5 schen Tagespost" unterdrückt ... Ebenso verfielen der Auflösung die zahlreichen lokalen sozialdemokratischen Arbeitervereine, ... die Bildungs-, Gesang- und Turnvereine ... Durch die Verfolgung äußerst verbittert, zogen sie [die Sozialdemokra-
10 ten] von Stadt zu Stadt, suchten überall die Parteigenossen auf, die sie mit offenen Armen aufnahmen, und übertrugen jetzt ihren Zorn und ihre Verbitterung auf ihre Gastgeber, die sie zum Zusammenschluss und zum Handel[n]
15 anfeuerten. Dadurch wurde eine Menge örtlicher geheimer Verbindungen geschaffen ...

August Bebel, Aus meinem Leben, bearb. von Ursula Herrmann, Berlin (Dietz) 1983, S. 509ff.

1 Erkläre, warum Bismarck erst die Katholiken und dann die Sozialdemokraten als Bedrohung für das deutsche Kaiserreich sah (Darstellungstext).

2 **a)** Fasse zusammen, wie der Staat versuchte, den Einfluss der katholischen Kirche zu beschränken (Darstellungstext, M2).
b) Beurteile die Auswirkungen, die die Beschränkungen auf die Betroffenen haben.

3 **Partnerarbeit:** Diskutiert, warum das Schulaufsichtsgesetz und Zivilstandsgesetz bis heute Bestand haben und die anderen Gesetze gegen die katholische Kirche heute nicht mehr existieren.

4 **Methode:** Analysiere die Karikatur M1 mithilfe der Arbeitsschritte auf S. 155.

5 **a)** Beschreibe Auswirkungen des Sozialistengesetzes auf Arbeiter und Sozialdemokraten (M3).
b) In einer sozialdemokratischen Zeitung erscheint 1889 ein Artikel, der über die Einführung der bismarckschen Sozialversicherung berichtet. Schreibe eine Nacherzählung und begründe, warum du die Inhalte so gewählt hast.

6 Bewerte die Maßnahmen Bismarcks, um die Katholiken und Sozialdemokraten zu schwächen (M2, M3).

7 **Recherche:** Informiere dich über die Versicherungen, die unter Bismarck eingeführt wurden. Vergleiche sie mit den heutigen Sozialversicherungen in Deutschland.
Tipp: Welche Versicherungen gab es? Wer war versichert? Was kostete die Versicherung? In welchen Fällen zahlt die Versicherung?

Webcode: FG642700-107
Der „Kulturkampf"

Frauen fordern Rechte

Offiziell hatten Frauen in der Gesellschaft des Kaiserreichs wenig zu sagen.
Deshalb begannen schon seit der zweiten Hälfte des 19. Jahrhunderts einzelne
Gruppen von Frauen, sich dagegen zu wehren. Sie wollten nicht mehr von
Männern abhängig und benachteiligt sein.
* • *Wie sah das Frauenbild in der Kaiserzeit aus?*
* • *Welche Rechte forderten die Frauen, welche konnten sie erreichen?*

Rechtliche Stellung und Rollenbild der Frau

Das Kaiserreich war eine von Männern dominierte Gesellschaft. Die meisten Männer waren der Auffassung, Frauen hätten in der Politik und Öffentlichkeit nichts zu suchen. Sie hielten sich selbst von Natur aus für geeig-
5 neter, während der Schwerpunkt der Frauen bei der Familie und dem Haushalt lag. In der Ehe durfte der Mann alleine über Geld und Kinder entscheiden. So legte es das Bürgerliche Gesetzbuch von 1900 fest. Diese rechtliche Ungleichheit bestand im Westen Deutschlands noch bis
10 in die 1970er Jahre. Frauen durften im Kaiserreich nicht wählen und ohne Zustimmung ihres Mannes keinen Beruf ausüben. Frauenvereine kämpften seit Ende des 19. Jahrhunderts immer nachdrücklicher dagegen an. Sie forderten eine bessere rechtliche Stellung in der Ehe,
15 politische Mitbestimmung und gleiche Bezahlung bei gleicher Arbeit. Kaiser Wilhelm II. reagierte darauf abwehrend. 1910 erklärte er: „Sie sollen lernen, dass die Hauptaufgabe der deutschen Frau nicht auf dem Gebiet des Vereins- und Versammlungsrechts liegt, sondern in
20 der stillen Arbeit im Haus und in der Familie."

Die soziale Wirklichkeit

Dieses Rollenbild der Frau stimmte aber nicht mehr mit der Realität überein. Ende des 19. Jahrhunderts waren rund 40 % der Frauen aus dem Bürgertum unverheiratet,
25 verwitwet oder geschieden. Wollten sie ihrer Familie

nicht zur Last fallen, mussten sie einer Arbeit nachgehen. Angemessene Tätigkeiten waren aber schwer zu finden. Oft bekamen die Frauen nur Stellen als Erzieherin oder Begleiterin für reiche Damen. Erst durch neue
30 Erfindungen entstanden typische „Frauenberufe", zum Beispiel Sekretärin oder Telefonistin. In Arbeiterfamilien sah es nicht besser aus: Dort herrschte meist bittere Armut. Fast alle Frauen mussten deshalb in der Fabrik oder als Dienstmädchen arbeiten. Die Löhne für Frauen
35 waren niedriger als für Männer. Oft verdienten sie weniger als die Hälfte. Viele einfache Frauen konnten nur als Heimarbeiterin tätig sein – ein schlecht bezahlter und unsicherer Beruf. Sie mussten dann „nebenher" noch Kinder und Haushalt versorgen.

Was erreichten die Frauen?

40 Während der Revolution von 1848/49 hatten viele Frauen politische Klubs und Vereine gegründet. Diese wurden aber später wieder verboten. Frauen durften jetzt kein Mitglied mehr in solchen Vereinen sein. Auch Auftritte
45 bei öffentlichen Versammlungen waren untersagt.
In Leipzig gründete Louise Otto-Peters deshalb 1865 den „Allgemeinen deutschen Frauenverein". Ihr schlossen sich viele gleichgesinnte Bürgerinnen an. Der „Bund Deutscher Frauenvereine" umfasste 1894 bereits
50 2000 Vereine mit fast 500 000 Mitgliedern. Helene Lange, eine engagierte Lehrerin und Journalistin, erreichte die Einführung höherer Schulen für Mädchen. Ab 1896 konnten Mädchen dort das Abitur ablegen. Studieren durften Frauen erstmals 1900 in Baden, 1908 dann im
55 ganzen Reich. Im gleichen Jahr beschloss der Reichstag ein Gesetz, das es Frauen erlaubte, politisch tätig zu werden und Mitglied einer Partei zu sein. Den Sozialisten war das nicht genug: Sie wollten die Lage der Frauen durch eine Revolution verändern. Sie meinten, nur so könnten
60 die Frauen unabhängig und gleichberechtigt werden. Die SPD war die einzige Partei im Reichstag, die die Forderungen der Frauen aufgriff. Sie setzte sich auch für das Frauenwahlrecht ein. Doch es dauerte noch eine Weile, bis Frauen wählen durften: Erst im November 1918 war es so
65 weit. Die Denkweise vieler Männer blieb trotzdem gleich.

Frauen montieren Teile in einer Fabrik. Foto, um 1900

Die Heimarbeiterin Ottilie Baader berichtete um 1875 über ihre Arbeitsbedingungen:

Ich kaufte mir nach dem Weggang aus der Fabrik eine eigene Nähmaschine und arbeitete zu Hause. Dabei habe ich das Los der Heimarbeiterin zur Genüge kennen gelernt. Von morgens um sechs
5 bis nachts um zwölf, mit einer Stunde Mittagspause, wurde in einer Tour „getrampelt" [genäht]. Um vier Uhr aber wurde aufgestanden, die Wohnung in Ordnung gebracht und das Essen vorbereitet ... Nichts konnte einem mehr Freude ma-
10 chen, als wenn man ein paar Minuten aussetzen konnte ... Und die Jahre vergingen, ohne dass man merkte, dass man jung war ... Ich kann nicht sagen, dass ich immer sehr froh war. Schließlich hatte auch ich etwas anderes vom Leben erhofft.
15 Ich habe manchmal das Leben so satt gehabt ... von dem Schönen in der Welt sah und hörte man nichts, davon war man einfach ausgeschlossen.

Zit. nach Ottilie Baader, Ein steiniger Weg. Lebenserinnerungen einer Sozialistin. Mit einer Einleitung von Marie Juchacz, 3. Auflage, Berlin, Bonn (Dietz) 1979, S. 16 ff.

Aus dem Vorwort eines Chemie-Schulbuchs für höhere Mädchenschulen (1885):

Es würde ... vollständig verfehlt sein, den Unterricht in der Chemie ... in der wissenschaftlichen, systematischen Ausdehnung zu treiben, wie dies für höhere Knabenschulen vorgeschrieben ist.
5 Es ist vielmehr der Lehrstoff wie in allen anderen Unterrichtsfächern der höheren Mädchenschulen so auch hier „einer durchgreifenden Sichtung zu unterwerfen, welche das für die weibliche Bildung Wertvolle heraussucht und die weiblichen Lebens-
10 verhältnisse zu ihrem Recht kommen lässt." Nach diesem ... Grundsatz ... werden hauptsächlich die Stoffe und Vorgänge, welche uns täglich entgegentreten und namentlich in der Hauswirtschaft und Familien-Gesundheitspflege, diesen wichtigen
15 Gebieten weiblichen Wirkens, eine bedeutende Rolle spielen.

Albert Fricke, Chemie, 7. Aufl., Braunschweig (E. Appelhans & Comp.) 1908, S. III.

„Fräulein Doktor!", Postkarte, um 1905

1 Lies den Darstellungstext. Erstelle eine Mindmap:

> Situation der Frauen
> im Kaiserreich

2 **a)** Beschreibe die Lebens- und Arbeitsbedingungen der Heimarbeiterin aus Text M2.
b) Vergleiche sie mit den Arbeitsbedingungen der Frauen im Bild M1.

3 **Methode:** Analysiere die Karikatur M3 mithilfe der Arbeitsschritte auf S. 155.

4 **a)** Fasse mit eigenen Worten zusammen, welche Anforderungen der Chemieunterricht der Mädchenschule erfüllen sollte (M4).
b) Erkläre mithilfe der Informationen zum Frauenbild des Kaiserreichs, warum sich der Unterricht der Jungen von dem Unterricht der Mädchen unterschied.

5 **Wähle eine Aufgabe aus:**
a) Vergleiche die Vorgaben aus M4 mit den heutigen Anforderungen an Unterricht. Erkläre die Unterschiede.
b) Schreibe den Einleitungstext des Chemiebuches so um, dass es auf das heutige Frauenbild zutrifft.

6 **Gruppenarbeit:** Die Frauenvereine im Kaiserreich hatten es sehr schwer, ihre Forderungen durchzusetzen. Gestaltet gemeinsam ein Werbeplakat, mit dem ihr auf die damaligen Forderungen der Frauenvereine aufmerksam macht.
Tipp: Welche der Forderungen sind möglicherweise heute immer noch aktuell?

Zusatzaufgaben: siehe S. 142

Nationale Minderheiten im Deutschen Reich

Das Deutsche Reich verstand sich als Nationalstaat der Deutschen. Aber im Reich lebten auch Minderheiten wie Polen, Dänen oder Elsässer. Entscheide dich für A, B, C oder D und untersuche:
- *Durften die Minderheiten ihre Muttersprache und Kultur pflegen oder gerieten sie unter den Druck der „Germanisierung"?*

Aufgabe für alle:
Findet heraus, welche besonderen Rechte der dänischen Minderheit im heutigen Deutschland eingeräumt werden.

Wer gehörte zur Nation?

Etwa drei Millionen Einwohner des Reichs, vor allem in der Provinz Posen (Poznań), sprachen Polnisch als Muttersprache. Diese Gebiete waren durch die Teilung Polens im 18. Jahrhundert an Preußen gefallen. Die polni-
5 schen Bewohner waren überwiegend katholisch. Auch in anderen Teilen des Reichs gab es Minderheiten: Im Norden hatte Preußen 1864 Schleswig erobert, einen Teil Dänemarks. Dort lebten viele Dänen, die nun preußische Untertanen wurden. Und im Westen des Reichs hatte
10 Frankreich 1871 die Provinzen Elsass und Lothringen an das Deutsche Reich verloren. Hier pflegten viele die französische Sprache und Kultur. Die Reichsregierung versuchte, alle Minderheiten zu „germanisieren", also den Deutschen anzugleichen. Der Gebrauch der Mutter-
15 sprachen wurde in den Schulen verboten, mit Ausnahme von Elsass-Lothringen. In den Behörden und Gerichten durfte man nur noch deutsch sprechen. Als das Polnische auch auf Ladenschildern, in Vereinen und Kirchen verboten wurde, kam es zu Protesten und Aufständen.
20 Die Reichsregierung reagierte, indem sie Priester verhaftete, Menschen einschüchterte und Grundstücke enteignete. Unerwünschte Polen wurden nach Russland ausgewiesen. Deutsche Nationalisten forderten die Vertreibung der Polen. Die preußischen Grundbesitzer,
25 darunter auch Bismarck, wollten sie dagegen als billige Arbeitskräfte in der Landwirtschaft behalten.

A

Polnische Sprachgebiete im Deutschen Reich um 1900

Ausweisung polnischer Landarbeiter aus Preußen 1886, Gemälde von Wojciech Kossak, 1909

1 Zeige anhand der Karte M1 auf, wo der Anteil der polnischsprachigen Bevölkerung besonders groß war.

2 **a)** Versetze dich in eine der drei Personen auf dem Bild M2 und beschreibe die Situation in einem Tagebucheintrag.
b) Erörtere, inwiefern sich hier beispielhaft der Umgang von Politik und Verwaltung des Reichs mit seinen Minderheiten zeigen könnte.

B

„Unsere Fahne – trotz allem". Straßenszene in Straßburg von 1871, Gemälde von A. Lemercie. Da die Farben der französischen Trikolore nicht getragen werden dürfen, zeigen sich junge Frauen nebeneinander jeweils in Blau, Weiß und Rot.

1 Beschreibe die Szene in M3 und erkläre das Verhalten der drei Frauen.
2 Stelle Vermutungen an, welche Reaktionen sie damit vor dem Hintergrund der Situation in Elsass-Lothringen bei Passanten auslösen könnten.

C

Dänisch für Dänen?
Theodor Kaftan, ein hoher deutscher Kirchenbeamter, blickt zurück auf das Verbot der dänischen Sprache an deutschen Schulen:
Was erbitterte, war die Beseitigung jeglichen dänischen Sprachunterrichts. Das schädigte ... den in dänischer Sprache erteilten Religionsunterricht ... Aber nicht nur religiöse, auch humane und wirtschaftliche
5 Interessen wurden ... schwer verletzt. Es ist grausam, die Dinge so zu gestalten, dass das die Heimat verlassende Kind nicht in den Stand gesetzt wurde,

einen Brief zu schreiben, den seine Mutter ohne fremde Hilfe lesen konnte ... Wundert man sich wirk-
10 lich, dass hier Erbitterung Platz griff? ... Eine Staatsgrenze ist nicht eine Chinesische Mauer und erst recht nicht dann, wenn sie da gezogen ist, wo jahrhundertelang freier Verkehr stattgefunden hat. Fäden nicht nur verwandtschaftlicher, sondern auch wirt-
15 schaftlicher Interessen verbanden das Hüben und Drüben ...
Zit. nach Reinhard Wittram, Die Nationalitätenkämpfe in Europa und die Erschütterung des europäischen Staatensystems 1848 bis 1917, Stuttgart (Ernst Klett Verlag) 1969, S. 38.

1 **a)** Lies den Text M4. Stelle fest, welche Auswirkungen die Sprachpolitik der deutschen Regierung auf die dänische Minderheit hatte.

b) Überlege, welche Folgen diese Politik für das Zugehörigkeitsgefühl der Dänen zum Deutschen Reich hatte.

D

1 Der Historiker und Abgeordnete Heinrich von Treitschke hielt 1871 im Reichstag eine Rede. Darin erklärte er die Politik des Deutschen Reichs gegenüber Elsass-Lothringen: „Die Aufgabe, diese entfremdeten Stämme deutscher Nation unserem Lande wieder einzufügen, ist so groß und schwer, dass man sie nur erprobten Händen anvertrauen darf. Und wo ist eine politische Kraft im Deutschen Reiche, die die Gabe zu germanisieren erprobt hat wie das alte glorreiche Preußen?"

a) Analysiere die Haltung Treitschkes gegenüber nichtdeutschen Minderheiten im Deutschen Reich.
b) Verfasse einen Protestbrief eines Polen, Dänen oder Elsässers an Treitschke und erkläre, warum du dich von dieser Aussage verletzt fühlst.
Tipp: Nimm den Darstellungstext zu Hilfe.

Antisemitismus im ausgehenden 19. Jahrhundert

Juden wurden in Europa jahrhundertelang benachteiligt und verfolgt. Erst seit 1871 waren sie im Deutschen Reich gleichberechtigte Bürger. Viele nutzten das, um in Wirtschaft und Wissenschaft aufzusteigen. Trotzdem erlebten sie weiterhin Ausgrenzung.

- *Warum entstand im 19. Jahrhundert eine neue Judenfeindlichkeit? Hier kannst du die Gründe und Folgen untersuchen.*

Antisemitismus in Deutschland

In der zweiten Hälfte des 19. Jahrhunderts verbreitete sich die Auffassung, man könne Menschen anhand ihrer biologischen Merkmale einordnen und bewerten. Dazu zählten z. B. Hautfarbe oder Schädelform. Wie Tiere un-
5 terteilte man die Menschen in „Rassen". Die „semitische Rasse" (die Juden) betrachtete man als niedriger, die „arische Rasse" (die Deutschen) als höher. Judenfeindlichkeit bezeichnete man fortan als Antisemitismus. Diese Rassenlehre* hatte keinerlei wissenschaftliche
10 Grundlage. Als die Wirtschaft ab 1873 nicht mehr so stark wuchs, verbreitete sich der Antisemitismus im Kaiserreich. Viele Bürger gaben den Juden die Schuld für ihre wirtschaftlichen Probleme. In den 1880er Jahren flohen außerdem viele Juden aus Russland nach Westen.
15 In ihrer Heimat hatten sie gewalttätige Ausschreitungen erlebt, sogenannte Pogrome*. Die meisten wollten über die deutschen Häfen nach Amerika auswandern. Nur wenige blieben in Deutschland. Dennoch fanden die meisten Deutschen, dass „zu viele Fremde" im Land sei-
20 en. In bestimmten Kreisen der bürgerlichen Gesellschaft gehörte es zum guten Ton, gegen die Juden zu hetzen. Neu war, dass sich der Antisemitismus auch gegen einheimische Juden richtete. Viele von ihnen hatten sich an die deutsche Lebensweise und Kultur angepasst. Doch
25 das nützte ihnen wenig: Die „Abstammung" wurde jetzt wichtiger als die Kultur oder Religion. Konservative* Parteien und Verbände nahmen antisemitische Passagen in ihre Programme auf.

Antisemitismus in Frankreich: Die Dreyfus-Affäre

30 1894 entdeckten Franzosen in der deutschen Botschaft in Paris einen Brief. Darin war von einem Verräter im französischen Militär die Rede. Verdächtigt wurde der jüdische Hauptmann Alfred Dreyfus. Ohne Beweise wurde Dreyfus von einem Kriegsgericht verurteilt und
35 in eine Sträflingskolonie geschickt. Zwei Jahre später wurde seine Unschuld bewiesen – der Brief war eine Fälschung. Trotzdem verhinderten antisemitische Offiziere einen neuen Prozess. Der Schriftsteller Émile Zola prangerte dieses Verhalten in einem offenen Brief an (Titel:
40 „J'accuse" – „Ich klage an"). Die Dreyfus-Affäre spaltete die französische Gesellschaft. Liberale, Sozialisten und Intellektuelle forderten seine Freilassung. Die Nationalisten lehnten das ab. Sie bildeten mit den Konservativen eine neue antisemitische Bewegung. Dreyfus wurde
45 1899 begnadigt und 1906 freigesprochen.

M1 „Einziges judenfreies Hotel in Frankfurt am Main", Bildpostkarte, koloriert, 1897. Unten links ist ein Kaiser Wilhelm-Denkmal abgedruckt.

M2

Der Historiker Heinrich von Treitschke verfasste 1879 einen Aufsatz. Der Text hatte große Wirkung und förderte Antisemitismus in gebildeten Kreisen:

Was wir von unseren israelitischen Mitbürgern zu fordern haben, ist einfach: Sie sollen Deutsche werden, sich schlicht und recht als Deutsche fühlen ... Denn wir wollen nicht, dass auf die Jahrtausende
5 germanischer Gesittung ein Zeitalter deutsch-jüdischer Mischkultur folge ... Keine deutsche Handelsstadt, die nicht viele ehrenhafte, achtungswerte jüdische Firmen zählte; aber unbestreitbar hat das Semitentum[1] an dem Lug und Trug, an der frechen
10 Gier des Gründer-Unwesens[2] einen großen Anteil, eine schwere Mitschuld [daran, dass man] ... jede Arbeit nur noch als Geschäft betrachtet und die alte gemütliche Arbeitsfreudigkeit unseres Volkes zu ersticken droht; in tausenden deutschen Dörfern
15 sitzt der Jude, der seine Nachbarn wuchernd ausverkauft ... Es bleibt aber ebenso unleugbar, dass zahlreiche und mächtige Kreise unseres Judentums den guten Willen, ... Deutsche zu werden, durchaus nicht hegen ...

Heinrich von Treitschke, Unsere Aussichten. In: Preußische Jahrbücher, 44, Berlin (G. Reimer) 1879, S. 572 ff.

....

[1] Judentum
[2] Wirtschaftsboom der Gründerzeit 1871–1873

 M3

Der Politiker Walther Rathenau (1867–1922) hatte jüdische Vorfahren. Er schrieb 1916 an einen antisemitisch eingestellten Freund:

Ich habe und kenne kein anderes Blut als deutsches, keinen anderen Stamm, kein anderes Volk als deutsches. Vertreibt man mich von meinem deutschen Boden, so bleibe ich deutsch und es
5 ändert sich nichts ... Meine Vorfahren und ich haben sich von deutschem Boden und deutschem Geist genährt und unserem, dem deutschen Volk erstattet, was in unseren Kräften stand. Mein Vater und ich haben keinen Gedanken gehabt,
10 der nicht für Deutschland und nicht deutsch war; soweit ich meinen Stammbaum verfolgen kann, war es das gleiche ...

Walther Rathenau, Ein preußischer Europäer, Berlin (Vogt) 1955, S. 146.

 **M4**

Albert Ballin (1857–1918) und Kaiser Wilhelm II., Foto, 1913. Ballin war bekennender Jude, 1899 Generaldirektor der Hamburg-Amerika-Linie (HAPAG), Vertrauter des Kaisers in wirtschaftlichen und internationalen Fragen. Er beging am 10. November 1918 nach dem Zusammenbruch des Kaiserreichs Selbstmord.

....

1 **a)** Beschreibe die Szene auf der Postkarte M1.
Tipp: Welche äußeren Merkmale schreibt der Hersteller den Juden zu?
b) Diskutiert, welche Rückschlüsse man von der Postkarte auf die damalige Gesellschaft ziehen kann.
2 Arbeite aus dem Darstellungstext die Ursachen und Erscheinungsformen des Antisemitismus heraus:

Ursachen des Antisemitismus	Erscheinungsformen
...	...

3 **a)** Lies den Text des Autors Treitschke (M2). Arbeite heraus, was er den Juden vorwirft.
b) Stelle Vermutungen an, wer aus der Bevölkerung Treitschkes Text gut fand – und warum.

4 **Wähle eine Aufgabe aus:**
a) Stelle dar, wie Walter Rathenau (M3) sein Verhältnis zu Deutschland beschreibt. Vergleiche mit Albert Ballin (M4).
b) Untersuche die Materialien über Walter Rathenau (M3) und Albert Ballin (M4). Nenne mögliche Gründe, warum sie im Kaiserreich angefeindet wurden.
Tipp: Nutze den Darstellungstext.
5 Recherchiere über die Entstehung und Ursachen der Judenfeindlichkeit aus vergangenen Epochen.

Zusatzaufgaben: siehe S. 142

Einen Podcast erstellen

Darstellungen werden meistens von Historikern verfasst und in Büchern abgedruckt. Es gibt aber noch weitere Möglichkeiten, historische Darstellungen zu veröffentlichen – in einem Podcast zum Beispiel.
- *Auf dieser Seite erstellt ihr einen Podcast zum Thema „Integration und Ausgrenzung im Kaiserreich". Die Arbeitsschritte leiten euch an.*

Arbeitsschritte „Einen Podcast erstellen"

Das Medium kennenlernen	Lösungshinweise
1. Sucht im Internet nach verschiedenen Podcasts.	• **Tipp:** *Nutzt den* **Webcode** *FG642700-114.*
Das Thema finden und den Schwerpunkt festlegen	
2. Wie soll das Thema eures Podcasts lauten? Worüber wollt ihr mit eurem Podcast informieren?	• *zum Beispiel „Die Bedeutung von Integrations- sowie Ausgrenzungsmechanismen bei der Bildung der deutschen Nation im Kaiserreich"*
Informationen sammeln und gliedern	
3. Sucht nach Materialien, die ausreichend Informationen zu dem Thema liefern.	• *Nutzt die Informationen der Seiten 97–99 und 110–113. Sichtet die Informationen und überlegt euch, was ihr davon für wichtig und was für eher unwichtig haltet.*
4. Fertigt eine Gliederung für euren Podcast an. Auf welche Aspekte wollt ihr eingehen?	• *Erstellt eine Gliederung, z. B.: 1. Integrationsmechanismen, 1.1 Nationalismus, 1.2 Militarismus ...;*
5. Teilt die einzelnen Gliederungspunkte auf die Gruppenmitglieder auf.	*2. Ausgrenzungsmechanismen 2.1 Nationale Minderheiten ...*
Ein Skript für den Podcast erstellen	
6. Erstellt zu jedem Gliederungsschwerpunkt eine Darstellung. Nutzt die Arbeitsschritte „Historische Verläufe darstellen" auf S. 157.	• *Gestaltet den Podcast abwechslungsreich – wählt Quellen, Darstellungen oder Zitate aus, die ihr zum Vorlesen in eurer Skript mit einbaut. Berücksichtigt auch Verlaufsformen, um historische Entwicklungen aufzuzeigen.*
Einsprechen des Podcasts	
7. Bevor ihr den Podcast aufnehmt, solltet ihr ihn einmal vollständig durchsprechen.	• *Achtet darauf, langsam und deutlich zu sprechen, lasst an den geeigneten Stellen ausreichend Pausen.*
Aufnehmen des Podcasts	
8. Nehmt den Podcast auf (z. B. mit einem Smartphone oder Computer) und präsentiert ihn in der Klasse.	• *Für eine bessere Tonqualität ist die Verwendung von Mikrofonen zu empfehlen.*

1 **Gruppenarbeit:** Erstellt einen Podcast zum Thema: „Die Bedeutung von Integrations- und Ausgrenzungsmechanismen bei der Bildung der deutschen Nation im Kaiserreich".

Tipp: Berücksichtigt Integrations- und Ausgrenzungsmechanismen und welche Folgen diese hatten.

1871 | 1872 | 1873 | 1874 | 1878 | 1883 | 1908 | 1914

1871–1890 Bismarck Reichskanzler

1874 Zivilstandsgesetz

ab 1883 Sozialgesetze (staatliche Kranken-, Unfall-, Alters- und Invalidenversicherung)

1871 Gründung des Deutschen Reichs

1872–1878 Gesetze gegen die katholische Kirche („Kulturkampf")

1878–1890 „Sozialistengesetz" („Gesetz gegen die gemeingefährlichen Bestrebungen der Sozialdemokratie")

1908 Frauen dürfen studieren, sich politisch betätigen und Mitglied einer Partei werden

1871–1873 Gründerjahre: Modernisierung in Technik und Wirtschaft

Das Kaiserreich – der erste deutsche Nationalstaat

Die Gesellschaft im Kaiserreich

Das Deutsche Reich wurde 1871 gegründet. In der Anfangszeit gab es einen starken wirtschaftlichen Aufschwung. Die Bevölkerung wuchs rasant. Der Staat und die Gesellschaft waren militärisch geprägt (Militarismus). Wer eine Uniform trug, genoss besonderes Ansehen. Die Bürger sah man als Untertanen, die sich den Weisungen „von oben" zu fügen hatten. Man spricht deshalb auch von einem Obrigkeitsstaat. Die Gesellschaft des Kaiserreichs war geprägt von einem neuen „Wir-Gefühl", was oft durch die Überhöhung der eigenen Nation und die Herabsetzung anderer Nationen, z.B. gegenüber Frankreich, zum Ausdruck kam. Das Wohlergehen des Einzelnen war nicht so wichtig wie das des Staates. Das war eine neue Form des Nationalismus.

„Germanisierung" – Politik gegen Minderheiten

Das Deutsche Reich verstand sich als Nationalstaat der Deutschen. Menschen mit anderer Sprache, Kultur und Herkunft wurden ausgegrenzt. Der Staat richtete sich gegen nationale Minderheiten wie Polen, Dänen oder Elsässer und versuchte sie mit Zwang zu integrieren. Auf Proteste reagierten die deutschen Behörden mit Einschüchterung und Ausweisungen. Ausgegrenzt wurden auch Juden. Viele von ihnen empfanden sich als Deutsche, sie pflegten die deutsche Kultur und waren in der Gesellschaft aufgestiegen. Dennoch galten sie als fremde und minderwertige „Rasse". Besonders die konservativen und nationalistischen Parteien vertraten judenfeindliche Positionen.

Der „Kulturkampf" gegen die katholische Kirche

Der „Kulturkampf" entbrannte ab 1871 zwischen den Katholiken und der Regierung des Reichskanzlers Bismarck. Die Katholiken wurden durch die Zentrumspartei vertreten. Bei Fragen des Lebens und der Politik hörten sie aber mehrheitlich auf den Papst. Bismarck wollte das nicht hinnehmen. Aus diesem Grund erließ er zusammen mit der Regierung zahlreiche Gesetze, die Befugnisse, die bisher der Kirche vorbehalten waren, auf den Staat übertrugen. So wurde der Kirche die Kontrolle über die Schule entzogen („Schulaufsichtsgesetz"), die Ehe musste ab 1874 vor einem staatlichen Standesamt geschlossen werden (Zivilehe) und Priestern war es verboten, Kritik am Staat zu äußern. Die Maßnahmen schweißten die Katholiken stärker zusammen. Auch die Zentrumspartei gewann ständig neue Mitglieder. Schon 1871 war sie die zweitstärkste Kraft im Reichstag. Bismarcks Politik hatte ihr Ziel verfehlt. Er brauchte die Katholiken außerdem als Verbündete im Kampf gegen die Sozialdemokraten. Deshalb nahm er viele Maßnahmen wieder zurück. Geblieben sind bis heute die Zivilehe und die staatliche Schulaufsicht.

Der Kampf gegen die Sozialdemokratie

Reichskanzler Bismarck wollte keinen Staat, in dem die Arbeiter mitbestimmen. Deshalb setzte er 1878 das „Sozialistengesetz" durch. Es verbot sozialistische und sozialdemokratische Vereine und Zeitungen, da diese sich besonders um die Nöte und Bedürfnisse der Arbeiter kümmerten. Das Verbot schränkte die Möglichkeiten der Sozialdemokraten ein, stärkte aber auch ihren Zusammenhalt. Bei den Reichstagswahlen bekam die SPD immer mehr Stimmen. Deshalb schwenkte Bismarck um: Das Sozialistengesetz wurde ab 1890 nicht mehr verlängert. Stattdessen führte die Regierung Sozialversicherungen ein, um die Arbeiter für sich zu gewinnen. Sie halfen bei Unfällen, Krankheit und Armut und sind auch heute noch Teil unseres Sozialversicherungssystems.

In diesem Kapitel konntest du folgende Kompetenzen erwerben:

- die Ausprägung der deutschen Nation im National-staat beurteilen
- Methoden zur Entwicklung eines Nationalbewusst-seins herausarbeiten und bewerten
- die Bildung der deutschen Nation nach der National-staatsgründung unter Einbeziehung verschiedener zeitgenössischer Sichtweisen darstellen und dabei unter Berücksichtigung von Verlaufsformen Integra-tions- sowie Ausgrenzungsmechanismen und deren Folgen verdeutlichen
- den Stellenwert von Nationaldenkmälern für die gegenwärtige Gesellschaft diskutieren
- **Methode:** Ein Historiengemälde analysieren

Folgende Begriffe hast du kennengelernt:
- Integration und Ausgrenzung
- Kulturkampf
- Sozialistengesetze
- „Erbfeindschaft" zu Frankreich
- Umgang mit nationalen Minderheiten
- Überhöhung der eigenen Nation
- Herabsetzung anderer Nationen
- Zivilehe
- staatliche Schulaufsicht
- Sozialversicherung

1 **Partnerarbeit:** Wählt jeweils vier passende Begriffe aus und erklärt, welche Bedeutung der jeweilige Begriff für die Entwicklung des Nationalbewusstseins der Deutschen im Kaiser-reich hatte.

M 1 Der Historiker Hans-Ulrich Wehler über Militär und Gesellschaft (1995):

Das Offizierscorps galt vielen uneingeschränkt als „erster Stand im Staat", der sich ... von der Gesellschaft elitär absonderte ... Militärische Gewohnheiten drangen im Kaiserreich immer tie-
5 fer in das tägliche Leben ein: der Kommandoton und das Strammstehen, die herablassende Be-handlung des Bürgers durch den Offizier ... Im Verhaltensstil, in der Sprache und Denkweise wurde die Dominanz des Militärs bereitwillig ak-
10 zeptiert, imitiert und verinnerlicht. Seine Werte und Normen rückten an die Spitze der Ansehens-skala ... Für die herrschende Klasse übernahm der Sozialmilitarismus[1] eine hochwillkommene Disziplinierungsfunktion. Für die liberalen Bürger garantierte das Heer einen Damm gegen die rote
15 Revolution ... Die Armee integrierte in ihren Ein-heiten Individuen aus alles Regionen des Reiches und aus allen Klassen der Bevölkerung. Sie mach-ten die Nationsbildung konkret erfahrbar ... Außer dem Nationalismus und der Sozialisation
20 in Familie und Schule gab es keine vergleichbaren effektiven Integrationsleistungen.

Hans-Ulrich Wehler, Deutsche Gesellschaftsgeschichte, Bd. 3, München (C. H. Beck) 1995, S. 873 fff.

---

[1] *Denkweise, die militärische Prinzipien zur Grundlage in Staat und Gesellschaft macht*

M 2 *Die Kaiserproklamation im Spiegelsaal zu Versailles am 18. 1. 1871, Holzstich nach einer Zeichnung von Anton von Werner, 1880*

M 3

In einem gegen die Sozialdemokraten gerichteten Flugblatt zu den Reichstagswahlen 1898 heißt es:

Die Sozialdemokratie will die militärische Kraft des Deutschen Reiches untergraben und damit den stärksten Schutz gegen äußere Feinde vernichten. Die Sozialdemokratie ist die geschworene Feindin
5 der Monarchie. Sie will den Hohenzollernthron stürzen und das Herrscherhaus beseitigen, mit dem uns eine jahrhundertlange Geschichte in Glück und Unglück verbunden hat. Wer das nicht will, der stimme gegen den Sozialdemokraten. Denn die
10 Sozialdemokratie ist der Feind! Die Sozialdemokratie will jede Religion beseitigen ... Wer den Glauben seiner Väter sich nicht nehmen lassen will, wer den köstlichen Besitz seines Herzens und seiner Seele nicht preisgeben will, der Stimme gegen die Sozial-
15 demokraten! Die Sozialdemokratie will das Eigentum vernichten ... Wer behalten will, was er besitzt, wer die Scholle[1] sich nicht nehmen lassen will, auf der er und seine Vorfahren sich genährt haben, wer sein blühendes Geschäft sich und seinen Kindern erhal-
20 ten will, wer sein Handwerk weiter betreiben, wer die Früchte seines Fleißes selbst mit den Seinen genießen will, der stimme gegen die Sozialdemokraten! Die Sozialdemokratie ist die Feindin und Verderberin der Familie. Sie ... bedroht den Frieden unseres
25 Hauses. Sie will uns alles das nehmen, was außer der Berufsarbeit und den öffentlichen Pflichten uns bisher das Leben lebenswert gemacht hat. Der Mann, dem sein häusliches Glück, dem Weib und Kind ans Herz gewachsen sind, der stimme am
30 16. Juni gegen die Sozialdemokratie!

Zit. nach Dieter Fricke (Hg.), Dokumente zur deutschen Geschichte 1897/98–1904, Frankfurt a. M. (Röderberg-Verlag) 1977, S. 30f.

[1] *Ackerstück*

Methoden- und Interpretationskompetenz

1 **a)** Analysiere M2 mithilfe der Arbeitsschritte auf S. 95. Ergänze die Lösungshinweise.
b) Nenne Unterschiede zwischen M2 und den beiden Gemälden auf S. 94.

2 Nennt mögliche Gründe, warum Historiengemälde ein historisches Ereignis oder eine historische Situation oft unterschiedlich darstellen.

3 **a)** Fasse die Aussagen des Historikers in M1 mit eigenen Worten zusammen.
b) Erkläre die Bedeutung, die Wehler dem Militär in Bezug auf die Bildung der deutschen Nation nach der Nationalstaatsgründung zuweist.
c) Beurteile: Ist diese Einschätzung gerechtfertigt?

Geschichte darstellen (narrative Kompetenz)

4 **Partnerarbeit:** Teilt die Materialien M1 und M3 zur Bearbeitung unter euch auf:
a) Beschreibe anhand von M1 und M3 Mechanismen der Integration bzw. Ausgrenzung im Kaiserreich.
b) Vergleicht eure Ergebnisse.
c) Verfasst gemeinsam einen Beitrag für eine Geschichtszeitschrift für Jugendliche über Ausgrenzungs- und Integrationsmechanismen und deren Bedeutung für die Bildung der Nation im Kaiserreich.
Tipp: Beachte dabei die Verlaufsformen innerhalb der historischen Entwicklung.

Geschichte heute (geschichtskulturelle Kompetenz)

5 **a)** Informiere dich im Internet über die Geschichte der Siegessäule in Berlin und fertige dazu einen kleinen Steckbrief an.
b) Gruppenarbeit: Gestaltet einen fiktiven Werbeflyer für den weiteren Erhalt der Siegessäule.
Tipp: Welchen Stellenwert haben Nationaldenkmäler aus dem 19. Jahrhundert für unsere heutige Gesellschaft?

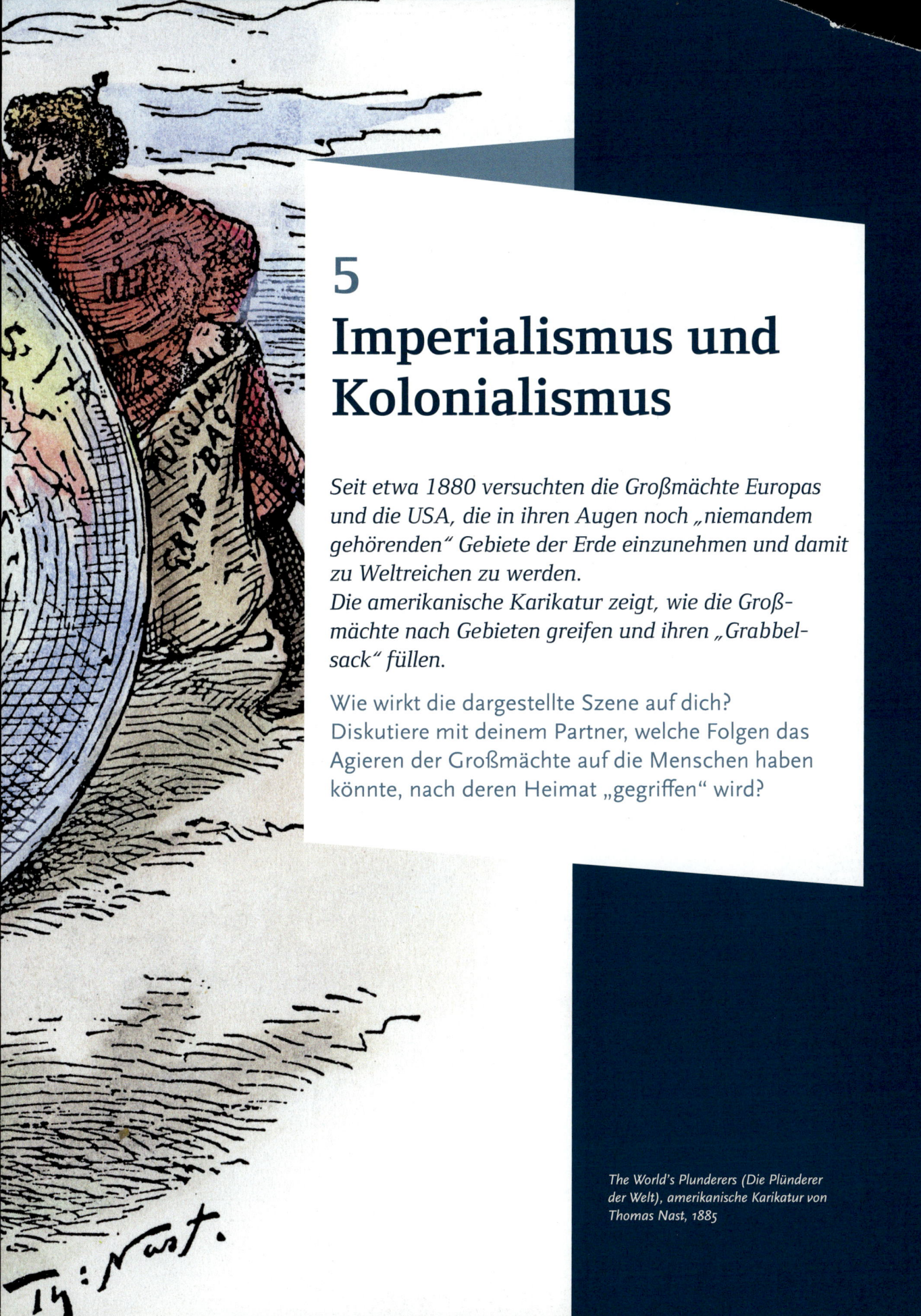

5
Imperialismus und Kolonialismus

Seit etwa 1880 versuchten die Großmächte Europas und die USA, die in ihren Augen noch „niemandem gehörenden" Gebiete der Erde einzunehmen und damit zu Weltreichen zu werden.
Die amerikanische Karikatur zeigt, wie die Großmächte nach Gebieten greifen und ihren „Grabbelsack" füllen.

Wie wirkt die dargestellte Szene auf dich?
Diskutiere mit deinem Partner, welche Folgen das Agieren der Großmächte auf die Menschen haben könnte, nach deren Heimat „gegriffen" wird?

The World's Plunderers (Die Plünderer der Welt), amerikanische Karikatur von Thomas Nast, 1885

1870

1880

1890

1880–1914 Zeitalter des Imperialismus

1888 Dreikaiserjahr

1871 Gründung des Deutschen Reichs

1884 Europäer teilen Afrika unter sich auf
Ende 19. Jh. Beginn des Kolonialwarenhandels

1890 Rücktritt Bismarcks

Imperialismus und Kolonialismus

Ende des 19. Jahrhunderts begannen die Industrienationen, ihre Machtbereiche auszudehnen. Sie kämpften darum, neue Gebiete auf der Welt zu beherrschen, vor allem in Afrika und Asien. Der Kampf verschärfte sich
5 immer mehr. Besonders England, Frankreich und die USA, aber auch kleine Nationen wie die Niederlande und Belgien wollten Weltreiche (Imperien) errichten. Dieses Streben und die damit verbundene Ausdehnung der Herrschaft eines Staates über andere Länder wird als
10 Imperialismus bezeichnet. Die imperialistischen Mächte verfolgten dabei ihre nationalen Interessen und hofften auf neue Rohstoffquellen für ihre Industrie und Absatzmärkte für ihre Produkte. Viele empfanden diesen Wettlauf als „Überlebenskampf" der Nationen. Ihr Denken
15 war von einem übersteigerten Nationalismus beeinflusst. Eine Form des Imperialismus war der Kolonialismus. Hier wurden gesamte Gesellschaften ihrer Kultur sowie ihrer historischen Entwicklung beraubt und mussten sich den Bedürfnissen und vor allem den wirtschaftlichen Interes-
20 sen der Kolonialmächte unterordnen.

Die Kolonialherren sahen sich im Vergleich zur einheimischen (indigenen) Bevölkerung in den fremden Gebieten als höherwertig an und leiteten aus dieser Weltsicht
25 (Ideologie) den Auftrag bzw. die Mission ab, die indigene Bevölkerung „zivilisieren" zu müssen. Besonders schwierig wurde es, als sich Staaten wie Deutschland und Italien in den Verteilungskampf einmischten. Sie waren erst spät zu Nationalstaaten geworden und versuchten nun,
30 ihren Rückstand aufzuholen. Der Wettlauf um Kolonien führte dazu, dass es zu internationalen Interessenskonflikten zwischen den Industrienationen kam und die Gefahr eines großen Krieges bestand.

- Warum und auf welche Weise betrieben die Groß-
35 mächte Imperialismus und Kolonialismus?
- Wie legitimierten (rechtfertigten) sie ihr Handeln?
- Welche Auswirkungen hatten der Imperialismus und der Kolonialismus auf die indigene Bevölkerung in den Kolonien und auf das Verhältnis der Groß-
40 mächte untereinander?
- Welche Entwicklung nahm Deutschland in dieser Zeit?

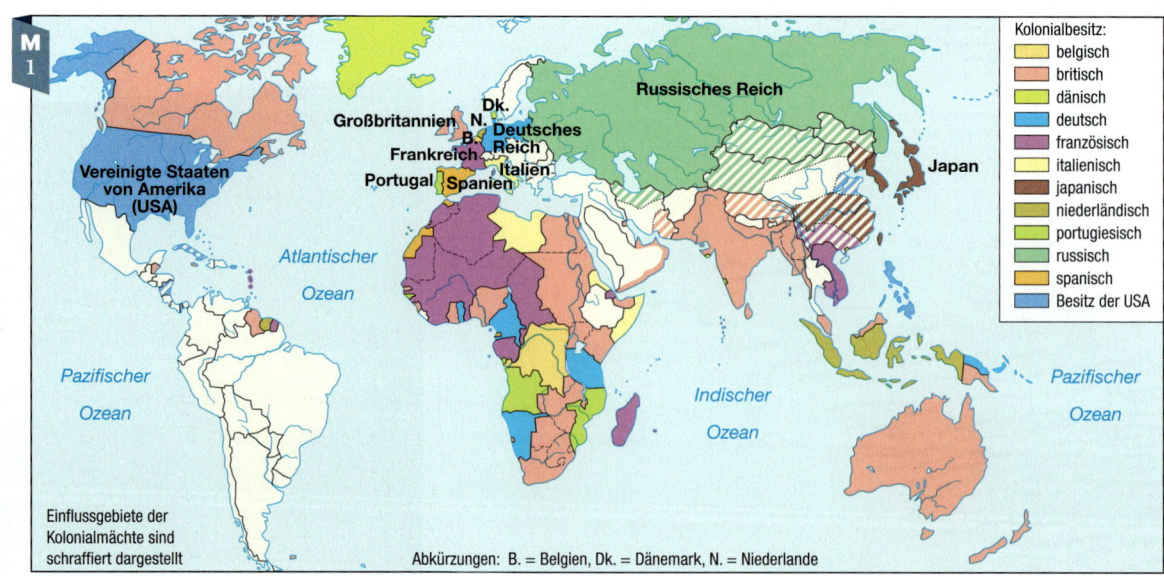

Die Kolonialmächte der Welt um 1914

	1900		1910		1920

1904–1907 **Aufstand der Herero und Nama**

1914–1918 Erster Weltkrieg

The White Man's Burden (Die Last des weißen Mannes), amerikanische Karikatur, 1881. John Bull (Personifikation Großbritanniens) und Onkel Sam (Personifikation der USA) tragen Einheimische aus ihren Kolonien über einen steinigen Weg zur Bergspitze „Zivilisation" hinauf. Auf den Steinen ist übersetzt u. a. zu lesen: Unterdrückung, Aberglaube, Fehler, Ignoranz, Brutalität, Sklaverei, Kulturlosigkeit.

Deutscher Kolonialherr in Ostafrika, Foto, um 1910. Die Originalbildbeschriftung lautet: „Wie der Europäer in Afrika über den Fluss geht."

Gedenkmarsch in Berlin zur Erinnerung an die afrikanischen Opfer von Kolonialismus, Versklavung und rassistischer Gewalt, Foto, 2017

1 Stelle anhand von M1 dar, wie die Welt um 1914 aufgeteilt war.

2 **Wähle eine Aufgabe aus:**
   a) Beurteile anhand von M2, worin die Kolonialherren ihre „Bürde" (Last) sahen.
   b) Fasse drei zentrale Aussagen aus M2 zusammen.

3 Erkläre, welches Welt- und Menschenbild der Kolonialherren in M3 zum Ausdruck kommt.

4 **Partnerarbeit:** Diskutiert Ursachen dafür, dass Menschen wie in M4 heutzutage für ein angemessenes Gedenken an die Opfer des Kolonialismus demonstrieren.
   Tipp: Was haben die ehemaligen Kolonialmächte evtl. nicht genug getan?

Wie legitimierten die Großmächte den Imperialismus und Kolonialismus?

Kolonien gab es schon seit Beginn der Frühen Neuzeit, z. B. in Amerika. Besonders die Seefahrerstaaten wie Spanien oder Portugal betrieben Kolonialismus: Sie versuchten neue Kolonien zu gewinnen und auszubeuten. Als eine Form des Imperialismus wurde der Kolonialismus im 19. Jahrhundert aggressiver und die Kolonien entstanden viel schneller.

- *Untersuche, wie die Großmächte den Imperialismus rechtfertigten.*

Drei Rechtfertigungen des Imperialismus

Zum einen empfanden die imperialistischen Staaten ein zivilisatorisches Sendungsbewusstsein*. Das bedeutet, sie fühlten sich auserwählt, die eigene Kultur in die Welt hinauszutragen. Vor allem Europäer und Amerikaner
5 sahen ihre Kultur als überlegen. Eine zweite Rechtfertigung war der Nationalismus*. Es war für die Großmächte wichtig, die eigene Nation zu stärken. Europäische Staaten wollten deshalb verhindern, dass zu viele Menschen auswanderten. Die Kolonien waren als Siedlungs-
10 räume für die überschüssige Bevölkerung gedacht. Eine dritte Rechtfertigung waren der Sozialdarwinismus* und der Rassismus*. Der britische Philosoph Herbert Spencer prägte im 19. Jahrhundert die Ansicht, dass Menschen in einer Gesellschaft einen Existenzkampf
15 führen.

Der britische Naturforscher Charles Darwin (1809 bis 1882) formulierte die Evolutionstheorie und beschrieb die Entwicklung von Tier- und Pflanzenarten. Die Welt war für ihn ein „Kampf um das Dasein": schwächere
20 Lebewesen blieben zurück, nur die stärkeren könnten sich fortpflanzen. Er nannte das eine „natürliche Auslese". Die Zusammenführung beider Theorien und die Anwendung auf den Menschen kennzeichnen den Sozialdarwinismus, der ca. 1870 entstand. Weiterhin
25 wurden Menschen zu dieser Zeit in Rassen unterschieden. Die Europäer und Amerikaner sahen sich als „überlegene Rassen", denen es erlaubt sei, andere zu unterdrücken (= Ideologie des Rassismus). Damit wurden soziale Ungleichheit, Unterdrückung sowie Ausbeutung
30 legitimiert. Aus wissenschaftlicher Sicht ist diese Anwendung von Darwins Theorien völlig unhaltbar.

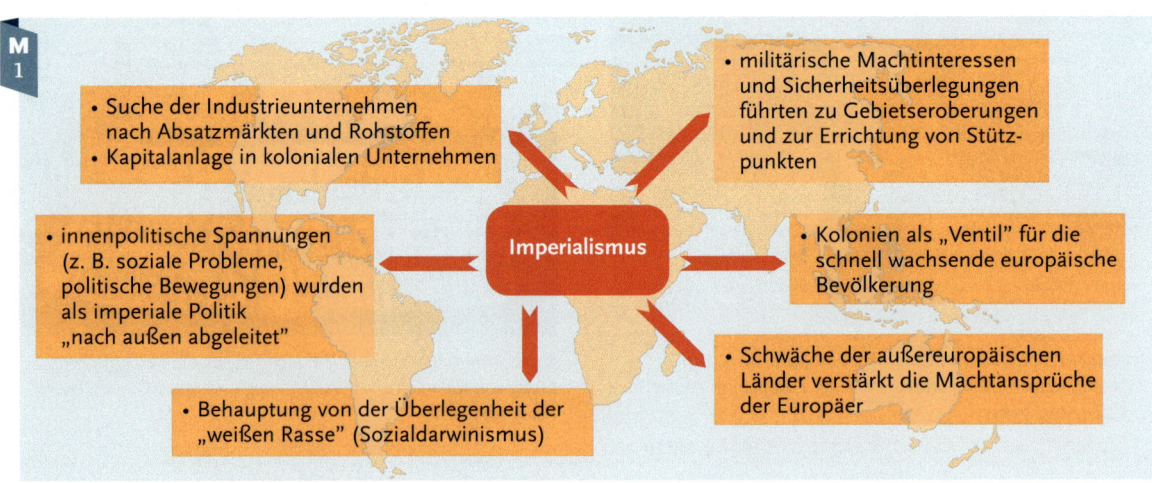

Ursachen und Ziele des Imperialismus

....

1 a) Arbeite die Ziele und Rechtfertigungen des Imperialismus heraus (Darstellungstext, M1).
b) Ergänze das Schaubild zum Imperialismus, in dem sich dann auch der Kolonialismus wiederfindet.

2 Wähle eine Aufgabe aus:
a) Erkläre, wodurch die Ideologien Rassismus und Sozialdarwinismus gekennzeichnet sind.
b) Begründe, inwiefern Rassismus und Sozialdarwinismus gegen die Menschenrechte verstoßen.

Wodurch waren der Imperialismus und Kolonialismus einzelner Großmächte gekennzeichnet?

Russland, die USA, Großbritannien und Frankreich galten im 19. Jahrhundert als die Großmächte der Welt. Sie betrieben Imperialismus und Kolonialismus recht unterschiedlich und zum Teil auch mit verschiedenen Zielsetzungen, je nachdem, wie viel Macht, aber auch Stärke sie besaßen, wo sie geografisch lagen und welche Traditionen sie hatten.

- *An den folgenden Stationen kannst du Antworten auf die Frage der Überschrift finden.*

Veränderter Umgang mit den Kolonien seit der Frühen Neuzeit

Der Kolonialismus der Frühen Neuzeit (ab dem 16. Jahrhundert) war vor allem dadurch geprägt, aus den neu entdeckten Gebieten Edelmetalle, Rohstoffe und Agrarprodukte in die Mutterländer wie Spanien oder Portugal
5 zu bringen. Zu dieser Zeit wurden schon Unternehmungen vorgenommen, die indigene Bevölkerung zu missionieren und zu Christen zu erziehen. Mit der Zeit veränderten bzw. erweiterten sich diese Ziele. Nun trat die politische Herrschaft über die unterworfenen Gebiete in
10 den Vordergrund. Die Industrialisierung begann und die neuen Fabriken brauchten riesige Mengen an Rohstoffen. Fertige Produkte sollten in den Kolonien verkauft werden. Der Nationalismus wuchs, und jeder Staat wollte besonders angesehen sein. Kolonien wurden zu Vor-
15 zeigeobjekten. Die Staaten versuchten im 19. Jahrhundert, ihre Kolonialgebiete auszudehnen und Weltmächte zu werden. Die Konkurrenz zwischen den europäischen Staaten, den USA und Japan wuchs.

Lernen an Stationen
An den folgenden fünf Stationen könnt ihr das Thema „Imperialismus" erarbeiten. Ihr könnt entweder alle Stationen einzeln besuchen – oder ihr teilt euch in Gruppen auf. Jede Gruppe übernimmt dann ein bis zwei Pflichtstationen. Bearbeitet sie mithilfe der Arbeitsaufträge, die ihr auf der jeweiligen Seite findet. Bevor ihr loslegt, solltet ihr entscheiden, wie ihr eure Ergebnisse auswertet und präsentiert (Kurzreferate, Tafelskizze, Wandzeitung, PowerPoint-Präsentation …). Zusätzlich zu den Pflichtstationen könnt ihr die Wahlstation bearbeiten und eure Ergebnisse vergleichen.

M 1 Laufzettel

Pflichtstationen	bearbeitet mit … am …	meine Meinung zum Thema
Station 1: Großbritannien: Handel und indirekte Herrschaft S. 124		
Station 2: Frankreich: Kolonialismus als „Zivilisierung" S. 125		
Station 3: Russland: Imperialismus nach anderem Muster S. 126		
Station 4: USA: Imperialismus mit dem Ziel der „offenen Tür" S. 127		
Wahlstation 5: Kolonialwarenhandel – edle Produkte aus Übersee S. 128		

Station 1: Großbritannien: Handel und indirekte Herrschaft

Gründe und Methoden britischer Kolonialpolitik

M1A *Der Konservative John Walton schrieb 1899 in einer Zeitschrift über die Aufgabe des Imperialismus:*

Wir sind eine industrielle Gesellschaft, die hauptsächlich von unserem Handel mit der Welt lebt. Wo ... unsere Unternehmungen Wege für unseren Handel geschaffen haben, dürfen diese nicht durch
5 feindliche Zölle geschlossen werden. Wo wir Märkte für unsere Güter erschlossen haben, müssen wir den Zugang ... erhalten. Die Besetzung von herrenlosen Gebieten auf dem Erdball ist in der Regel moralisch gerechtfertigt und darüber hinaus ökono-
10 misch[1] ratsam, ... um die Errichtung von Handelsmetropolen [anderer Nationen] abzuwenden ... Kein größerer Fluch kann abhängige Rassen befallen, als das Opfer von Handelsfreibeutern[2] zu werden, keine größere Wohltat kann ihnen in ihrem unvermeid-
15 lichen Kampf mit der eindringenden westlichen Zivilisation zuteil werden als die starke, aber humane Autorität britischer Herrschaft.

M1B *Der britische Außenminister Lord Robert Salisbury schrieb 1879 an den Generalkonsul von Ägypten:*

Das Hauptziel unserer ägyptischen Politik ist die Erhaltung der Neutralität dieses Landes, d. h. die Erhaltung einer Situation, in der dort keine Großmacht mächtiger sein kann als Großbritannien ...
5 Es hat sich bereits zur Genüge gezeigt, dass die Muselmanen[3] nicht bereit sind, einer Regierung zu gehorchen, die nominell [ganz offen] europäisch ist ... Es ist daher von besonderer Bedeutung, der einheimischen Regierung zum Erfolg zu verhelfen. Aus
10 diesem Grund sollte sie in ihrem eigenen Interesse weitgehend Europäer beschäftigen bzw. dazu gezwungen werden ... Allerdings sollten die Europäer so weit wie möglich im Hintergrund bleiben ... Um die Stellungen, die den größten Einfluss ausüben
15 und den geringsten Neid erwecken, sollten sich die Europäer bemühen.

M1A und M1B zit. nach Wolfgang Mommsen, Imperialismus, Hamburg (Hoffmann und Campe) 1977, S. 70 und S. 47 ff.

....

[1] *wirtschaftlich*
[2] *Freibeuter: Pirat, gemeint sind die anderen Nationen*
[3] *Muselmane: abwertende Bezeichnung für Moslem*

„So kolonisiert der Engländer", Karikatur von Thomas Th. Heine in der deutschen satirischen Zeitschrift „Simplicissimus", 1905. Dem Afrikaner wird Whiskey eingeflößt.

....

1 Arbeite aus M1A und M1B die Gründe und Methoden der britischen Kolonialherrschaft heraus.
2 Erkläre mithilfe von M1B Z. 8–16, was unter indirekter Herrschaft zu verstehen ist.
3 **Methode:** Analysiere die Karikatur M2 mithilfe der Arbeitsschritte auf S. 155.

4 **Geschichte darstellen:** Stelle dar, wie der britische Kolonialismus gerechtfertigt wurde und welche Folgen er hatte.
Tipp: Verwende folgende Ideologiebegriffe: Rassismus, Sozialdarwinismus, zivilisatorisches Sendungsbewusstsein.

Station 2: Frankreich: Kolonialismus als „Zivilisierung"

Die Bedeutung von Kolonien für Frankreich

M1A *Gabriel Hanotaux, französischer Außenminister, sagte um 1894 zur französischen Kolonialpolitik:*

Bei der Ausdehnung Frankreichs handelt es sich nicht um Eroberungs- oder Machtpolitik, sondern darum, jenseits der Meere in Landstrichen, die gestern barbarisch waren, die Prinzipien einer
5 Zivilisation zu verbreiten, deren sich zu rühmen eine der ältesten Nationen des Globus wohl das Recht besitzt. Es handelt sich darum, in der Nähe und in der Ferne ebenso viele neue Frankreiche zu schaffen. Es handelt sich darum, unsere
10 Sprache, unsere Sitten, unser Ideal ... inmitten der stürmischen Konkurrenz der anderen Rassen, die alle auf demselben Weg marschieren, zu schützen. Die französische Ausdehnung hatte zu allen Zeiten zivilisatorischen[1] und religiös-
15 missionarischen[2] Charakter.

M1B *Eugène Etienne, Vorsitzender der französischen „Kolonialpartei", sagte 1889:*

Amerika, das seine Industrien hinter sorgsam verschlossenen Toren aufgebaut hat, plant nunmehr die Errichtung eines „Zollvereins", der allein für amerikanische Erzeugnisse geöffnet ist.
5 Heute also muss Frankreich darum besorgt sein, sich seinen eigenen Markt zu bewahren ... Es gibt ein Land, das wir als Erste erforscht und kolonisiert haben, nämlich Afrika. Alle europäischen Nationen stürzen sich auf dieses Land ...
10 Frankreich muss nach Afrika und nach Indien gehen ... Wir müssen von dort aus nach China vorstoßen und verhindern, dass uns ein Volk zuvorkommt, das niemals zögert und niemals pausiert, nämlich die Engländer, welche mit Siam
15 [Thailand] und Burma [Myanmar] über zwei Zugänge nach China verfügen.

M1A zit. nach Karl Epting, Das französische Sendungsbewusstsein im 19. und 20. Jahrhundert, Heidelberg (Vowinckel) 1952, S. 90. M1B zit. nach Mommsen, a. a. O., S. 84ff.

....

[1] *zivilisatorisch: Zivilisation bringend*
[2] *missionarisch: (zum christlichen Glauben) bekehrend*

„Frankreich wird Marokko Kultur, Wohlstand und Frieden bringen können", Titelseite der französischen Zeitschrift „Le Petit Journal" vom 19. November 1911

....

1 Nenne mithilfe von M1A und M1B die zentralen Motive für den französischen Kolonialismus.
2 Beschreibe mithilfe von M2 das Selbstverständnis Frankreichs in Bezug auf die Kolonisation.
3 **Partnerarbeit:** Jeder von euch bearbeitet eine Aufgabe (a oder b). Bearbeitet anschließend Aufgabe c) gemeinsam. Nutzt dazu M1 und M2.
   a) Beurteile aus Sicht eines zeitgenössischen Anhängers des Imperialismus, inwiefern der französische Kolonialismus gerechtfertigt ist.
   b) Beurteile aus der Sicht eines französischen Liberalen, der auf die Erklärung der Bürger- und Menschenrechte von 1789 verweist, ob der französische Kolonialismus gerechtfertigt ist.
   c) Vergleicht eure Ergebnisse und bewertet den französischen Kolonialismus aus eurer heutigen Perspektive.

Station 3: Russland: Imperialismus nach anderem Muster

Der russische Außenminister Alexander M. Gortschakow schrieb 1864 über Russlands Absichten:

Die Situation Russlands in Zentralasien ist die aller zivilisierten Staaten, welche sich in Kontakt mit nomadisierenden[1], halbwilden Völkerscharen ohne feste Organisation befinden. Die Sicher-
5 heit der Grenzen und des Handels verlangt in solchem Falle, dass der zivilisierte Staat ein gewisses Übergewicht über seine Nachbarn ausübe. Zunächst sind ihre Einfälle und Plünderungen zurückzuweisen. Um denselben ein Ende zu
10 machen, ist man genötigt, die Grenzbevölkerung zu einer mehr oder minder direkten Unterwerfung zu zwingen. Ist dies Resultat erreicht, so nehmen die Grenzbewohner ruhigere und sesshaftere Gewohnheiten an, dafür werden
15 sie nunmehr von ferner lebenden Stämmen beunruhigt. Der Staat ist verpflichtet, jene zu schützen, diese zu züchtigen.

Zit. nach Peter Alter (Hg.), Der Imperialismus (= Tempora Quellen zur Geschichte und Politik), Stuttgart (Klett) 1989, S. 40 ff.

....

[1] herumziehend

Russland – ein Imperium wie jedes andere?

Anders als die europäischen Großmächte hatte Russland keinen Hafen, der das ganze Jahr über eisfrei war. Das war aber eine Grundvoraussetzung für eine erfolgreiche Handels- und Kriegsflotte. Russland begann deshalb,
5 sein Reich vor allem auf dem asiatischen und europäischen Kontinent auszudehnen: erstens nach Südosteuropa zum Schwarzen Meer, zweitens in Richtung Mandschurei und China und drittens nach Persien. Es wollte Vormacht und Beschützer aller slawischen Völker
10 sein. Sibirien verfügte über große Bodenschätze, war aber kaum erschlossen. Auch der Handel mit China war wegen der riesigen Entfernungen schwierig. Deshalb begann Russland mit dem Bau der Transsibirischen Eisenbahn. Sie verkürzte die Transportzeit erheblich.
15 Russland hoffte so, sich Anteile am Handel mit China zu sichern – auf Kosten Englands, das dort schon tätig war.

....

1 Stelle die Besonderheiten des russischen Imperialismus dar (Darstellungstext, M2).
   Tipp: Vergleiche mit den anderen Großmächten.
2 Erkläre anhand von M1, wie von russischer Seite die imperiale Politik gerechtfertigt wird.
3 **a)** Erläutere die wirtschaftlichen Vorteile durch die Transsibirische Eisenbahn (M2).
   b) Recherchiere im Internet und stelle ihre Bedeutung heute dar. Was hat sich verändert und warum?

Das russische Imperium

Station 4: USA: Imperialismus mit dem Ziel der „offenen Tür"

M1 Der US-Politiker Albert J. Beveridge sprach 1889 bei einer politischen Veranstaltung in Boston über die Zukunft der USA:

Amerikanische Fabriken stellen mehr her, als für die Versorgung des amerikanischen Volkes notwendig ist. Die amerikanische Erde erzeugt mehr, als es [das Volk] verzehren kann. Das Schicksal
5 hat uns unsere Politik vorgeschrieben. Der Handel der Welt muss und wird unser sein ... Wir werden in der ganzen Welt Handelsniederlassungen als Umschlagplätze für amerikanische Waren gründen. Unsere Handelsflotte wird bald
10 über den ganzen Ozean fahren. Wir werden eine Kriegsmarine aufbauen, die unserer Größe entspricht. Aus unseren Handelsniederlassungen werden Kolonien erwachsen, die sich selbst regieren, unsere Flagge führen und mit uns
15 Handel treiben ... Und das amerikanische Recht, die amerikanische Ordnung, die amerikanische Zivilisation und die amerikanische Flagge werden an bis dahin blutigen unkultivierten Ufern Fuß fassen, Ufern, die ... von nun an schöner und
20 zivilisierter werden.

Zit. nach Mommsen, a.a.O., S. 211f.

Ein Imperialismus ohne Kolonien?

In den USA war im 19. Jahrhundert die Idee des Wirtschaftsliberalismus populär. Diese Idee übertrug sich auch auf die Vorstellung von einem US-Imperium. Anstatt Kolonien zu errichten, wollten die USA lieber freien
5 Handel und neue Absatzmärkte für ihre Produkte. Die Verkehrswege sicherten sie mit Stützpunkten. Durch Geld, Wirtschaftsmacht, politischen Druck und einen schlagkräftigen Militärapparat verschafften sie sich Zugang zu vielen Ländern. Man spricht deshalb von einer
10 „Politik der offenen Tür". Historiker nennen den amerikanischen Imperialismus auch „Dollarimperialismus". Die USA drängten weniger entwickelte Staaten in die Abhängigkeit. Das galt besonders für Latein- und Mittelamerika. Diese Regionen erklärten die USA bereits
15 1823 unter ihrem Präsidenten James Monroe zu ihrem Einflussbereich. Die Europäer sollten sich hier nicht mehr einmischen. Diese Grundsätze finden sich in der sogenannten Monroe-Doktrin wieder.

....

1 Arbeite die Rechtfertigung des amerikanischen Imperialismus heraus (M1).
2 Erkläre den Ausdruck „Politik der offenen Tür" (M1, Darstellungstext).
3 **Methode:** Analysiere die Karikatur M2 mithilfe der Arbeitsschritte auf S. 155.
4 Diskutiere, ob der amerikanische Imperialismus auch als Kolonialismus bezeichnet werden kann.

....

Wirtschaftsliberalismus

Wirtschaftsliberale sind für Wettbewerb, freies Unternehmertum und Handel ohne Beschränkungen. Sie lehnen Eingriffe des Staates in die Wirtschaft ab, sind also z.B. gegen Zölle und staatliche Vorgaben.

„Schutzmann der Welt", amerikanische Karikatur auf die Außenpolitik der USA, 1905. Die große Figur stellt den US-Präsidenten Theodor Roosevelt dar, auf dem Schlagstock steht „The New Diplomacy" („Die neue Diplomatie").

Wahlstation 5: Kolonialwarenhandel – edle Produkte aus Übersee

Ansicht eines Kolonialwarenhandels, Postkarte, 1929

Heute ist es selbstverständlich, in einem Laden Zucker oder Kaffee zu kaufen. Ende des 19. Jahrhunderts galten diese Waren noch als Luxusgüter. Seit der Gründung der Kolonien kamen immer mehr Produkte aus Übersee
5 nach Europa, sogenannte Kolonialwaren. Darunter verstand man Tee, Kakao, Tabak, Südfrüchte, Reis und Gewürze. Die Waren wurden von Handelsgesellschaften importiert. Eine der bekanntesten in Deutschland war die 1898 in Berlin gegründete EDEKA (Einkaufs-
10 genossenschaft der Kolonialwarenhändler). Sie lieferte Produkte aus den Kolonien, aber auch aus anderen tropischen und subtropischen Ländern wie Brasilien oder Guatemala. Verkauft wurden die Waren in so-genannten Kolonialwarenläden. Von Hand abgewogen
15 und verpackt, gingen die Produkte über den Ladentisch. Kolonialwarenläden gab es in den meisten größeren Dörfern und Städten Deutschlands. Später erweiterten sie ihr Warenangebot und verkauften auch heimische Alltagsprodukte wie Grundnahrungsmittel, Seife und
20 Haushaltsbedarf.

M2 Importwaren aus den deutschen Kolonien:

Südwestafrika (Namibia)	Erze, Edelsteine, Marmor, Mais, Kautschuk, Häute
Kamerun	Kautschuk, Palmkerne, Kakao, Öl, Mais, Ebenholz
Togo	Mais, Palmkerne, Baum-wolle, Kautschuk, Elfenbein
Deutsch-Ostafrika (Tansania)	Elfenbein, Kautschuk, Baumwolle, Hanf, Bienen-wachs, Kaffee, Erdnüsse
Kaiser-Wilhelms-Land (Neuguinea)	Kokosnusskerne, Kautschuk, Kalk
Kiautschou (in China)	Erdnüsse und Eiweißstoffe
Samoa-Inseln	Kokosnusskerne und Kakao

Angaben nach www.dhm.de/lemo/html/kaiserreich/ aussenpolitik/kolonien2 (Stand: 19. 4. 2016).

1 Erläutere die Bedeutung von Kolonien für die Bevölkerung der Großmächte (M1, Darstellungstext).
2 Überprüfe, ob die Orte in M2 auf der Karte im Buchumschlag zu finden sind.
3 Nenne die Produkte aus dem Darstellungstext, die in M2 fehlen.
4 Untersuche mithilfe eines Atlanten, womit die in M2 genannten Länder heute handeln.

Webcode: FG642700-128
Deutsche Kolonialwaren

Der Kolonialismus des Deutschen Reichs

Das deutsche Kaiserreich wurde später als andere Länder ein Nationalstaat und die Reichsregierung unter Otto von Bismarck lehnte im Gegensatz zu Staaten wie England und Frankreich lange Zeit Kolonien ab.
- *Warum änderte Bismarck schließlich doch seine Meinung?*

Das Deutsche Reich: Ein Sonderfall

Nach der Gründung des deutschen Kaiserreichs 1871 machte Bismarck deutlich, dass Deutschland kein Interesse an Kolonien habe und keine Gebietserweiterungen anstrebe – Deutschland sei „saturiert" (gesättigt).
5 Die deutsche Regierung wollte so Konflikte mit anderen europäischen Staaten um Kolonien vermeiden, das europäische Mächtegleichgewicht nicht gefährden und den soeben erst entstandenen deutschen Nationalstaat in der Mitte Europas festigen. Deutsche Kaufleute er-
10 warben aber 1883 im Südwesten Afrikas Gebiete, um dort Handelsniederlassungen zu gründen. Da sie Befürchtungen hatten, dass andere europäische Mächte in diesen Gebieten Einfluss nehmen könnten, baten sie die deutsche Regierung um Schutz. Dieses Anliegen führte

15 zu einer veränderten Haltung Bismarcks, der die privaten Erwerbungen der deutschen Kaufleute unter staatlichen Schutz stellte und zu „Schutzgebieten" erklärte. Beeinflusst wurde dieser Prozess durch eine breite öffentliche Meinung. Der 1882 gegründete Deut-
20 sche Kolonialverein warb für einen deutschen Kolonialismus. Zum ersten „Schutzgebiet" wurde 1884 Deutsch-Südwestafrika ernannt. Es folgten Togo (1884), Kamerun (1884), Deutsch-Ostafrika (1885), die pazifischen Kolonien (1884 bis 1899) und in China das Gebiet
25 Kiautschou (1897). Das deutsche Kaiserreich verstärkte seinen Einfluss in diesen Gebieten, Beamte und Polizeikräfte wurden entsandt, Schulen und Kirchen gegründet. Es entstanden deutsche Kolonien.

M 1

Der deutsche Reichskanzler Bismarck über die Kolonialpolitik:

a) 1868: Einerseits beruhen die Vorteile, welche man sich von Kolonien für den Handel und die Industrie des Mutterlandes verspricht, zum größten Teil auf Illusionen. Denn die Kosten, welche die Gründung,
5 Unterstützung und namentlich die Behauptung der Kolonien veranlasst, übersteigen sehr oft den Nutzen, den das Mutterland daraus zieht ... Andererseits ist unsere Marine noch nicht weit genug entwickelt, um die Aufgabe nachdrücklichen Schutzes
10 in fernen Staaten übernehmen zu können.

Michael Fröhlich, Imperialismus. Deutsche Kolonial- und Weltpolitik 1880–1914, München (dtv) 1994, S. 32.

b) 1885: Wir müssen uns stets gegenwärtig halten, dass wir in Ägypten [einem damals umstrittenen Gebiet] selbst nur geringes Interesse haben, wohl aber an der Frage, wie wir in Europa zu Frankreich
5 und England stehen. Wir dürfen uns keine von beiden Mächten ohne Not verfeinden und weder ihre Intimität anbahnen helfen noch die Verstimmung zwischen ihnen bis zum Krieg zwischen beiden fördern.

Zit. nach Ekkhard Verchau, Otto von Bismarck, München (Knaur) 1981, S. 121.

c) 1885: Die öffentliche Meinung legt gegenwärtig in Deutschland ein so starkes Gewicht auf die Kolonialpolitik, dass die Stellung der Regierung im Innern von dem Gelingen derselben wesentlich abhängt.

Zit. nach Johannes Lepsius u. a. (Hg.), Die große Politik der europäischen Kabinette, Bd. 4, Nr. 758, Berlin (Deutsche Verlagsgesellschaft für Politik) 1922, S. 96.

---

1 Arbeite die Ursachen für Bismarcks Ablehnung einer deutschen Kolonialpolitik heraus (Darstellungstext, M1a/b).

2 Erkläre die Ursachen für die veränderte Haltung der deutschen Regierung in der Kolonialfrage (Darstellungstext, M1c).

3 Beurteile anhand deiner Ergebnisse aus 1 und 2 Bismarcks Haltung zum Erwerb deutscher Kolonien.
Tipp: Stelle aus damaliger Sicht Argumente, die für und die gegen seine Position sprachen, gegenüber.

4 **Partnerarbeit:** Diskutiert, inwiefern die deutsche Kolonialpolitik ein „Sonderfall" war.

Das Deutsche Reich unter Wilhelm II.: Streben nach Weltmacht

Kaiser Wilhelm II. (1859–1941), Foto, ca. 1910

Das Jahr 1888 wird als Dreikaiserjahr bezeichnet. Nach dem Tod Wilhelms I. wurde die Macht auf seinen schwerkranken Sohn Friedrich III. übertragen, der jedoch kurz darauf starb. An der Spitze des deutschen Kaiserreichs stand nun der erst 29-jährige Wilhelm II., Friedrichs Sohn. Er veränderte die deutsche Außenpolitik grundlegend.

- *Welche Ziele verfolgte Wilhelm II. und wie wollte er diese erreichen?*

Rücktritt Bismarcks und eine neue Politik

Der neue Kaiser und der mächtige Reichskanzler Bismarck vertraten gegensätzliche Vorstellungen zur Rolle Deutschlands in der Welt. Bismarck war ein Verfechter des europäischen Mächtegleichgewichts und lehnte eine
5 aggressive deutsche Außenpolitik ab – Wilhelm II. verfolgte das Ziel, Deutschland als Weltmacht etablieren zu wollen und ein deutsches Imperium zu schaffen. Zwischen beiden gab es unüberbrückbare Meinungsverschiedenheiten, die 1890 neben anderen Faktoren
10 zum Rücktritt Bismarcks führten. Nun war für Wilhelm II. der Weg frei. Um seine Ziele zu erreichen, verfolgte er eine Politik der Aufrüstung – vor allem der Flotte.

M2 Der deutsche Staatssekretär Bernhard von Bülow meinte 1897:

Die Zeiten, wo der Deutsche dem einen seiner Nachbarn die Erde überließ, dem anderen das Meer und sich selbst den Himmel reservierte ... diese Zeiten sind vorüber. Wir betrachten es als
5 eine unserer vornehmsten Aufgaben, gerade in Ostasien die Interessen unserer Schifffahrt, unseres Handels und unserer Industrie zu fördern ... Wir müssen verlangen, dass der deutsche Missionar und der deutsche Unternehmer,
10 die deutschen Waren, die deutsche Flagge und das deutsche Schiff in China geradeso geachtet werden wie diejenigen anderer Mächte ... Mit einem Worte: Wir wollen niemand in den Schatten stellen, aber wir verlangen auch
15 unseren Platz an der Sonne.

Zit. nach Johannes Penzler (Hg.), Fürst Bülows Reden nebst urkundlichen Beiträgen zu seiner Politik, Bd. 1, Berlin (Verlag Georg Reimer) 1907, S. 6–8.

M3 Der deutsche Admiral Tirpitz über den Bau der Flotte (1900):

Unter den gegebenen Umständen gibt es nur ein Mittel, Deutschlands Handel und Kolonien zu schützen. Deutschland muss eine Flotte von solcher Stärke haben, dass selbst für die größte
5 [feindliche] Flotte ein Krieg ... ein solches Risiko in sich schließen würde, dass ihre eigene Überlegenheit gefährdet wäre. Für diesen Zweck ist es nicht absolut notwendig, dass die deutsche Flotte ebenso groß ist wie die der größten Seemacht,
10 weil in der Regel eine große Seemacht nicht in der Lage sein wird, ihre ganze Kraft gegen uns zu konzentrieren.

Zit. nach Walther Hubatsch, Die Ära Tirpitz, Göttingen (Musterschmidt Verlag) 1955, S. 72f.

M4

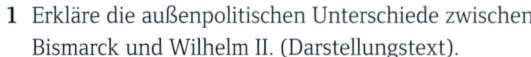

Italienische Karikatur von Eugenio Cormo, Postkarte, 1915. Unten steht: „Der Gefräßige – zu hart". Die Figur stellt Kaiser Wilhelm II. dar.

L'INGORDO
TROP DUR

....

1 Erkläre die außenpolitischen Unterschiede zwischen Bismarck und Wilhelm II. (Darstellungstext).
2 Arbeite Gründe für eine deutsche Weltpolitik heraus (M2).
3 Erläutere die Erwägungen von Admiral Tirpitz zum Flottenbau (M3).
4 Beschreibe anhand von M4 die Wirkung des deutschen Weltmachtstrebens auf andere Nationen.

Webcode: FG642700-130
Kaiser Wilhelm II.

Positionen zum Imperialismus: Kann Expansionsstreben gerechtfertigt werden?

Historiker und Politiker diskutieren bis heute über die Motive, Auswirkungen und Folgen des Imperialismus. Sie versuchen Erklärungen für ein Expansionsstreben zu finden, dessen Folgen auch heutzutage noch wahrnehmbar sind. Kommt es in der Gegenwart zu Konflikten in bestimmten Regionen der Welt, haben diese des Öfteren auch eine Ursache in der Zeit des Imperialismus. Hier wurden von Großmächten territoriale Grenzen gezogen, ohne Rücksicht auf die bestehenden Zustände, auf Traditionen oder Kulturen sowie die Geschichte der Völker vor Ort zu nehmen.

- *Wie kann dieses Agieren erklärt werden?*

Der Historiker Wolfgang J. Mommsen (1930–2004) schrieb 1971:

Der Prozess imperialistischer Expansion über den ganzen Erdball, der sich im letzten [19.] Jahrhundert mit rapide zunehmender Gewalt vollzogen hat, hat die politischen und gesellschaftlichen Formationen
5 der gegenwärtigen Welt in grundlegender Weise geprägt. Die heutige Welt gleicht einer Flusslandschaft, deren Gestalt durch die Flutwellen des Imperialismus tiefgreifend verändert wurde ...
Wenn wir den europäischen Imperialismus der Zeit
10 von 1885 bis 1918 als eine Extremform nationalisti-
schen Denkens deuten, so soll damit freilich nicht geleugnet werden, dass auch andere Faktoren dabei eine wesentliche Rolle spielten. Die Verpflichtung der weißen Nationen, den unterentwickelten Völkern
15 des Erdballs die Segnungen der europäischen Zivilisation zu bringen, empfanden die [europäischen] Zeitgenossen durchaus nicht nur als hohle Ideologie[1].

Wolfgang J. Mommsen, Einleitung, in: ders., Der moderne Imperialismus, Stuttgart 1971, S. 7–16. Vom Verf. zusammengestellt u. vereinfacht.

....

[1] *Weltanschauung, mit der man sein Handeln rechtfertigt*

Der englische Historiker James Joll (1918–1994) vertrat 1973 folgende Auffassung:

In der imperialistischen Expansion[1] lassen sich neben den ökonomischen[2] Motiven eine ganze Reihe anderer Motive nachweisen. Der Drang nach wissenschaftlichen Entdeckungen und der Erforschung
5 unbekannter Länder trug zur Erschließung Afrikas bei. Der Wunsch christlicher Missionare, die Heiden zu bekehren, führte zur Errichtung von Stützpunkten
... Alle diese Motive vermischen sich miteinander und auch mit wenigen ehrenwerten Motiven ...
10 Handel, missionarische Tätigkeit und wissenschaftliche Erforschung waren untrennbar miteinander verquickt.

Zit. nach Peter Alter, Der Imperialismus (= Tempora Quellen zur Geschichte und Politik), Stuttgart (Klett) 1989, S. 102f.

....

[1] *Ausdehnung*
[2] *wirtschaftlichen*

....

1 Partnerarbeit:
a) Teilt M1 und M2 unter euch auf und begründet zunächst die Textart.
Tipp: Quelle oder Darstellung?
b) Fasst den Inhalt eures Textes zusammen.

c) Vergleicht die Aussagen von M1 und M2, indem ihr die Gemeinsamkeiten und Unterschiede gegenüberstellt.
d) Diskutiert und begründet, welche der Erklärungen ihr überzeugender findet.
2 Nimm Stellung zu der Frage der Überschrift.

Zusatzaufgaben: siehe S. 143

Widerstand gegen die deutsche Kolonialmacht

Das deutsche Kaiserreich hatte 1884 die Kolonie Deutsch-Südwestafrika auf dem Gebiet des heutigen Namibia erworben – vonseiten der deutschen Regierung wurde dieses als „Schutzgebiet" bezeichnet. Hier lebten verschiedene einheimische Völker, unter anderem die Herero und Nama. Schon bald kam es zu Konflikten zwischen der indigenen Bevölkerung und der deutschen Kolonialmacht, denen Zehntausende zum Opfer fielen.

- *Welche Ursachen und Folgen hatten die Konflikte zwischen Deutschen und Einheimischen in Südwestafrika?*

Skizzierung des Konfliktes

Die Kolonie Deutsch-Südwestafrika war mehr als doppelt so groß wie das heutige Deutschland, aber nur sehr dünn besiedelt. Vor allem Bodenschätze und Viehzucht lockten viele Siedler dorthin. Die deutschen Kolonisten
5 kauften Land auf und verdrängten die einheimischen Herero und Nama aus ihren Gebieten. Diese hatten nur noch wenig Raum für ihre Viehzucht, die ihre Lebensgrundlage darstellte. Des Weiteren kam es zu rassistisch motivierten Ausschreitungen zwischen den Siedlern und
10 der indigenen Bevölkerung. Die deutschen Gebietserweiterungen wurden von einer Schutztruppe begleitet, die willkürlich und brutal vorging (siehe M1), vor allem in der Zeit zwischen 1904 und 1907, als General von Trotha den Oberbefehl hatte. Die Herero erhoben sich in einem
15 Aufstand 1904 gegen die deutschen Kolonialherren und wurden in der Schlacht am Waterberg vernichtend geschlagen. Unmittelbar nach dieser Schlacht begannen die Nama ihren Kampf gegen die Deutschen – dieser Krieg endete 1907. Herero und Nama wurden in schlecht ver-
20 sorgte Konzentrationslager verschleppt (deportiert) oder in die Wüste getrieben.

M1 Zeugenaussage eines Herero:

Der Krieg ist von ganz kleinen Dingen gekommen und hätte nicht [zu] kommen brauchen. Einmal waren es die Sturmann [deutschen Kaufleute] mit ihrem schrecklichen Wucher und eigenmächtigen,
5 gewaltsamen Eintreiben ... Wer nicht zahlen wollte oder konnte, den verfolgten und plagten sie. Dann ist es der Branntwein gewesen, der die Leute schlecht und gewissenlos gemacht hat. Wenn jemand trinkt, dann ist es ihm gleich, was er tut.
10 Aber das schlimmste Übel ist, was viel böses Blut und Streit hervorgerufen hat, die Vergewaltigung unserer Frauen durch Weiße. Manche Männer sind totgeschossen [worden] wie Hunde, wenn sie sich weigerten, ihre Frauen und Töchter preis-
15 zugeben, und drohten, sie mit der Waffe in der Hand zu verteidigen. Wären solche Dinge nicht geschehen, wäre kein Krieg gekommen, aber er ist bei solchen Vergewaltigungen ausgebrochen.

Zit. nach Horst Gründer, Geschichte der deutschen Kolonien, 6. Aufl., Paderborn (Schöningh) 2012, S. 130.

Die Ereignisse in Deutsch-Südwestafrika

1883	Der Bremer Kaufmann Adolf Lüderitz erwirbt im heutigen Namibia mit betrügerischen Verträgen Land von den Einheimischen.
1884	Das Deutsche Reich erklärt das Land zum Schutzgebiet „Deutsch-Südwestafrika". In der Folgezeit Rekrutierung einheimischer Herero und Nama für die Plantagenwirtschaft; Einschränkung des Lebensraums durch Verdrängung, Landenteignung und Eisenbahnbau
1904	Beginn des Herero-Aufstands; Schlacht am Waterberg; Vertreibung fliehender Herero in die Wüste; bis 1907 sterben ca. zwei Drittel der etwa 80 000 Hereros
1905–1907	Nama-Aufstand
1915	Besetzung des Landes durch England
1919	Der Versailler Friedensvertrag beendete den Ersten Weltkrieg und regelte auch, dass Deutschland alle Kolonien aufgibt.

M2 Das Urteil eines Historikers über die Ereignisse in Südwestafrika (2004):

Spätestens seit Sommer 1904, nach der sogenannten Schlacht am Waterberg, führte die
Schutztruppe einen genozidalen [Genozid =
Völkermord] Vernichtungskrieg gegen die Herero,
5 ermordete ... Frauen und Kinder, Junge und
Greise. Planmäßig trieben die Reiter die Herero
in die Omaheke-Wüste, besetzten die Wasser-
stellen und versuchten jegliches Entkommen der
Verdurstenden aus dem Trockengebiet zu ver-
10 hindern. [Oberbefehlshaber von Trotha] wurde
erst gestoppt, als der Völkermord bereits zum
großen Teil geschehen war.

*Jürgen Zimmerer, Rassenkrieg gegen die Herero. Südwest-
afrika 1904 bis 1908: Der erste deutsche Völkermord. In:
Süddeutsche Zeitung vom 10. Januar 2004. Bearb. v. Verf.*

*Gefangen genommene Herero, bewacht von einem Soldaten der
Schutztruppe, Foto, 1904*

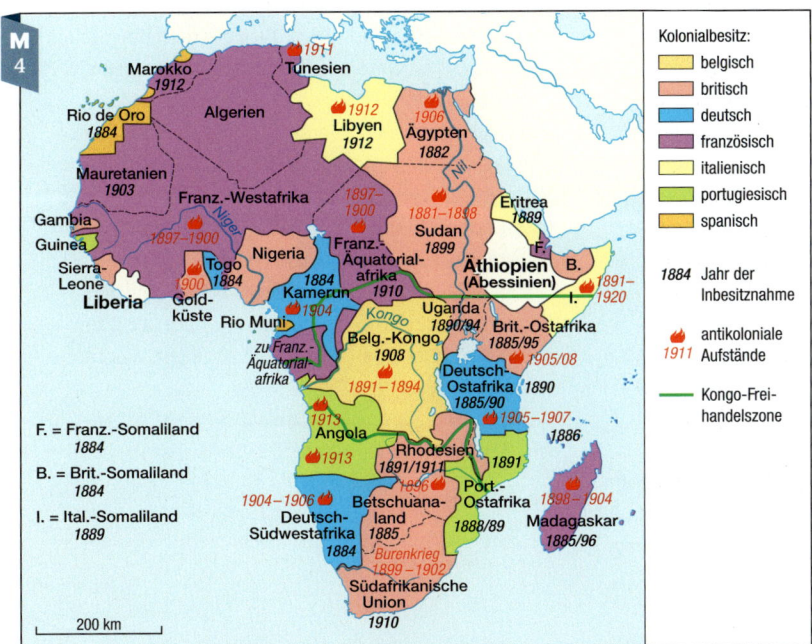

*Europäische Kolonien und antikoloniale
Aufstände in Afrika vor 1914*

....

1 Geschichte darstellen: Stelle in einer Erzählung für
ein Lernvideo Ursachen und Folgen des Wider-
standes der Herero und Nama dar (Darstellungstext,
Ereigniskasten, M1, M2).
Tipp: Verwende dir bekannte zeitliche Verlaufsformen, berücksichtige ideologische Rechtfertigungen
der Kolonialmacht sowie die Belegbarkeit der Aussagen.

2 Bewerte anhand von M2 und M3 das Vorgehen der
Deutschen gegen die Herero.

3 Partnerarbeit: Diskutiert, ob es sinnvoll ist, Fotografien wie M3 in Schulbüchern abzudrucken.

4 Fasse zentrale Aussagen der Karte M4 zusammen.

5 Recherche: Wähle einen Aufstand aus der Karte M4
aus und beschreibe die Hintergründe, den Verlauf
und die Folgen. Nutze dafür das Internet.

Webcode: FG642700-133
Der Herero-Aufstand 1906

Kolonialpolitik im historischen Urteil

Erst im Sommer 2016, also über 110 Jahre nach den Ausschreitungen gegen die Herero und Name, erklärte die deutsche Bundesregierung, dass das Vorgehen der deutschen Truppen in der Zeit zwischen 1904 und 1908 ein Völkermord* sei.
- *Wie könnte eine Entschädigung heute aussehen?*

Auszug aus einem Interview mit dem Afrika-Historiker Prof. Jürgen Zimmerer vom (2016):

Deutschlandradio Kultur: Also, für Sie ist das Urteil ein deutliches. Es handelt sich um einen Völkermord, weil die Absicht war, eben das Volk der Herero auszurotten?

5 *Jürgen Zimmerer:* Ja ...

D. K.: Sind sich denn die Historiker einig in dieser Frage?

J. Z.: Die Historiker und die Genozid[1]-Forscher sind überwiegend einig ...

10 *D. K.:* Gibt es jetzt eine internationale ... Regelung, die sagt, wenn Völkermord, dann?

J. Z.: Nein, ... das ist umstritten ... Also die Bundesregierung stellt sich ja jetzt auch in der neuesten Stellungnahme letzte Woche auf den Standpunkt,

15 es war jetzt Genozid, wir geben das zu, aber ... das hat keine rechtlichen Folgerungen. Die Frage nach Reparationen oder Wiedergutmachen wird letztendlich auf moralischem Gebiet entschieden und nicht auf juristischem ...

20 *D. K.:* ... vor allen Dingen, weil ja in diesem Fall also die Ereignisse ja 110 Jahre zurückliegen und es so gesehen also keine lebenden Betroffenen mehr gibt, also weder Täter, noch Opfer ... Was würden Sie denn machen? Würden Sie denn die Urenkel persön-

25 lich, individuell direkt entschädigen? Also, geplant ist ja, ... eine gemeinsame sogenannte Zukunftsstiftung

mit Jugendaustausch unter anderem zwischen den beiden Staaten, mit Beihilfen zur Ausbildung, zum Studium usw. und so diverse Infrastrukturprojekte.

30 Es wird immer das Stichwort Meerwasser-Entsalzungsanlage genannt. Halten Sie es für angemessener, richtiger, individuelle Entschädigungssummen zu zahlen?

J. Z.: Also, ich finde, es steht mir auch gar nicht zu,

35 zu entscheiden, was richtig oder falsch ist ... Denn Aussöhnung, und es geht ja hier um Aussöhnung, Entschuldigung, ... Schuldanerkenntnis, ist ja natürlich ein Prozess. Und dieser Prozess leidet eigentlich im Moment darunter, dass ... die deutsche Seite

40 sehr genaue Vorstellungen hat, was geht und was nicht geht, und die Opferseite im Grunde eigentlich nur akzeptieren kann oder soll, was die deutsche Seite vorschlägt ... Und immer noch schafft man es kaum oder offenbar nicht, sich hinzustellen und ein-

45 fach mal zuzuhören. Immer noch weiß man besser, wie es geht ... Dass das die Leute erneut vor den Kopf stößt und im Grunde sagt, ihr habt ja diesen kolonialen Blick überhaupt nicht abgelegt, das muss man schon auch verstehen.

Zit. nach http://www.deutschlandradiokultur.de/afrika-historiker-juergen-zimmerer-zaehe-verhandlungen-um.990.de.html?dram:article_id=360761 (Stand: 23. 4. 2017). Bearb. v. Verf.

[1] *siehe Völkermord**

---

1 Begründe, warum es sich bei den Ausschreitungen gegen die Herero und Nama um einen Völkermord handelte. Nutze das Lexikon im Buch.

2 **a)** Arbeite die Position der deutschen Bundesregierung zur Zahlung von Entschädigungen heraus (M1).
   b) Arbeite aus M1 die Position des Historikers zum Thema Entschädigungszahlungen heraus.
   Tipp: Stelle beide Positionen in einer Tabelle gegenüber.

3 Verfasse einen Brief an die deutsche Bundesregierung, indem du einen Vorschlag entwickelst, wie ein Prozess zur Aussöhnung mit den Nachkommen der Herero und Nama gestaltet werden könnte.

1870   1880   1890   1900   1910

1871 Gründung des deutschen Kaiserreichs

1884 Deutsch-Südwestafrika

1885 Deutsch-Ostafrika

1888 Dreikaiserjahr

1890 Rücktritt Bismarcks

1897/98 Kiautschou – deutsche Kolonie in China

1904–1907 Aufstand der Herero und Nama

1914 Ausbruch Erster Weltkrieg

Imperialismus und Kolonialismus

Ziele, Methoden und Legitimation des Imperialismus und Kolonialismus

Die Epoche des Imperialismus dauerte von ca. 1880 bis zum Beginn des Ersten Weltkrieges 1914. Die europäischen Industriestaaten, aber auch die USA weiteten in dieser Zeit ihre Herrschaft auf weniger fortschrittliche
5 Länder aus. Sie nutzten ihre wirtschaftliche und technische Überlegenheit, um neue Gebiete zu erwerben und Weltreiche zu schaffen (lat. imperium = Herrschaftsbereich, Weltreich). Kennzeichen des Imperialismus waren rücksichtslose Expansion und übersteigerter Na-
10 tionalismus.
Eine Form des Imperialismus war der Kolonialismus. Er führte zur Unterwerfung von fremden Ländern, ihren Gesellschaften und oft ihrer gesamten Kultur. Die indigene Bevölkerung musste sich den Bedürfnissen und
15 vor allem den wirtschaftlichen Interessen der Kolonialmächte unterordnen.

Ziele einer imperialen Politik waren:

- Suche nach Rohstoffen und Absatzmärkten für die Industrie, was zur Ausbeutung der fremden Länder
20 und der hier lebenden Menschen führte
- Erschließung neuen Siedlungsraums für die schnell wachsende Bevölkerung Europas
- Ausdehnung militärischer Macht gegenüber anderen Großmächten
25 - Ablenkung innenpolitischer Spannungen nach außen

Die Kolonialmächte bedienten sich dabei folgender ideologischer Rechtfertigungen:

- zivilisatorisches Sendungsbewusstsein: Europäer wollen angeblich „barbarischen" Ländern Kultur und
30 Zivilisation bringen und verfolgten die Mission, die indigene Bevölkerung zum christlichen Glauben zu führen
- Nationalismus: die Stärkung der eigenen Nation und ihres Ansehens
35 - Sozialdarwinismus sowie Rassismus: Glaube an die Überlegenheit der eigenen „Rasse" im „Kampf um das Dasein"

Das deutsche Kaiserreich als Kolonialmacht

Im 1871 gegründeten Kaiserreich lehnte die Regierung
40 unter Otto von Bismarck eine Kolonialpolitik zunächst ab. Aber die Unternehmer und eine größer werdende politische Öffentlichkeit erhöhten den Druck. Ausgelöst wurde dieser durch ökonomische und ideologische Motive, aber auch durch das Konkurrenzdenken mit Blick
45 auf andere Kolonialmächte wie England und Frankeich. Unter Bismarck wurde noch nicht von Kolonien gesprochen, sondern von „Schutzgebieten", um andere Staaten nicht zu provozieren und keine kriegerischen Konflikte zu riskieren. Mit der Machtübernahme des neuen Kai-
50 sers Wilhelm II. 1888 und dem Rücktritt Bismarcks zwei Jahre später änderte sich dies, und Deutschland führte eine aggressive Außenpolitik durch. Wilhelms Ziele waren es, Deutschland als Weltmacht zu etablieren und ein deutsches Imperium zu erschaffen.

55 ### Widerstand in den Kolonien

Die Begegnung zwischen den europäischen Siedlern und der indigenen Bevölkerung Afrikas verlief nicht ohne Konflikte. In Deutsch-Südwestafrika eskalierte die Lage, als sich die Völker Herero und Nama, ihrer Lebensgrund-
60 lage – dem Weideland – beraubt, gegen die deutsche Kolonialmacht zwischen 1904 und 1907 erhoben. Die von deutscher Seite getroffenen Befehle kosteten zehntausenden Herero und Nama das Leben – Männer wurden erschossen, Frauen und Kinder in die Wüste
65 gerieben, wo sie den Tod fanden.

Gegenwärtiger Umgang mit der Kolonialpolitik

Seit 2016 bezeichnet die Bundesrepublik Deutschland die vom deutschen Kaiserreich verübten Gewalttaten an den Herero und Nama als Völkermord. Deutschland
70 übernimmt moralische Verantwortung, jedoch ist es schwierig, Wege für eine Versöhnung zu finden.

In diesem Kapitel konntest du folgende Kompetenzen erwerben:

- nationale Interessen und internationale Interessenkonflikte im Imperialismus und Kolonialismus bewerten
- Quellen zu Zielen und Methoden der Kolonialpolitik so interpretieren, dass die hier enthaltenen ideologischen Vorstellungen herausgearbeitet und bewertet werden

- an Beispielen das imperialistische und koloniale Vormachtstreben charakterisieren und dabei die ideologischen Rechtfertigungen berücksichtigen
- unter Verweis auf die eigene begründete Position den gegenwärtigen Umgang mit der deutschen Kolonialpolitik bewerten

---

Folgende Begriffe hast du kennengelernt:
- Imperialismus
- Rassismus
- Völkermord
- Kolonialismus
- Schutzgebiet
- zivilisatorisches Sendungsbewusstsein
- Ausbeutung
- Zivilisierung
- Nationalismus
- Konzentrationslager
- Missionierung

1 Nenne die hier enthaltenen Ideologien und begründe, warum es sich um Ideologien handelt.
2 Erkläre mindestens zwei Ideologien in eigenen Worten.

Der Kolonialpolitiker und spätere Ministerpräsident der britischen Kapkolonie Cecil Rhodes (1853–1902) im Jahr 1877:

Ich behaupte, dass wir die erste Rasse in der Welt sind und es für die Menschheit um so besser ist, je größere Teile der Welt wir bewohnen. Ich behaupte, dass jedes Stück Land, das unserem
5 Gebiet hinzugefügt wird, die Geburt von mehr Angehörigen der englischen Rasse bedeutet, die sonst nicht ins Dasein gerufen worden wären ... Da [Gott] sich die Englisch sprechende Rasse offensichtlich zu seinem auserwählten Werkzeug
10 geformt hat, durch welches er einen auf Gerechtigkeit, Freiheit und Frieden gegründeten Zustand der Gesellschaft hervorbringen will, muss es auch seinem Wunsch entsprechen, dass ich alles in meiner Macht Stehende tue, um jener Rasse
15 so viel Spielraum und Macht wie möglich zu verschaffen. Wenn es einen Gott gibt, denke ich, so will er daher eines gern von mir getan haben: nämlich so viel von der Karte Afrikas britisch-rot zu malen wie möglich und anderswo zu tun, was
20 ich kann, um die Einheit der Englisch sprechenden Rasse zu fördern und ihren Einflussbereich auszudehnen.

Zit. nach Wolfgang J. Mommsen, Imperialismus. Seine geistigen, politischen und wirtschaftlichen Grundlagen, Hamburg (Hoffmann und Campe) 1977, S. 48f.

Das Kolonial-Gespenst.

Karikatur von Gino DeFinetti, 1904

Bericht des deutschen Generalstabs über den Aufstand der Herero (1906):

Diese kühne Unternehmung zeigt die rücksichtslose Energie der deutschen Führung bei der Verfolgung des geschlagenen Feindes in glänzendem Lichte. Keine Mühen, keine Entbehrungen wurden gescheut,
5 um dem Feinde den letzten Rest seiner Widerstandskraft zu rauben: Wie ein halb zu Tode gehetztes Wild war er von Wasserstelle zu Wasserstelle gescheucht, bis er schließlich willenlos ein Opfer der Natur seines eigenen Landes wurde. Die wasserlose
10 Omaheke [Wüste] sollte vollenden, was die deutschen Waffen begonnen hatten: die Vernichtung des Hererovolkes.

Generalstab (Hg.), Die Kämpfe der deutschen Truppen in Südwestafrika. Kriegsgeschichtliche Abteilung 1. D.1. Berlin 1906, S. 20. Bearb. v. Verf.

Der Präsident des Deutschen Bundestages, Norbert Lammert (CDU), in einem Gastbeitrag für die Wochenzeitung „Die Zeit" (2015):

Nicht nur den Kampfhandlungen, sondern auch Krankheiten und dem gezielten Morden durch Verdursten- und Verhungernlassen fielen Zehntausende Herero und Nama zum Opfer, andere starben in
5 Konzentrationslagern oder bei der Zwangsarbeit. Am Ende stand für die Überlebenden die totale Enteignung. Sie verloren ihr Land und ihre Herden und damit ihre Lebensgrundlage. An den heutigen Maßstäben des Völkerrechts gemessen – demnach ist
10 der Straftatbestand des Völkermords erfüllt, wenn die Absicht besteht, „eine nationale, ethnische, rassische oder religiöse Gruppe als solche ganz oder teilweise zu zerstören" –, war die Niederschlagung des Herero-Aufstandes ein Völkermord. So wird es von
15 zahlreichen, auch deutschen Historikern bewertet ... Die klare Benennung dessen, was geschehen ist, kann nur der Anstoß zu einem Versöhnungsprozess sein, der allein im Austausch und Dialog möglich ist. Dem dienen bereits heute zahlreiche Projekte, die
20 Deutschland in Namibia seit Jahren unterstützt. Dazu gehören die Beteiligung am Aufbau eines Dokumentationszentrums zur Aufarbeitung der Geschichte des namibischen Widerstands im Nationalarchiv in Windhoek und die Restaurierung
25 der Gedenkstätte Memorial Park Cemetery bei Swakopmund/Kramersdorf. Die besondere Verantwortung Deutschlands für seine frühere südwestafrikanische Kolonie wird auch im Umfang der deutschen Entwicklungshilfeleistungen für den
30 inzwischen unabhängigen Staat Namibia deutlich: Es sind die höchsten pro Kopf in Afrika. In einer Sonderinitiative wurden in den vergangenen Jahren zusätzlich mehr als 30 Millionen Euro zur Kommunalentwicklung in den von der deutschen Kolonial-
35 herrschaft besonders betroffenen Siedlungsgebieten bereitgestellt.

Zit. nach Norbert Lammert, Deutsche ohne Gnade. In: Die Zeit, Nr. 28 vom 9. 7. 2015, S. 16.

Methoden- und Interpretationskompetenz

1 **a)** Analysiere M1 mithilfe der Arbeitsschritte auf S. 153.
b) Arbeite die Ziele und Methoden sowie die ideologische Vorstellung der hier beschriebenen Kolonialpolitik heraus (M1).
c) Nimm zu der Position des Autors Stellung.

Geschichte darstellen (narrative Kompetenz)

2 Stelle mithilfe von M2 in einer Erzählung die Ursachen, den Verlauf, die ideologischen Rechtfertigungen sowie Folgen des Kolonialismus dar.
Tipp: Beachte die Kriterien vom „Erzählen im ursprünglichen Sinn" auf S. 157.

Geschichte heute (geschichtskulturelle Kompetenz)

3 Bewerte anhand von M3 das Menschenbild sowie das Vorgehen deutscher Kolonialisten.
4 Arbeite aus M4 die Position des Autors zum Herero-Aufstand heraus.
5 Nimm mit Bezug auf deine Ergebnisse aus Aufgabe 3 zur Position Norbert Lammerts Stellung (M4).
6 **Partnerarbeit:** Diskutiert, inwiefern die deutsche Unterstützung Namibias zu Versöhnung und Wiedergutmachung beitragen kann.

Webcode: FG642700-137
Selbsteinschätzungsbogen

Zusatzaufgaben

Kapitel 1: Die Idee von Einheit und Freiheit

zu S. 20/21:

Die Erdmordng Kotzebues, Radierung, um 1819

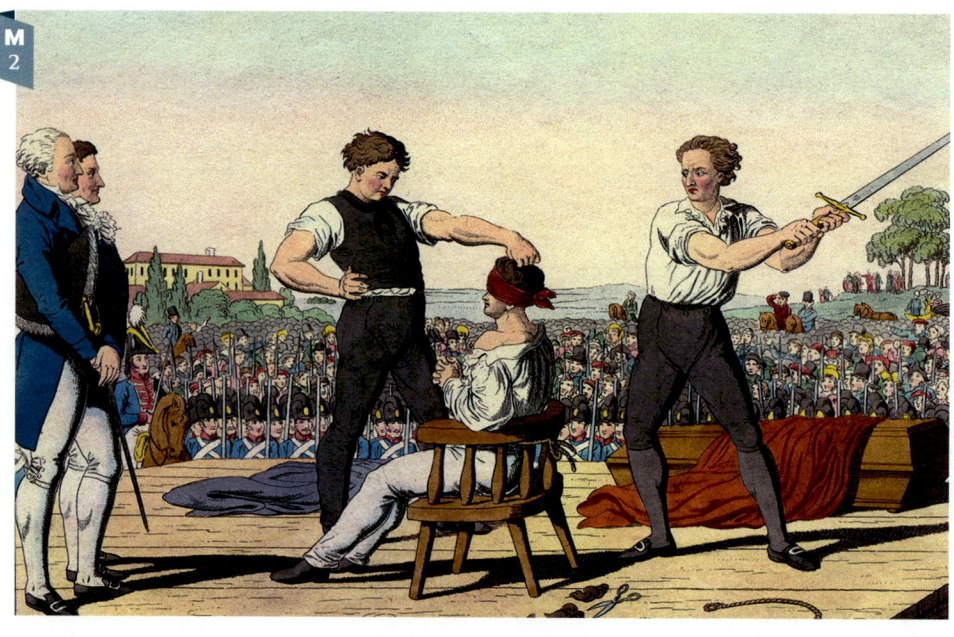

Karl Ludwig Sand wird hingerichtet. Kolorierter Kupferstich, 1820

1 Betrachte die Bilder M1, M2 und M1 auf S. 20 als eine Bildergeschichte. Verfasse einen Text dazu.

zu S. 30/31:

1 Die Paulskirche wurde oft als „Professoren-parlament" verspottet. Überprüfe anhand von Schaubild M1, inwiefern das der Realität entsprach.

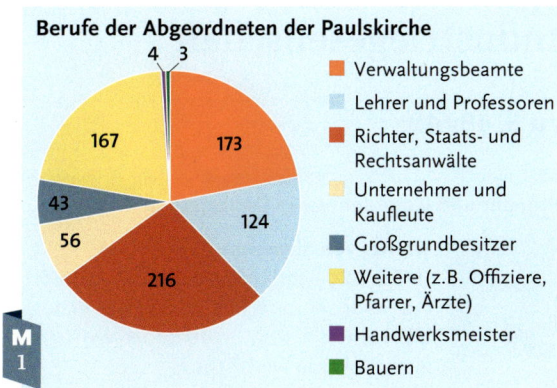

Berufe der Abgeordneten der Paulskirche

- Verwaltungsbeamte
- Lehrer und Professoren
- Richter, Staats- und Rechtsanwälte
- Unternehmer und Kaufleute
- Großgrundbesitzer
- Weitere (z.B. Offiziere, Pfarrer, Ärzte)
- Handwerksmeister
- Bauern

M1

zu S. 32/33:

M2

Badisches Wiegenlied von Ludwig Pfau (1849):
(Refrain:) Schlaf', mein Kind, schlaf' leis,
Dort draußen geht der Preuß'!
Deinen Vater hat er umgebracht,
Deine Mutter hat er arm gemacht,
5 Und wer nicht schläft in guter Ruh',

Dem drückt der Preuß' die Augen zu.
Der Preuß' hat eine blut'ge Hand,
Die streckt er über's bad'sche Land,
Und Alle müssen wir stille sein,
10 Als wie dein Vater unter'm Stein.
Zit. nach www.liederlexikon.de/lieder/schlaf_mein_kind_schlaf_leis/editiona (Stand: 31. 4. 2016).

M3

Frühling   Sommer   Herbst

„Frühling – Sommer – Herbst", Karikatur auf die Revolution von 1848, zeitgenössischer Holzstich

1 Untersuche M2 und beschreibe die Stimmung, die in Deutschland nach der Revolution herrschte.

2 Interpretiere die Karikatur M3 vor dem Hintergrund des Revolutionsverlaufs 1848. Nimm Stellung zu ihrer Aussage.

Kapitel 2: Das Entstehen der deutschen Industriegesellschaft

zu S. 48/49:

Erfinder und Unternehmer in Deutschland

Werner von Siemens
1816–1892, Begründer der Elektrotechnik, u. a. verantwortlich für den Bau des ersten Elektromotors (1866) und der ersten Elektrolokomotive (1879).

Gottlieb Daimler
1834–1900, Konstrukteur und Industrieller. Er zählt zusammen mit Carl Benz zu den Pionieren des Automobilbaus und war maßgeblich an der Entwicklung des Benzin-Verbrennungsmotors beteiligt.

Robert Bosch
1861–1942, Ingenieur, Industrieller und Sozialdemokrat, war maßgeblich an der Entwicklung des Verbrennungsmotors beteiligt. Bosch erkannte früh die soziale Verantwortung von Unternehmern und führte den Achtstundentag ein.

1 **Recherche:** Informiere dich näher über einen deutschen Erfinder (Biografien).

zu S. 58/59:

Der Historiker Hermann Glaser schildert die neuen Verkehrsmittel im Kaiserreich (1994):
Die Veränderungen des Straßenbildes erfolgten zunächst in der Großstadt. Zum Gewimmel der Kutschen, Fuhrwerke, Pferdeomnibusse kam als Erstes die elektrische Eisenbahn; bald tauchte Fahrräder
5 auf und schließlich die ersten Autos ... Ursprünglich hatten die Fahrräder nur dem Sport gedient; man organisierte sich dazu in exklusive Bicycle-Clubs. Als die „Knochenschüttler" durch Massenfabrikation [1895] billiger geworden waren, wurden sie ein ...
10 Beförderungsmittel für Arbeit und Freizeit ... Das Auto, so weit es nicht gewerblich genutzt wurde, gehörte zum Statussymbol der Oberklassen [„Herrenfahrer"]; doch leistete sich manch ein Angehöriger des Mittelstandes ein Auto zum Privat-
15 vergnügen. Um 1914 gab es in Deutschland rund 55 000 Personenkraftwagen, 9000 Lastkraftwagen und 20 600 Krafträder.
Hermann Glaser, Industriekultur und Alltagsleben, Frankfurt a. M. (Fischer) 1994, S. 189 und 193.

1 Erläutere die sozialen Unterschiede, die laut Hermann Glaser bei der Nutzung verschiedener Transportmittel im Kaiserreich deutlich wurden (M1). Vergleiche mit heute.

zu S. 60/61:

Wohnstube einer Familie in Berlin-Kreuzberg, Foto, 1913. Die Stube diente gleichzeitig als Arbeitsraum zur Herstellung von Wäsche. Sie hatte keine Heizvorrichtung. Die Farben im Bild wurden nachträglich digital eingefügt.

1 **Methode:** Untersuche Foto M1 nach den Arbeitsschritten auf S. 61.

zu S. 70/71/72:

Das „Kommunistische Manifest" von Karl Marx und Friedrich Engels (1848):

Die Geschichte aller bisherigen Gesellschaft ist die Geschichte von Klassenkämpfen. Freier und Sklave, Patrizier und Plebejer, Baron und Leibeigener, Zunftbürger und Gesell, kurz, Unterdrücker und Unter-
5 drückte standen in stetem Gegensatz zueinander, führten einen ununterbrochenen … Kampf, einen Kampf, der jedesmal mit einer revolutionären Umgestaltung der ganzen Gesellschaft endete … Unsere Epoche, die Epoche der Bourgeoisie[1], zeichnet sich
10 jedoch dadurch aus, daß sie die Klassengegensätze vereinfacht hat. Die ganze Gesellschaft spaltet sich mehr und mehr … in zwei große, einander direkt gegenüberstehende Klassen: Bourgeoisie und Proletariat … Das Proletariat wird seine politische Herr-
15 schaft dazu benutzen, der Bourgeoisie nach und nach alles Kapital zu entreißen, alle Produktionsinstrumente in den Händen des Staats, d. h. des als herrschende Klasse organisierten Proletariats, zu zentralisieren und die Masse der Produktionskräfte
20 möglichst rasch zu vermehren … An die Stelle der alten bürgerlichen Gesellschaft mit ihren Klassen und Klassengegensätzen tritt eine Assoziation[2], worin die freie Entwicklung eines jeden die freie Entwicklung aller ist … Die Kommunisten … erklären es
25 offen, daß ihre Zwecke nur erreicht werden können durch den gewaltsamen Umsturz aller bisherigen Gesellschaftsordnung. Mögen die herrschenden Klassen vor einer kommunistischen Revolution zittern. Die Proletarier haben nichts in ihr zu verlieren
30 als ihre Ketten. Sie haben eine Welt zu gewinnen. Proletarier aller Länder, vereinigt euch!

Zit. nach http://gutenberg.spiegel.de/buch/manifest-der-kommunistischen-partei-4975/1 (Stand: 23. 8. 2016).

[1] *franz. für Bürgertum; hier: Kapitalisten*
[2] *Vereinigung*

1 Unternehmer wollten die soziale Frage auch im eigenen Interesse lösen. Stelle Vermutungen darüber an, inwiefern Urlaubstage, Arbeitsschutz oder Werkswohnungen auch den Unternehmern nützten.

2 **a)** Arbeite aus M2 zwei bis drei Textstellen heraus, die die Arbeiter vermutlich angesprochen haben.
b) Fasse in einem Satz zusammen, worin Marx und Engels die Lösung für die soziale Frage sahen.

Kapitel 4: Das Kaiserreich – der erste deutsche Nationalstaat

zu S. 104/105:

1 **Recherche:** Finde heraus, wofür Max Planck und Robert Koch den Nobelpreis bekamen (Darstellungstext).

zu S. 108/109:

1 **Recherche:** Suche Informationen über die Frauenrechtlerinnen aus dem Darstellungstext.
Erstelle eine Kurzbiografie über eine von ihnen.

zu S. 112/113:

„Vom Geier zum Meier (nach Darwin)", antisemitische Postkarte aus der Kaiserzeit

1 Untersuche die Postkarte M1 und arbeite ihre Aussage heraus. Nimm anhand des Darstellungstextes von S. 112 Stellung dazu.

Kapitel 5: Imperialismus und Kolonialismus

zu S. 131:

August Bebel (1840–1913), der Führer der Sozialdemokraten im Kaiserreich, sagte 1889 im Reichstag:

Nun, wer ist denn diese Ostafrikanische Gesellschaft[1]? Ein kleiner Kreis von ... Bankiers, Kaufleuten und Fabrikanten, ... von sehr reichen Leuten, deren Interessen mit den Interessen des deutschen Volkes
5 gar nichts zu tun haben, die bei dieser Kolonialpolitik nichts als ihr eigenes persönliches Interesse im Auge haben, die ... gegenüber einer schwächeren Bevölkerung sich auf alle mögliche Weise ... bereichern ... Im Grunde genommen ist das Wesen aller
10 Kolonialpolitik die Ausbeutung einer fremden Bevölkerung ... Wo immer wir die Geschichte der Kolonialpolitik in den letzten drei Jahrhunderten aufschlagen, überall begegnen wir Gewalttätigkeiten und der Unterdrückung der betreffenden Völkerschaften, die
15 nicht selten schließlich mit deren vollständiger Ausrottung endet. Und das treibende Motiv ist immer, Gold, Gold und wieder Gold zu erwerben. Und um die Ausbeutung der afrikanischen Bevölkerung im vollen Umfange und möglichst ungestört betreiben
20 zu können, ... soll die Ostafrikanische Gesellschaft mit den Mitteln des Reichs unterstützt werden, damit ihr das Ausbeutergeschäft gesichert wird.

Zit. nach Stenographische Berichte über die Verhandlungen des Reichstags. VII. Leg. Per. IV. Sess. 188/89, Erster Band, Berlin (Druck und Verlag der Norddeutschen Buchdruckerei und Verlags-Anstalt), 1889, S. 628.

[1] *Die Deutsch-Ostafrikanische Gesellschaft wurde 1884 in Berlin gegründet. Sie hatte das Ziel, deutsche Ackerbau- und Handelskolonien in Übersee zu errichten.*

1 a) Fasse die Aussagen August Bebels (M1) in eigenen Worten zusammen.

b) Vergleiche seinen Standpunkt mit denen der Historiker auf S. 131 (M1, M2).

Lösungshilfen zu den Seiten „Wissen und Kompetenzen prüfen"

Kapitel 1: Die Idee von Einheit und Freiheit (S. 40/41):

– zum Kasten auf S. 40: fünf mögliche auszuwählende Begriffe wären zum Beispiel:

Restauration: steht für die Zeit nach 1815, in der monarchische Kräfte in Europa versuchten, die Ergebnisse der Französischen Revolution zu blockieren. Sie hielten an der Auffassung fest, der Landesherr sei der Souverän und in seiner Machtausübung nur Gott verantwortlich.

Nationalismus: ist eine politische Ideologie. Nationalisten wollen, dass der eigene, souveräne Nationalstaat eine beherrschende Stellung hat. Entstanden ist der Begriff in Frankreich während der Französischen Revolution. In Deutschland verbreitete sich der Nationalismus vor und während der Befreiungskriege.

Liberalismus: ist eine Einstellung, die großen Wert auf Freiheit in Staat und Gesellschaft legt. Der Mensch und seine Rechte stehen im Vordergrund. Der Staat soll die Bürger schützen und die Ordnung aufrechterhalten. Liberale setzen sich für Gewaltenteilung, einen Rechtsstaat und Pressefreiheit ein.

Volkssouveränität: Grundprinzip der Legitimation demokratischer Herrschaft, nach dem alle Staatsgewalt vom Volk ausgeht. Durch Wahlen und Abstimmungen bestimmt es die Politik.

Hegemonialkrieg: Hegemonie bezeichnet die Vorherrschaft von Staaten oder einzelnen Gruppen/Personen in den Bereichen Politik, Militär, Handel oder Kultur. Hegemonialkriege werden geführt, um gegenüber anderen Staaten eine solche Vormachtstellung zu erlangen.

1 **a)** Arbeitsschritte „Ein historisches Lied analysieren" auf S. 25:

zu 1: Möglich wäre eine Internetrecherche, um sich das Lied anzuhören.

zu 2–4: Das Lied trägt den Titel „Des Deutschen Vaterland". Es stammt aus dem Jahr 1813 und wurde von Ernst Moritz Arndt verfasst. Es ist ein politisches Lied. In dem Liedtext wird oft danach gefragt, was das Vaterland der Deutschen sei. Da-

bei werden einzelne Regionen angesprochen, mit dem Hinweis folgend, dass das deutsche Vaterland noch größer sein müsse. Arndt forderte einen großen deutschen Nationalstaat, der alle deutschsprachigen Länder umfassen sollte. Eine Abneigung gegenüber Frankreich wird besonders in der letzten Strophe deutlich, wo sie sogar als Feind bezeichnet werden. Zurückzuführen ist dies auf die Entstehungszeit des Liedes, denn es ist während der Besatzungszeit Napoleons entstanden.

zu 5–6: Für Hintergrundinformationen zur Entstehungszeit ist an dieser Stelle eine Internetrecherche denkbar. Zur Besetzung durch Napoleon können auch die entsprechenden Themenseiten aus Kapitel 1 zu Hilfe genommen werden.

zu 7: Das Lied fordert bereits 1813 zur Zeit Napoleons einen großdeutschen Nationalstaat, der alle deutschsprachigen Gebiete, auch die Schweiz und Tirol, umfasst. Dieser Nationalstaat wird als etwas sehr Besonderes dargestellt. Besonders deutlich wird in der letzten Strophe die Abneigung gegenüber Frankreich. Ein Ideologiewechsel hin zum Nationalismus ist bereits erkennbar.

zu 8–11: Die Adressaten des Liedes waren vermutlich die Bürger, auf die es möglicherweise motivierend wirkte, um gegen die französische Besatzung anzukämpfen und um einen deutschen Nationalstaat zu bilden. Der Liedtext wurde demnach aus der Perspektive der Deutschen geschrieben.

zu 12: individuelle Lösung.

b) individuelle Lösung; es sollte jedoch darauf eingegangen werden, wie sich in den beiden Liedern das Nationalbewusstsein widerspiegelt.

2 Die Inschrift „Deutschlands Wiedergeburt" in der schwarz-rot-goldenen Fahne machte das Ziel der Beteiligten des Hambacher Festes deutlich: die Errichtung eines deutschen Nationalstaats.

3 Heinrich-August Winkler vertritt den Standpunkt, dass das Nationalgefühl der Teilnehmer des Hambacher Festes ein anderes war, wie es noch die Teilnehmer der Befreiungskriege um Ernst Moritz Arndt vertreten hatten (siehe dazu auch das Lied M3 auf S. 41). Im Gegensatz zu den Liedern, die

während der Besatzung durch Napoleon entstanden waren, ist in den Reden des Hambacher Festes bis auf wenige Ausnahmen nichts mehr von einer Abneigung gegenüber Franzosen zu hören gewesen (obwohl diese vor allem in der 2. Hälfte des 19. Jahrhunderts wieder deutlich wurde). Winkler stellt fest, dass es zwar das Ziel war, einen deutschen Nationalstaat zu gründen, dass dieser aber nicht gegen Europa entstehen sollte. Weiter stellt er fest, dass sich bereits 1832 Liberale und Demokraten in ihren Standpunkten voneinander entfernten, da die gemäßigten Liberalen eher auf Reformen in den bestehenden deutschen Staaten setzten, während die Demokraten eher eine Republik forderten.

4 individuelle Lösung

5 Richtig sind 1c), 2c), 3b), 4a).

6 Lieder der Nationalbewegung werden heute politisch oft missbraucht, daher ist beim Umgang mit diesen Liedern oft Vorsicht geboten. Es kommt jedoch immer auf den Kontext und den Inhalt des Liedes an, in dem es verwendet wird. Gegen die Verwendung des Liedes „Die Gedanken sind frei" ist zum Beispiel nichts einzuwenden, während beim Singen anderer Lieder, wie zum Beispiel des Deutschlandliedes, auf das Singen aller Strophen wegen des historischen Missbrauchs durch die Nationalsozialisten verzichtet werden soll.

7 **a)** Zu sehen ist der Sarg des verstorbenen Bundeskanzlers Helmut Schmidt, der bei einem Staatsbegräbnis beigesetzt wurde. Der Sarg ist mit einer Deutschlandfahne umhüllt. Auf der Fahne ist der Bundesadler zu erkennen.

b) Das nationale Symbol (Deutschlandfahne) wurde um den Sarg gehüllt, um die Leistungen Helmut Schmidts als deutschen Bundeskanzler zu ehren. Es ist ein Ausdruck für die staatliche Trauer. Ein Staatsbegräbnis kann nur der Bundespräsident anordnen und es ist für verstorbene Persönlichkeiten des öffentlichen Lebens gedacht, die sich hervorragende Verdienste um das deutsche Volk erworben haben. Durch das Staatsbegräbnis soll an die Leistungen des Verstorbenen erinnert und seine Verdienste um das Gemeinwesen gewürdigt werden.

Kapitel 2: Das Entstehen der deutschen Industriegesellschaft (S. 76/77):

– zum Kasten auf S. 75: individuelle Lösungen. Beim Verfassen der Darstellung können beispielsweise das Lexikon und die jeweiligen Themenseiten des Kapitels verwendet werden.

1 mögliche Lösungen:
Auswirkungen auf die Verkehrsmittel: Erfindung der Eisenbahn und des Dampfschiffes auf Basis der Dampfmaschine, Entwicklung der Tram bzw. Straßenbahn (hier noch von Pferden auf Schienen gezogen), allgemein: zunehmende Verdrängung der Kutsche zugunsten schnellerer Verkehrsmittel.
Auswirkungen auf das Stadtbild: immer höhere und größere Gebäude, Gas- und (später) elektrische Laternen, Eisenbahnbrücken, Fabriken mit ihren Schornsteinen bestimmen die Silhouette der Stadt.
Auswirkungen auf die Umwelt: Qualm aus den Schornsteinen der Fabriken, der Lokomotiven und der Dampfschiffe verschmutzt die Luft, er ist sichtbar, riechbar und stellt eine Gefährdung der Gesundheit dar. Die Verschmutzung des Wassers ist auf dem Bild nicht unmittelbar sichtbar, kann jedoch angenommen werden.
Merkmale allgemein: Technisierung und Beschleunigung des Lebensumfeldes wird deutlich sichtbar. Altes und Neues (Pferde- bzw. Menschenkraft und Maschinenkraft) bestehen zunächst parallel weiter.
Weitere Erläuterungen zum Gemälde: Aus dem Gemälde geht keine Kritik an der Industrialisierung hervor. Vielmehr zeigt sich Bewunderung für die technischen Errungenschaften, beispielsweise in der Schräglage der Eisenbahnen, welche ihre Dynamik und Geschwindigkeit darstellen soll.
Auch ist zu beachten, dass Ende des 19. Jahrhunderts kaum ein Problembewusstsein für die drohenden Umweltprobleme existierte. Rauch auf Gemälden wurde hingegen gerne als Symbol des Fortschritts eingesetzt.

2 Arbeitsschritte „Eine historische Fotografie analysieren", S. 61:
zu 1: Die Fotografie ist um 1890 entstanden.
zu 2: Maschinensaal der AEG in Berlin.
zu 3: Fotograf: unbekannt, Auftraggeber: unbekannt, es lässt sich jedoch vermuten, dass der Auftrag von der AEG erteilt wurde.
zu 4: Die Adressaten sind unbekannt.
zu 5: Es handelt sich um eine Schwarz-Weiß-Fotografie.

zu 6: Der Fotograf hat den Ausschnitt so gewählt, dass ein möglichst großer Teil einer Fabrikhalle zu sehen ist sowie möglichst viele Personen.

zu 7: Blick in eine lange und hohe Fabrikhalle, an der rechten Wand mehrere große Fenster, ebenso an der im Hintergrund liegenden Rückwand, in der Mitte der Halle wird die Decke von hohen Säulen gestützt, linke Hälfte der Halle nur als Ausschnitt erkennbar; viele quer zum Betrachter stehende Reihen von Tischen, an denen Frauen sitzen, jede vor sich einen Apparat auf dem Tisch; die Frauen haben die Blicke auf die Apparate gesenkt; zeitgenössische Mode: hochgesteckte Haare, hochgeschlossene, langärmelige Kleidung.

zu 8: Die Halle wirkt hell und ordentlich. Die Arbeiterinnen sitzen sehr ordentlich in Reihen, was durch die Gleichförmigkeit beinahe militärisch wirkt. Sie wirken sehr konzentriert und diszipliniert. Es war vermutlich sehr laut in dem Raum, da so viele Frauen gleichzeitig an den Spulen arbeiteten.

zu 9: Die Fotografie zeigt, wie beschwerlich die Arbeit in der Fabrik gewesen sein muss: die gleichförmige Tätigkeit, die Lautstärke. Fehlende Gespräche sowie fehlende Bewegung zwischen den Tischreihen zeigt, dass hier kein Platz für Pausen war oder sein sollte. Falls der Auftraggeber die AEG war, sollte sicherlich auch gezeigt werden, wie effizient in der Fabrik gearbeitet werden sollte.

zu 10: Da wir ähnliche Fotografien auch aus anderen Werken kennen sowie die zeitgenössischen strengen Fabrikordnungen, können wir davon ausgehen, dass die vorliegende Fotografie glaubwürdig ist.

zu 11: individuelle Fragen.

3   Vorteile, die England im 18. Jahrhundert Deutschland gegenüber hatte: u. a. Verbesserungen in der Landwirtschaft, Bevölkerungswachstum, fehlende Abhängigkeit von einem Grundherrn, gut verfügbare Bodenschätze, Erfindung der Spinnmaschine sowie der Dampfmaschine, Kolonien als Rohstoff- und Absatzmarkt, wirtschaftsliberales Denken, fehlende Standesdünkel beim Adel bzgl. des Kapitaleinsatzes

4   Individuelle Lösung; eingegangen werden könnte z. B. auf die wirtschaftliche Situation, den Alltag zwischen Arbeit und Familie, die Vor- und Nachteile des Stadtlebens im Vergleich zum Landleben.

5   a) In dem Ausschnitt aus Grütters Artikel schwingt Bewunderung für Alfred Krupp mit: Krupp zeige eine Erfolgsgeschichte (Z. 1–4), Alfred Krupp habe die Innovation immer in den Vordergrund gestellt (Z. 4–9), als vorbildlich ist Folgendes zu sehen: Alfred Krupps Einsatz für die Belegschaft, die enge Bindung zwischen Unternehmen und den Arbeiter/-innen, die qualifizierte Ausbildung (Z. 10–14), dies sieht Grütter als „Urkonzept des Krupp-Erfolgs" (Z. 10), dies habe außerdem angesichts der aktuellen wirtschaftlichen Lage eine „neue Bedeutung" mit in die Zukunft weisendem Vorbildcharakter erhalten (Z. 14–17), die Stadt Essen besinne sich weiterhin auf Alfred Krupp, was sich auch im Umgang mit dem Krupp-Denkmal zeige (Z. 17–20).

b) Denkbare Aspekte u. a.:
– Krupp stellte strenge Regeln auf, forderte unbedingten Gehorsam und bedingungslose Treue von seinen Arbeitern und Arbeiterinnen.
– Er ließ Werkswohnungen und Schulen für seine Arbeiter und Arbeiterinnen sowie deren Kinder bauen.
– Er war der Meinung, dass die Arbeiter und Arbeiterinnen ihm für seine Wohltaten dankbar und treu ergeben sein mussten.
– Er empfand die Sozialdemokraten als sehr bedrohlich und verbot seinen Arbeitern und Arbeiterinnen den Kontakt mit diesen.
– Er drohte den Arbeitern und Arbeiterinnen mit Strafen und Entlassungen, wenn sie sich nicht an seine Regeln halten sollten.
– Ihm war sehr an einer positiven Außenwirkung seines Unternehmens gelegen, er interessierte sich – modern gesprochen – für das Marketing seiner Firma. Er war stolz auf seine Produkte und wollte sie auch zeigen.

c) Individuelle Lösung, orientiert werden sollte sich an den unter b) herausgearbeiteten Aspekten.

6   individuelle Lösung

Kapitel 4: Das Kaiserreich – der erste deutsche Nationalstaat (S. 116/117):

– zum Kasten auf S. 116: z. B. „Überhöhung der eigenen Nation" und „Herabsetzung anderer Nationen": Dieser Ausdruck beschreibt die grundlegende Veränderung im Zusammenhang mit dem Begriff Nation ab 1870. Ab dann verstand man unter einer Nation nicht mehr eine Gemeinschaft freier Bürger, die die gleichen Rechte hatten und in der Stand, Herkunft und Religion keine Rolle spielten. Ab 1870 war die eigene Nation mehr wert als alle anderen Nationen und auch mehr als der einzelne Mensch. Nationale Lieder, Feiertage und Denkmäler untermauerten das eigene Überlegenheitsgefühl. Die Hetze gegenüber nationalen Minderheiten, wie den Polen oder den Dänen, nahm zu. Man förderte auch immer stärker die Abkehr vom Freihandel und den Schutz der eigenen Wirtschaft. All diese Maßnahmen stärkten das Wir-Gefühl im Inneren des Landes.
„Erbfeindschaft" zu Frankreich: Es gab zahlreiche nationale Feiertage im deutschen Kaiserreich, die das Nationalbewusstsein der Deutschen besonders stärken sollten. Ein wichtiger Feiertag war der „Sedantag", der am 2. September gefeiert wurde. Mit diesen Feierlichkeiten sollte an den Sieg über Frankreich im Deutsch-Französischen Krieg bei Sedan im Jahr 1870 erinnert werden. Besonders an diesem Feiertag wurde die bereits lang andauernde „Erbfeindschaft" zu Frankreich betont und die Überlegenheit und Stärke der deutschen Nation gegenüber den Franzosen und anderen Nationen hervorgehoben.

1   **a)** Arbeitsschritte „Ein Historiengemälde analysieren", S. 95:
zu 1–3: Das Historiengemälde zeigt die Kaiserproklamation im Spiegelsaal zu Versailles. Dieser Ort wurde gewählt, um die Überlegenheit der deutschen Nation gegenüber den Franzosen auszudrücken und diese zu demütigen. Im Mittelpunkt des Bildes steht auf einer Treppe der künftige Kaiser des deutschen Reichs Wilhelm I., umgeben von hochrangigen Fürsten und Offizieren. Im rechten und linken Vordergrund sieht man uniformierte Offiziere, die ihre Schwerter triumphierend in die Luft recken.

zu 4–8: Anton von Werner hielt im Auftrag des Hofes die Kaiserproklamation malerisch fest. Er erarbeitete im Nachgang vier verschiedene Fassungen dazu. Die vorliegende entstand im Jahr 1880, also neun Jahre nach dem Ereignis, an dem Anton von Werner selbst teilgenommen hatte.
zu 9–10: Zum Vergleich mit der Wirklichkeit eignet sich eine Gegenüberstellung mit den Werken von Werner auf S. 94.
zu 11–13: Diese Version der Darstellung wirkt wie ein Ausschnitt aus der Darstellung von 1877. Die Gestalt Wilhelms I. ist, ebenso wie Bismarck vor den Heerführern und Offizieren, deutlich gegenüber den Fürsten und Fahnen hervorgehoben. Damit zeigt sich, dass Anton von Werner das Gemälde an die Situation um 1880 anpasst. Sowohl der Kaiser als auch Bismarck hatten ein Jahrzehnt nach der Reichsgründung deutlich an Bedeutung hinzugewonnen. Die Gruppe der Offiziere und Fürsten hat sich zwar deutlich verringert, dennoch wird durch ihr glorreiches und euphorisches Erheben ihrer Schwerter auch ihre Bedeutung im Prozess der Reichsgründung wiedergegeben.
b) Unterschiede zu 1877 und 1885:
– Komposition und Perspektive
– verringerte Anzahl an Personen, besonders der Fürsten und Militärs
– Wilhelm I. steht deutlich vor seinen Fürsten (im Vergleich 1877) und im Mittelpunkt des Bildes.
– Zwei allegorische Figuren halten das Kaiserwappen.
– Bismarck erhält hier von Werner im Vergleich zu 1877 bereits seine weiße Uniform, die er an diesem Tag nachweislich nicht getragen hat.

2   Bei Historiengemälden handelt es sich meist um Auftragsarbeiten, die ein bestimmtes Ziel verfolgen. Wie an diesen Bildern zur Kaiserproklamation von 1871 zu erkennen ist, dienen sie eher dazu, die Gegenwart durch vergangene Ereignisse zu legitimieren. Zu diesem Zweck bilden die Gemälde oftmals das dargestellte historische Ereignis nicht realitätsgetreu ab. Aus diesem Grund verraten uns Historiengemälde oftmals mehr über die Zeit, in der sie entstanden sind, als über das dargestellte Ereignis.

3 a) Hans-Ulrich Wehler sieht in dem Militär und dem damit verbundenen Militarismus im deutschen Kaiserreich eine der wichtigsten Nationalbildungsfaktoren. Überall in der Gesellschaft des Kaiserreichs wurde der Militarismus erfahrbar, z. B. durch den Kommandoton, das Strammstehen und die herablassende Behandlung der Bürger durch Offiziere. Diese Verhaltensweisen und die damit verbundenen Normen und Werte genossen ein hohes Ansehen in der deutschen Bevölkerung. Dadurch, dass die Armee Menschen aus allen Klassen der Bevölkerung und aus allen Regionen des Reichs integrierte, wurde so die Nationsbildung konkret erfahrbar.

b) Für Wehler haben das Militär und der damit verbundene Militarismus eine der wichtigsten Integrationsleistungen für die Nationsbildung im deutschen Kaiserreich geliefert. Dies begründet er zum einen mit dem hohen Ansehen, das das Militär genoss. Dies hatte Auswirkungen auf die Werte und Normen der Gesellschaft. In allen Bereichen, z. B. Schule oder Freizeit, spielte das Militär eine große Rolle. Damit wurden Disziplin und Obrigkeitshörigkeit zu den wichtigsten Normen der deutschen Gesellschaft. Getrieben wurde der Militarismus auch aus der Überhöhung der eigenen Nation. Wenn man besser sein wollte als andere Nationen, muss dies auch durch militärische Stärke gezeigt werden. Durch die allgegenwärtige Anwesenheit des Militärs wollten auch die meisten der Deutschen dazugehören. Die meisten Kinder wünschten sich eine Karriere im Militär. Dadurch wurden ein Dazugehörigkeitsgefühl und ein Wir-Gefühl erzeugt, welche wiederum eine wichtige nationsbildende Funktion hatten.

c) An den vielen historischen Beispielen (Schule, Freizeit, Berufswunsch) kann man Wehlers Einschätzung belegen und damit zustimmen. Gleichzeitig zur Unterstützung der Nationsbildung trugen das Militär und der Militarismus aber auch zur Unterordnung des Individuums unter die Nation verstärkt bei und erstickte somit jeglichen Drang zur individuellen Entfaltung der Persönlichkeit im Keim. Auch wenn sich zahlreiche Bilder von begeisterten jungen Menschen finden lassen, die eine positive Einstellung zum Militarismus erkennen lassen, darf nicht außer Acht gelassen werden, dass eine andere Position zum Militär nicht zulässig war. Wer dies dennoch ablehnte, wurde ausgegrenzt. So half das Militär nicht nur bei der Bildung der Nation, sondern auch bei der Ausgrenzung von Menschen, die sich den Werten und Normen des Militarismus nicht anschließen wollten.

4 a) Mechanismen der Integration und Ausgrenzung im Kaiserreich aus M2 und M3
Integration:
– Militär: Disziplin, Obrigkeitshörigkeit, Dazugehörigkeitsgefühl, Wir-Gefühl
– Ausgrenzung und Diskriminierung von Minderheiten: stärkt die Anpassung an die vorgegebenen Prinzipien, Dazugehörigkeitsgefühl der Nichtausgegrenzten, Wir-Gefühl
– Nationalismus: Unterordnung des Individuums unter die Nation, Überhöhung der eigenen Nation, Wir-Gefühl
– Sozialisation der Familie: Orientierung bei Erziehung an Werten und Normen der Gesellschaft (Militär und Militarismus auch in der Erziehung)
Ausgrenzung:
– Militär: Herabsetzung anderer Nationen; wer sich nicht anschließt, wird ausgegrenzt
– Sozialistengesetze: Ausgrenzung als Mittel der Nationsbildung, ein gemeinsamer Feind stärkt das Wir-Gefühl, wer die Nation bedroht, muss von ihr bekämpft werden
b) individuelle Lösung
c) individuelle Lösung; der Wiki-Eintrag sollte aber strukturiert und informativ geschrieben werden
5 a) individuelle Lösung
b) individuelle Lösung

Kapitel 5: Imperialismus und Kolonialismus (S. 136/137):

– zum Kasten auf S. 136: zu 1: Rassismus, Nationalismus und auch das zivilisatorische Sendungsbewusstsein können als Ideologie angesehen werden. Bei Ideologien handelt es sich um Weltanschauungen, mit denen Gruppen von Menschen ihr Handeln begründen und rechtfertigen. Bei den oben genannten Begriffen handelt es sich um ebensolche Weltanschauungen; zu 2: mögliche Lösung: zivilisatorisches Sendungsbewusstsein: Im Sinne des Sozialdarwinismus und Rassismus wurde im 19. Jahrhundert von vielen Europäern die Überzeugung vertreten, selbst höherwertiger zu sein als Menschen in Afrika und diese vermeintlich in ihrem Sinne zu zivilisieren sowie christlich zu missionieren. Nationalismus: Menschen, die dieser Ideologie anhängen, vertreten die Überzeugung, dass die eigene Nation wertvoller als andere sei und sich über die nationalen Grenzen ausdehnen müsse.

1 **a)** Arbeitsschritte „Eine schriftliche Quelle analysieren" auf S. 153:

zu 1: Der Autor der schriftlichen Quelle ist Cecil Rhodes (1853–1902), ein britischer Kolonialpolitiker, der Ministerpräsident der britischen Kapkolonie war (heutiges Südafrika).

zu 2: Die Ausführungen Rhodes stammen aus dem Jahr 1877, somit aus der Anfangszeit des Hochimperialismus.

zu 3: Es handelt sich um Ausführungen und eine Niederschrift der Gedanken des Autors zum englischen Imperialismus in Afrika.

zu 4: Vermutlich wendet sich der Autor an die politische Führung Englands, um diese von einer britischen Expansionsbewegung in Afrika zu überzeugen. Des Weiteren erklärt er vor sich selbst, warum er diese Expansionsbewegung anführen müsse.

zu 5: Wiederholung der Begriffe Rasse und Rassismus

zu 6: von Zeile 1 bis 8: Briten – die erste Rasse der Welt; von Zeile 8 bis 23: Gottes Auftrag an Rhodes

zu 7: Der Autor verwendet oft die Begriffe „Rasse", „ich" und „Gott".

zu 8: Cecil Rhodes begründet, warum er in Afrika Kolonialpolitik betreiben müsse. Er handele in Gottes Auftrag, denn dieser wolle, dass Afrika „britisch-rot" (Z. 18 f.) werde, da die Engländer „die erste Rasse in der Welt" seien (Z. 1 f.).

zu 9: Er will das britische und sein persönliches Expansionsstreben legitimieren.

zu 10: Cecil Rhodes ist Rassist, er unterteilt die Menschen in Rassen – das zentrale Kennzeichen des Rassismus, einer weit verbreiteten Ideologie in der zweiten Hälfte des 19. Jahrhunderts. Ebenfalls vertritt er ein zivilisatorisches Sendungsbewusstsein, auch typisch für viele seiner Zeitgenossen. Er vertritt klar die britische Sicht – die Sicht einer der imperialistischen Mächte des 19. Jahrhunderts.

zu 11: Expansionsstreben und Kolonialismus in Afrika galten für viele Europäer im 19. Jahrhundert als legitim und wurden mit Ideologien wie dem Nationalismus, dem Rassismus sowie dem zivilisatorischen Sendungsbewusstsein gerechtfertigt.

zu 12: individuelle Lösung, die die heutige Gleichheit aller Menschen und das Recht auf Selbstbestimmung berücksichtigt

b) Ziele: Eroberung des afrikanischen Kontinents; Methoden: Unterwerfung, Vereinnahmung, Versklavung; ideologische Vorstellungen: Rassismus

c) siehe 1a) Schritt 12

2 Individuelle Lösung, die berücksichtigt, dass die Erzählung Quellen zur Grundlage haben muss (u. a. die Karikatur M2, in der der Künstler den europäischen Rassismus kritisch beleuchtet und diesen als lächerliche Ideologie entlarvt, denn er stellt die Afrikaner als riesige sowie aggressive „Wilde" dar, die mit ihren Knüppeln eine Bedrohung für die europäischen Schiffe seien), einen Anfang (z. B. Beginn des Imperialismus und dessen Ursachen) sowie ein Ende (z. B. die Folgen des Imperialismus für die indigene Bevölkerung) aufweist und neben zeitlichen Verläufen (vorher, nachher, anschließend, gleichzeitig) sowie Verlaufsformen (z. B. Fortschritt, Rückschritt) auch die Nachweisbarkeit von Aussagen (z. B. sicher belegt, teilweise belegt, vermutlich, unklar) berücksichtigt.

3 Individuelle Lösung unter Berücksichtigung, dass es sich bei der hier dargestellten Niederschlagung des Herero-Aufstandes nach heutigen Wertvorstellungen um einen Völkermord handelt. Das in der Quelle zum Ausdruck kommende Menschenbild basiert auf rassistischen Vorstellungen, die heute vor dem Hintergrund geltender Menschenrechte im Grundgesetz der Bundesrepublik Deutschland mit aller Entschiedenheit abzulehnen sind – alle Menschen sind gleich und haben ein Recht auf Freiheit und Leben.

4 Norbert Lammert vertritt die Position, dass es sich bei der Niederschlagung des Herero-Aufstandes durch die deutsche Kolonialmacht nach heutigen Wertvorstellungen um einen Völkermord handle (vgl. Z. 8 f.). Diese Anerkennung müsse nun zu einem Anstoß für einen Versöhnungsprozess führen (Vgl. Z. 17 f.).

5 individuelle Lösung; siehe Ausführungen zu 3

6 Individuelle Lösung unter Berücksichtigung, dass Entwicklungshilfen die Menschen vor Ort unterstützen können, diese finanzielle Hilfe aber bei den Afrikanern auch zu Gedanken führen kann, dass hier die ehemalige deutsche Kolonialmacht wieder großmütig und überlegen auftritt.

Übersicht über die Fachmethoden aus Band 5 bis 8

Methoden aus Band 5 bis 7:

• Das Internet nutzen

Suche beginnen
1. Zu welchem historischen Thema suche ich Informationen?
2. Welche Internet-Suchmaschine wähle ich aus?
3. Welche Internethinweise gibt das Schulbuch?

Suchabsicht festlegen
4. Welche Suchwörter helfen mir zur Beantwortung meiner Fragen weiter?

Überblick über das Suchergebnis bekommen
5. Welche Links sind interessant und brauchbar für mich?
6. Welche Links stammen von glaubwürdigen Anbietern?

Ergebnisse ordnen
7. Wie gehe ich mit den Informationen einer Webseite um?

Informationen sichern und auswerten
8. Wie halte ich die gefundenen Informationen fest?

• Gegenständliche Quellen interpretieren

Die gegenständliche Quelle beschreiben
1. Was sind die äußeren Merkmale (z. B. Aussehen, Größe, Gewicht, Material) des Gegenstandes?
2. Wie alt ist der Gegenstand?
3. Wo wird der Gegenstand heute aufbewahrt?

Die Funktion und Bedeutung der gegenständlichen Quelle untersuchen
4. Wie funktioniert bzw. wie bedient man den Gegenstand?
5. Wozu wurde der Gegenstand in der Vergangenheit genutzt?
6. Wem gehörte der Gegenstand?
7. Welche Bedeutung hatte der Gegenstand damals und heute?

Die gegenständliche Quelle interpretieren
8. Welche Aussagen lassen sich mithilfe des Gegenstandes über das Leben der Menschen (z. B. auf Lebensweisen, Alltag, technischer Fortschritt) treffen?
9. Ist der Gegenstand für unser heutiges Leben noch bedeutsam oder wurde er von einem anderen ersetzt?

• Einen Sachtext lesen und verstehen

1. Schritt: Ersten Überblick verschaffen

Welche Überschrift hat der Text?

Wie ist der erste Eindruck von Inhalt und Aufbau des Textes?

2. Schritt: Fragen stellen

Was weiß ich schon über das Thema?

Wer kommt in dem Text vor?

Wo und wann findet das Dargestellte statt?

Worum geht es?

Welche Fragen bleiben offen?

3. Schritt: Schlüsselwörter klären

Welche schwierigen Wörter oder Unklarheiten muss ich klären?

In welche Abschnitte lässt sich der Text gliedern?

Welche Überschriften passen zu den Textabschnitten?

4. Schritt: Inhalt wiedergeben

Gib mithilfe der Überschriften und Schlüsselwörter den Inhalt des Textes wieder.

• Eine Geschichtskarte auswerten

Den Kartentitel auswerten

1. Welche Informationen kannst du dem Kartentitel entnehmen?

Die Kartenlegende entschlüsseln und den Maßstab feststellen

2. Nimm dir Zeit, die Legende genau zu studieren. Sie ist der Schlüssel zum Verständnis der Karte: Wofür stehen die verwendeten Symbole?

3. Welche Bedeutung haben die kursiv gesetzten Namen?

4. In welchem Maßstab ist die Karte angefertigt?

Die Karte lesen

5. Häufig gehst du von vorformulierten Fragen aus, manchmal stellst du selbst Fragen an die Karten.

6. Was ist die Hauptaussage der Karte?

Weitere Fragen zur Karte stellen

7. Karten können nicht alle wichtigen Informationen zu einem Thema aufnehmen, da sie ansonsten mit Symbolen überfrachtet und kaum mehr lesbar wären. Ausgehend von einer Karte ergeben sich deshalb oft Fragen, zu deren Klärung du weitere Hilfsmittel benötigst.

• Eine Bildquelle auswerten

Einzelheiten des Bildes erfassen

1. Welche Personen sind dargestellt?

2. Wie sind sie gekleidet und dargestellt?

3. Welche weiteren Gegenstände oder Tiere sind zu sehen?

4. Wo befinden sich die Personen und Gegenstände?

Zusammenhänge erklären

5. In welcher Beziehung stehen die abgebildeten Personen, Tiere oder Gegenstände zueinander?

6. Findest du Merkmale, die auf bestimmte Eigenschaften, Beruf oder gesellschaftliche Stellung der dargestellten Personen hinweisen?

Zusätzliche Informationen heranziehen

7. In der Bildlegende findest du wichtige Hinweise. Sie gibt dir Auskunft darüber, wer wann für wen warum ein Bild gemalt hat. Manchmal hat das Bild auch einen Titel.

8. Weitere Fragen lassen sich oft durch eine zusätzliche Textquelle klären.

• Eine schriftliche Quelle untersuchen

Die Quelle mit Blick auf eine Leitfrage sichten

1. Eine Leseabsicht festlegen – welche Frage soll mit der Quelle beantwortet werden?

2. Lies den Text gründlich.

Informationen zum Autor und zur Entstehungszeit beachten

3. Wer war der Autor/die Autorin der Quelle?

4. Wann und wo wurde die Quelle geschrieben?

5. Um welche Art von Text handelt es sich (z. B. Tagebuch, Brief, Rede, historisches Werk)?

6. An wen war der Text gerichtet?

Inhalte der Textquelle entnehmen und verstehen

7. Welche Begriffe muss ich klären?

8. Wie ist die Quelle aufgebaut? Finde Überschriften für die wichtigsten Abschnitte.

9. Welche Stellen sind erklärungsbedürftig? Stelle passende Warum-Fragen und versuche sie zu beantworten.

10. Was ist die Hauptaussage des Textes? Beantworte die Leitfrage aus Schritt 1.

Absicht des Autors einschätzen und die Textquelle beurteilen

11. Welche Absicht verfolgte der Autor?

12. Wie zuverlässig erscheinen die Aussagen der Quelle? (Wann lebte der Autor? Wann schrieb er den Text? Wie groß war der zeitliche Abstand zu dem Ereignis?)

13. Welche Meinung vertrittst du zum Inhalt der Quelle? (Sind die Aussagen glaubwürdig, schlüssig, fragwürdig, einseitig, zweifelhaft?)

• Schaubilder verstehen

Einzelne Elemente des Schaubildes erfassen

1. Welche Fachbegriffe werden verwendet und müssen geklärt werden?

Aufbau des Schaubildes untersuchen

2. Wie ist das Schaubild zu lesen?

3. Welche Versammlungen und Ämter gab es?

Inhalt vertiefen und bewerten

4. Was waren die Aufgaben der einzelnen Ämter und Versammlungen?

5. Wie war die Macht im Staat verteilt?

6. Sammle offene Fragen.

• Schriftliche Quellen vergleichen

Ersten Eindruck festhalten

1. Wie ist dein Eindruck nach dem ersten Lesen?

Informationen zu Autoren und Entstehungszeit herausarbeiten

2. Wann sind die Texte geschrieben worden?

3. Wie groß ist der zeitliche Abstand zwischen Ereignis und Bericht?

4. Waren die Autoren Augenzeugen? Wenn nicht: Wen geben sie als Informanten an?

Inhalt der Textquellen zusammenfassen und vergleichen

5. Gib die Hauptaussagen und Schlüsselbegriffe der Texte wieder und vergleiche beide im nächsten Schritt.

6. Welche Informationen stimmen überein?

7. Gibt es Einzelheiten, die nicht in den Texten erscheinen bzw. unterschiedlich genau oder ausführlich wiedergegeben werden?

8. Was wird berichtet, ist es logisch oder enthält es Unstimmigkeiten?

9. Ist ein Urteil oder eine Meinung des Verfassers zu erkennen?

Weitere Informationen sammeln

10. Ziehe weitere Informationen hinzu, z. B. aus Sachbüchern, dem Schulbuch oder dem Internet.

Ergebnisse darstellen und beurteilen

11. Vergleiche die Notizen aus den einzelnen Arbeitsschritten miteinander. Formuliere eine eigene Meinung.

• Ein historisches Urteil bilden

Eine Leitfrage formulieren

1. Welche Frage(n) soll(en) beantwortet werden?

Informationen zur Quelle und deren Inhalt erfassen

2. Wer war der Autor/die Autorin der Quelle/der Darstellung?

3. Wann und wo wurde die Quelle/die Darstellung geschrieben?

4. An wen war der Text gerichtet?

5. Was ist die Hauptaussage des Textes? (Arbeite die Positionen, Argumente und Meinungen zur Leitfrage aus der Quelle/der Darstellung heraus.)

Ein historisches Sachurteil bilden

6. Welches Interesse verfolgt der Autor und wie ist der Inhalt der Quelle/der Darstellung zu beurteilen (z. B.: was wollte der Redner erreichen)?

7. Wie würden die Zeitgenossen aus ihrer Zeit heraus die Leitfrage beantworten und wie begründen sie dies?

8. Wie könnte die Leitfrage aus einer anderen Perspektive anhand von weiteren Quellen und/oder Darstellungen beantwortet werden (z. B. unterschiedliche Sichtweisen von Beteiligten)?

Ein historisches Werturteil bilden

9. Wie würdest du aus heutiger Sicht die Leitfrage beantworten?

• Eine schriftliche Quelle analysieren

Quelle und Autor (Verfasser) einordnen

1. Wer ist der Autor der Quelle (Augenzeuge; besondere Beziehungen zwischen ihm und einer der beschriebenen Personen)?
2. Wann und wo wurde die Quelle geschrieben (zeitlicher und örtlicher Abstand zum Ereignis)?
3. Um welche Art von Text handelt es sich (z. B. Brief, Urkunde, Gesetz, Geschichtsbuch)?
4. An wen ist der Text gerichtet?

Textinformationen entnehmen

5. Welche Begriffe muss ich klären?
6. Wie ist die Quelle aufgebaut? Finde Überschriften für die dir wichtig erscheinenden Abschnitte.
7. Welche Schlüsselbegriffe (= wichtige oder wiederholte Wörter) werden verwendet?
8. Was ist die Hauptaussage des Textes? Fasse sie in ein bis zwei Sätzen zusammen. Tatsachen von Meinungen unterscheiden und selbst Stellung nehmen (beurteilen).
9. Welche Absicht verfolgte der Autor?
10. Welche Aussagen des Textes scheinen dir historisch zuverlässig zu sein, welche sind eher individuelle Meinungen des Autors? Aus welcher Perspektive* betrachtet der Autor das Geschehen? Prüfe Textaussagen mithilfe anderer Informationsquellen (Schulbuch, Fachbücher).
11. Wie wurde das Ereignis aus damaliger Sicht beurteilt?
12. Welche Meinung vertrittst du zur Quelle?

• Ein Herrscherbild analysieren

Einzelne Bildelemente beschreiben

1. Welche Personen sind zu sehen?
2. Wie sind die Personen dargestellt (z. B. im Profil, von vorn, Größenverhältnisse)? In welcher Position bzw. Bewegung werden sie gezeigt? Welche Gesten sind erkennbar? Was sagt ihr Gesichtsausdruck? Wie sind sie ausgestattet (z. B. Kleidung, Frisur, Standeszeichen, Herrschaftszeichen)?
3. Welche größeren Gegenstände sind erkennbar? Wie ist der Hintergrund gestaltet?

Bildelemente zusammenfügen und erste Deutung vornehmen

4. Wie gehören die Bildelemente zusammen?
5. Was erscheint merkwürdig?

Zusätzliche Informationen hinzuziehen und Bedeutung der Bildelemente entschlüsseln

6. Welche Hinweise gibt die Bildunterschrift (z. B. Entstehungszeit, bestimmter Anlass, Entstehungsort, Künstler, Auftraggeber, Adressaten)?
7. Recherchiere Hintergrundinformationen zu den Symbolen, Gesten und Personen. Lassen sich die bisherigen Deutungen durch andere Quellen bestätigen oder ergänzen bzw. korrigieren?
8. Was wollte der Künstler mit seinem Bild ausdrücken? Ergreift er Partei für eine bestimmte Person oder Auffassung?

Bildaussage formulieren

9. Welche Gesamtaussage lässt sich formulieren? Gibt es mehrere Deutungen?

• Eine Bildquelle interpretieren

Einzelne Elemente beschreiben

1. Was ist dargestellt (Personen, Gegenstände)?
2. In welchen Positionen (Haltungen), in welchen Bewegungen sind sie zu sehen?
3. Wie lässt sich die Situation beschreiben?
4. Was erscheint merkwürdig?

Zusätzliche Informationen hinzuziehen und Bedeutung der Bildelemente interpretieren

5. Welche Hinweise gibt die Bildunterschrift?
6. Welche Bedeutung würdest du der entsprechenden Geste, Gebärde, Handlung oder auch dem Gegenstand heute noch zuordnen?
7. Recherchiere Hintergrundinformationen zu den Symbolen (Bibliothek, Internet).
8. Welche Einzelaussagen ergeben sich aus den Symbolen und Gesten?

Bildaussage formulieren

9. Welche Gegenstände oder Handlungen scheinen besonders wichtig zu sein für die Aussage des Bildes? Woran erkennst du dies?
10. Welche Gesamtaussage lässt sich formulieren? Gibt es mehrere Deutungen?

• Einen Stadtplan auswerten

Erste Informationen herausarbeiten

1. Fertige eine Fotokopie der Stadtpläne an.
2. Welche Stadt ist dargestellt?
3. Wann sind die Stadtpläne entstanden?

Veränderungen in den Stadtplänen untersuchen

4. Finde die alte Stadtmauer im alten Plan und zeichne ihren ungefähren Verlauf in den neuen Plan ein.
5. Welche besonderen Merkmale einer mittelalterlichen Stadt (z. B. Gebäude, Stadtmauer) kannst du auf dem alten Plan erkennen?
6. Markiere den Standort der besonderen Merkmale der mittelalterlichen Stadt im neuen Plan und prüfe, ob sie heute noch existieren.
7. Prüfe im neuen Stadtplan, ob man durch heutige Namen von Straßen oder Plätzen Rückschlüsse auf deren Bedeutung oder ehemalige Bewohner ziehen kann.
8. Wie entwickelte sich die Stadt in den folgenden Jahrhunderten? (z. B.: Gibt es Anzeichen dafür, dass die Stadt gewachsen ist? Gibt es noch einen Stadtgraben?)

Informationen zusammenfassen und deuten

9. Fasse zusammen, was du aus den Stadtplänen über die Stadt erfährst.

• Historische Karten analysieren

Karte und Kartografen einordnen

1. Wann und wo ist die Karte entstanden und veröffentlicht worden?
2. Wer ist der Kartograf? Woher stammt sein Wissen?
3. Ist ein besonderer Anlass für die Zeichnung der Karten bekannt? War es eine Auftragsarbeit?

Kartenelemente beschreiben und deuten

4. Was ist das Thema der Karte?
5. Welche Gebiete/Kontinente werden dargestellt?
6. Ist die Welt maßstabsgetreu abgebildet?
7. Welche Besonderheiten sind in der Karte eingezeichnet (Symbole, landschaftliche Merkmale wie Flüsse, Berge, Orte …)?
8. Wie wird die Karte eingerahmt?
9. Welches Bild von der Welt lässt sich der Kartendarstellung entnehmen?

Mit anderen Karten vergleichen

10. Wie unterscheiden sie sich in Symbolik und Einrahmung? Welche Gemeinsamkeiten gibt es?
11. Welche Gemeinsamkeiten und Unterschiede bestehen in der Gesamtaussage?

• Ein Flugblatt untersuchen und deuten

Angaben zum Bild machen

1. Ist der Künstler bekannt? Wie lautet sein Name?
2. Wann und wo wurde das Flugblatt hergestellt?
3. Wie lautet der Titel und/oder die Bildunterschrift?

Text- und Bildelemente beschreiben

4. Wer oder was wird dargestellt? Beschreibe: dargestellte Personen (Kleidung, Aussehen, Mimik, Gestik), Gegenstände, Hintergrund und Farbgebung
5. Wie ist das Verhältnis der dargestellten Personen? (Größenunterschiede, Gesten, Blickrichtungen)
6. Gibt es einen weiteren Text? In welcher Beziehung stehen Text und Bild zueinander?

Bild- und Textelemente deuten

7. Welche Symbole werden verwendet und wofür stehen sie?
8. Welche Gesten werden verwendet und welche Wirkung wird mit ihnen erreicht?

Aussage formulieren

9. Welche Gesamtaussage hat das Flugblatt?
10. Wie hat das Flugblatt wohl auf Zeitgenossen gewirkt? Wie wirkt es auf dich? (Was ist für einen heutigen Betrachter vertraut, was fremd?)
11. Welchem Zweck diente das Flugblatt? Ergreift der Künstler durch seine Darstellung Partei?

• Eine Exkursion durchführen

Informationen beschaffen

1. Besorgt euch Informationsmaterial im Internet oder bei der Verwaltung der Sehenswürdigkeit.

Exkursion organisieren

2. Klärt, welcher Termin infrage kommt. Beachtet Termine in der Schule und die Öffnungszeiten der Sehenswürdigkeit. Ermittelt Fahrpreis, Fahrzeiten sowie Preise für Eintritt und Führungen.

Inhalte der Exkursion in der Schule vorbereiten

3. Sichtet das Material und entscheidet euch für einige Schwerpunkte eurer Exkursion.
4. Einigt euch auf den Ablauf der Exkursion und darauf, wie ihr eure Ergebnisse dokumentieren wollt.
5. Teilt die Klasse in Gruppen ein, die dann Einzelfragen zu ihrem Thema formulieren.

Exkursion durchführen

6. Verschafft euch gemeinsam einen ersten Überblick, z. B. durch eine Führung.
7. Fertigt Notizen, Skizzen und Fotos oder Videos an. Befragt das Personal der Sehenswürdigkeit. Teilt euch dazu in die vorher festgelegten Kleingruppen ein.

Befunde auswerten und dokumentieren

8. Wertet eure Ergebnisse in der Schule in den Arbeitsgruppen aus und tragt sie der Klasse vor.
9. Dokumentiert eure Ergebnisse wie geplant.

• Philosophische Texte analysieren und vergleichen

Leitfrage formulieren
Formale Aspekte

1. Wer sind die Autoren?
2. Wann und wo sind die Texte veröffentlicht worden?
3. Um welche Textarten handelt es sich?
4. Wovon handeln die Texte?
5. An wen richten sich die Texte?

Inhalt erschließen

6. Was sind die wesentlichen Textaussagen?
7. Wie antworten beide Texte auf die Leitfrage?

Aussagen vergleichen

8. Welche Unterschiede und Gemeinsamkeiten lassen sich feststellen?

Beurteilen (sich in die Menschen der Zeit hineinversetzen und ein Urteil bilden)

9. Welche Ziele verfolgten die Autoren?
10. Wie kann die Leitfrage aus Sicht der beiden Philosophen beantwortet werden?

Bewerten (ein Urteil aus heutiger Sicht mit Blick auf die Leitfrage bilden)

11. Welche Bedeutung hat der „Gesellschaftsvertrag" heute?

• Eine Karikatur analysieren

1. Wie wirkt die Karikatur auf dich?

Einzelheiten beschreiben

2. Welche Personen, Gegenstände und anderen Details lassen sich erkennen? Achte auf den Gesichtsausdruck und die Körperhaltung. Beziehe die Bildunterschrift mit ein.

Zusätzliche Informationen heranziehen

3. Wer ist der Zeichner?
4. Wann und wo ist die Karikatur entstanden?
5. Gibt es einen Titel?
6. Welches Thema hat die Karikatur?

Bildaussage erkennen

7. Welche Bedeutung haben die Personen und Gegenstände?
8. Auf welches Ereignis bezieht sich die Karikatur?

Aussage der Karikatur formulieren

9. Was ist die Botschaft?
10. Was wird kritisiert?
11. Welche Wirkung könnte die Karikatur haben?

• Ein Verfassungsschaubild auswerten

Einzelne Elemente der Abbildung erfassen

1. Welche Fachbegriffe werden genannt?
2. Welche Bedeutung haben Farben, Pfeile etc.?

Formale Aspekte

3. Wie ist das Schaubild zu lesen?

Inhalt erschließen

4. Welche Verfassungsorgane sind dargestellt?
5. Inwiefern ist die Gewaltenteilung dargestellt?
6. Wer kontrolliert wen?
7. Wer darf wen wie oft wählen?
8. Um welche Staatsform handelt es sich?

Aussagen überprüfen

9. Sind die Angaben im Verfassungsschema richtig?

Urteilen

10. Werden Vorteile, Fortschritte und/oder Nachteile, Schwierigkeiten offensichtlich?
11. Worüber gibt das Schaubild keine Auskunft?

Geschichte darstellen: Geschichte erzählen

Wie du Geschichte und vergangene Ereignisse mündlich oder schriftlich darstellen kannst, hast du bereits auf den „Geschichte-darstellen-Seiten" sowie bei den „Geschichte-darstellen-Aufgaben" in den vorangegangenen Bänden kennengelernt. Die Seitenzahlen in dieser Übersicht verweisen auf den vorliegenden Band. Im zweiten Teil sind noch einmal die Inhalte der „Geschichte-darstellen-Seiten", die in den Bänden 5, 6 und 7 eingeführt wurden, abgedruckt.

Geschichte darstellen	*Seitenzahlen in diesem Band*		
Gegenständliche Quellen vorstellen	Band 5, s. u.	Eine biografische Skizze erstellen	Band 6, s. u.
Einen Sachtext verfassen (zeitliche Verläufe darstellen)	Band 5, s. u.	Historische Verläufe darstellen (Verlaufsformen in einer Darstellung)	Band 7, s. u.
Die wahre Geschichte? (Nachweisbarkeit prüfen und darstellen)	Band 5, s. u.	Über ein historisches Ereignis erzählen	Band 7, s. u.
		Ein historisches Ereignis nacherzählen	27
		Einen Podcast erstellen	114

Übersicht der Geschichte-darstellen-Seiten aus Band 5, 6 und 7:

• Gegenständliche Quellen vorstellen (Steckbrief)

1. Bezeichnung des Gegenstandes
2. Aussehen (Größe, Gewicht, Material)
3. Fundort zu Hause
4. Alter
5. Herstellungsort
6. im Familienbesitz seit
7. frühere und aktuelle Aufbewahrungsorte
8. frühere Verwendung
9. heutige Verwendung
10. Bedienung
11. Bedeutung für Menschen früher
12. Bedeutung für Menschen heute
13. meine Informationsquelle(n)

• Einen Sachtext verfassen (zeitliche Verläufe darstellen)

Eine Leitfrage formulieren
1. Worüber soll der Sachtext informieren?

Informationen sammeln, ordnen und in kurzen Stichpunkten notieren
2. Suche nach Quellen und Darstellungen, die dir Informationen zu deiner Leitfrage liefern.

3. Schreibe dir stichpunktartig Informationen auf, mit denen du die Leitfrage beantworten kannst. Ordne diese nach Wichtigkeit.

Den Sachtext gliedern und schreiben
4. Die Einleitung
   – Stelle das Thema und die Leitfrage(n) vor.
5. Der Hauptteil
   – Formuliere aus den vielen Informationen und Stichpunkten aus dem dritten Arbeitsschritt ganze, zusammenhängende Sätze.
   – Damit der Sachtext verständlich ist, musst du das Geschehene zeitlich ordnen (siehe unten): Was geschah zuerst, was folgte darauf, was geschah gleichzeitig zu einer Handlung/einem Ereignis?
6. Der Schluss
   – Beantworte die Leitfrage(n) aus Arbeitsschritt 1 und erkläre, woher deine Informationen stammen.

Zeitliche Verläufe in einem Sachtext darstellen
Beim Schreiben eines Sachtextes, der über ein historisches Ereignis oder eine Handlung berichtet, helfen dir folgende Begriffe:

– **vorher** (zuerst, davor)
– **nachher** (später, danach, dann)
– **zeitgleich** (zur selben Zeit, gleichzeitig)

• Die wahre Geschichte?
(Nachweisbarkeit prüfen und darstellen)

1. **sicher belegt:**
   Informationen, die sicher belegt werden können, lassen sich durch mehrere Quellen von verschiedenen Personen aus verschiedenen Sichtweisen übereinstimmend belegen.

2. **teilweise belegt:**
   Teilweise belegbare Informationen sind in einzelnen Quellen zu finden oder werden angedeutet. Es fehlen aber Quellen zu weiteren Sichtweisen von anderen Personen.

3. **vermutlich:**
   Informationen, die mit „vermutlich" gekennzeichnet werden, sind so direkt in den Quellen nicht zu finden. Sie können aber aus dem Zusammenhang einer oder mehrerer Quellen abgeleitet werden. Archäologen können auch anhand verschiedener Gegenstände oder des Zustandes von Knochen Vermutungen auf Verwendung eines Gegenstandes oder Lebensweise der Menschen aufstellen. Dabei können Vermutungen auch unterschiedlich sein.

4. **unklar:**
   Zu diesen Informationen können keine Aussagen getroffen werden, die sich durch Quellen belegen lassen.

• Eine biografische Skizze erstellen

Eine Leitfrage formulieren
1. Welche Frage(n) soll(en) mithilfe der biografischen Skizze beantwortet werden?

Informationen zur historischen Person sammeln, ordnen und in kurzen Stichpunkten notieren
2. Suche Informationen zu deiner Leitfrage.
3. Schreibe dir stichpunktartig Informationen auf, mit denen du die Leitfrage(n) beantworten kannst.

Die biografische Skizze gliedern und schreiben
4. über das Leben der historischen Person
5. über die Leistungen/das Wirken der historischen Person
6. der Schluss: Hier beantwortest du kurz die Leitfrage(n) aus Arbeitsschritt 1 und erklärst, woher deine Informationen stammen.

• Historische Verläufe darstellen

Das Thema und den Schwerpunkt finden
1. Wie lautet das Thema der Darstellung?

Informationen sammeln, ordnen und in kurzen Stichpunkten notieren
2. Suche nach Quellen und Darstellungen, die dir Informationen zu deinem Thema liefern.
3. Formuliere Fragen, die du dir selbst zu deinem Thema stellst. Notiere stichpunktartig Informationen, mit denen du deine Leitfragen beantworten kannst

Die Darstellung gliedern und schreiben
4. Einleitung
   – Es ist für einen Leser interessanter, wenn du erklärst, warum sich Leser mit dieser Thematik beschäftigen sollten.
5. Hauptteil
   – Formuliere aus deinen Informationen ganze, zusammenhängende Sätze.
   – Beachte, dass du Verlaufsformen deutlich machst: Was geschah wann und wo? Wie hingen die Ereignisse zusammen und warum geschah es? Achte auf die Chronologie* der Ereignisse.
6. Schluss
   – Fasse das Wichtigste kurz zusammen.

• Über ein historiches Ereignis erzählen

Erzählen im ursprünglichen Sinn
Aus Quellen werden Ereignisse entnommen und in einer zusammenhängenden Geschichte erzählt.

Fiktionales Erzählen
Unter Einbeziehung von Fiktionen, also etwas Erfundenem (z. B. aus Sicht einer erfundenen Person), wird das historische Geschehen auf der Grundlage von Quellen erzählt.

Unterrichtsmethoden

Die Kugellager-Methode

- Setzt oder stellt euch paarweise in einem Innen- und Außenkreis gegenüber.
- In einem vorher festgelegten Zeitrahmen tauscht ihr euch mit eurem Gegenüber über ein vorher festgelegtes Thema aus.

- Auf ein vereinbartes Zeichen der Lehrkraft dreht sich der Innenkreis im Uhrzeigersinn zwei Plätze weiter. Dort findet der Austausch mit dem neuen Partner statt.
- Für einen erneuten Partnerwechsel dreht sich auf das Signal der Lehrkraft der Außenkreis gegen den Uhrzeigersinn zwei Plätze weiter.

- Nach mehreren Runden könnt ihr eure Ergebnisse gemeinsam auswerten.

Tipp: Schafft Platz, sodass ihr genug Abstand zu den anderen Paaren habt. Ihr könnt Tische und Stühle an den Rand schieben oder vielleicht auf den Schulhof gehen.

Einen Kurzvortrag halten

- Vorbereitung: Sammle und ordne alle Informationen zu deinem Thema (z. B. in einer Mind-Map).
- Entwickle eine Ordnung für deinen Vortrag: Lege zu jedem Hauptpunkt eine Karteikarte mit den wichtigsten Informationen an und nummeriere die Karteikarten in einer sinnvollen Reihenfolge.

- Überlege dir einen interessanten Einstieg und Schluss für deinen Vortrag.
- Versuche, möglichst frei vorzutragen. Sprich laut, deutlich und nicht zu schnell.
- Schau dein Publikum an. So siehst du auch, wenn es Zwischenfragen gibt.

- Unterstütze deinen Vortrag durch Anschauungsmaterial (Bilder, Grafiken, Gegenstände).

Ein gutes Lernplakat gestalten

- Verwende für das Plakat mindestens die Größe DIN A2, besser DIN A1 (= 8 DIN-A4-Blätter).
- Beschränke dich auf die wesentlichen Informationen.
- Die Informationen auf dem Plakat müssen sachlich stimmen (z. B. richtige Jahreszahlen).

- Das Thema des Plakats muss deutlich zu lesen sein.
- Schreibe in Stichpunkten oder in kurzen Sätzen.
- Unterstreiche Schlüsselbegriffe oder rahme sie ein.
- Verwende für die Schrift einen schwarzen oder dunkelblauen Stift. Andere Farben eignen sich für Pfeile, Linien oder Hervorhebungen.

- Achte auf die Lesbarkeit der Schrift (Größe und Ordnung). Du kannst Hilfslinien mit Bleistift zeichnen und später wegradieren.
- Gliedere deine Informationen durch unterschiedliche Schriftgrößen. Verwende Ordnungszahlen, wenn du eine bestimmte Reihenfolge darstellen möchtest.

4 Eine Mind-Map anfertigen

- Werte Materialien (Bilder, Texte) zunächst aus, bevor du mit der Mind-Map anfängst. Sammle deine Ergebnisse in Stichpunkten.

- Schreibe das Thema in die Mitte des Blattes.
- Überlege dir eine Struktur für die Mind-Map: Finde zunächst Schlüsselbegriffe, die du auf die großen Äste schreibst.

Tipp: Mind-Maps werden meist im Uhrzeigersinn gelesen. Bedenke das bei deinem Aufbau.

- Gruppiere die zugehörigen Stichpunkte, Wörter und Namen. Gehe vom Abstrakten zum Konkreten.
- Beschränke dich auf 4–6 Hauptäste, um die Mind-Map übersichtlich zu halten.
- Mache Verbindungen innerhalb der Mind-Map mit Pfeilen deutlich.
- Arbeite mit Symbolen (z. B. Blitz für Konflikte). Gib den Ästen unterschiedliche Farben.

5 Ein Rollenspiel durchführen

- **Ausgangslage festhalten:** Fertigt eine Situationskarte und mehrere Rollenkarten an. *Situationskarte:* kurze Beschreibung, welche Situation nachgespielt werden soll. Welche Probleme sind zu lösen? *Rollenkarte:* Je eine für die dargestellten Personen und für die Beobachter. Auf den Karten sind Tätigkeit, Eigenschaften, Verhalten und die Ziele der Personen notiert.

- **Rollen verteilen:** Vorgaben der Rollenkarten beachten, eigene Vorstellungen dürfen aber auch eingebracht werden.
- **Spiel vorbereiten:** Die Spielerinnen und Spieler heften sich ein Schild mit ihrer Rollenkennzeichnung an. Sie besprechen die Situation (Situationskarte) und die Rollen (Rollenkarten) untereinander.
- **Spiel durchführen:** Spielbeobachter machen sich während des Spiels Notizen zu den einzelnen Rollen.
- **Spiel auswerten:** Die Beobachter bewerten das Spiel und begründen ihre Meinung. Wurden die Rollen glaubhaft gespielt? Welche Argumente wurden genannt? Passten sie in die Situation und die Zeit? Was war gut, was könnte verbessert werden?

Lexikon

Im Lexikon findest du Fremdwörter, historische Begriffe und Ereignisse, die in den Texten dieses Buches vorkommen. Viele sind vorne mit einem * versehen und werden hier erläutert. Bei Fachbegriffen, die vorne in Begriffskästen erklärt werden, findest du einen Verweis auf die entsprechende Seite.

A

Antisemitismus, neue Judenfeindlichkeit seit dem 19. Jahrhundert. Sie stützte sich nicht mehr auf religiöse Gründe wie im Mittelalter, sondern auf pseudowissenschaftliche Theorien. Juden wurden als minderwertige „Rasse" diskriminiert. Oft war Antisemitismus mit Nationalismus verbunden.

Arbeiterbewegung, Gesamtheit der Organisationen der Industriearbeiter. Sie entstanden während der Industrialisierung im 19. Jahrhundert. Die Arbeiterbewegung entwickelte sich zu einer Massenbewegung mit Arbeiterparteien und Gewerkschaften. Hauptziele waren die Verbesserung der wirtschaftlichen und sozialen Lage der Arbeiter und politische Mitsprache.

B

Befreiungskriege, Bezeichnung für die Auflehnung gegen die napoleonische Herrschaft und die damit einhergehenden kriegerischen Auseinandersetzungen in Mitteleuropa von 1813 bis 1815. Mit den Befreiungskriegen wurde die französische Hegemonie unter Napoleon Bonaparte in Europa beendet.

Binnenwanderung, Wechsel des Wohnsitzes innerhalb der Grenzen eines Staates, z. B. ein Umzug vom Land in die Stadt.

Bourgeoisie, im 19./20. Jh. Bürger mit Besitz und wirtschaftlichem Einfluss, also Kaufleute, Unternehmer oder Bankiers. Der Begriff taucht oft in den kommunistischen Schriften von Karl Marx auf und bildet dort den Gegensatz zum Proletariat (den besitzlosen Arbeitern).

Bundesstaat, siehe S. 19

Bündnissystem, Abkommen und Verträge, die dazu dienen, Kriege zu verhindern oder Bündnispartner zur Hilfe oder Neutralität zu verpflichten. Berühmt wurde das Bündnissystem des Reichskanzlers Bismarck, das aus wechselnden Bündnissen mit verschiedenen Nationen bestand. Bismarck wollte damit einerseits die Macht des Deutschen Reichs sichern, andererseits den europäischen Mächten die Angst vor einem erstarkten Deutschland nehmen.

Bürger, im Mittelalter und in der Frühen Neuzeit vor allem städtische Kaufleute und Handwerker. Im 19. und 20. Jh. Angehörige einer Bevölkerungsschicht, die bestimmt wird von Besitz, Bildung und gemeinsamen Einstellungen. Sie hebt sich von Adel und Klerus, Bauern und Unterschicht ab. Neben Besitz- und Wirtschaftsbürgern (Bourgeoisie) gibt es Bildungsbürger (z. B. höhere Beamte, Leute mit freiem Beruf) und Kleinbürger (z. B. Handwerker, Händler, Wirte).

Burschenschaften, Vereinigung von Studenten. Im 19. Jh. formierten sich Studenten zu Burschenschaften und vertraten gemeinsame Interessen. Sie forderten einen deutschen Nationalstaat. Als Erkennungsmerkmal hat jede Burschenschaft ihre eigenen Farben.

C

Chronologie, beschreibt die zeitliche Abfolge historischer Ereignisse. Die Chronologie ist die Wissenschaft der Zeitrechnung und -messung. Chronologische Ereignisse finden sich zum Beispiel in einer Chronik, einer Darstellung, in der die Ereignisse in zeitlicher Abfolge niedergeschrieben sind.

Code civil, französisches Gesetzbuch von 1804, nach seinem Auftraggeber auch „Code Napoléon" genannt. Es garantierte wichtige Errungenschaften der Französischen Revolution, wie persönliche Freiheit und Gleichheit vor dem Gesetz, und beeinflusste viele bis heute gültige Gesetzbücher, z. B. das Bürgerliche Gesetzbuch der Bundesrepublik Deutschland.

D

Demokratie, Staatsform, bei der die Macht vom Volk ausgeht (Volkssouveränität). Gewählte und vom Volk kontrollierte Vertreter (Abgeordnete) lenken den Staat.

Deportation, Zwangsverschleppung von Menschen, z. B. feindlichen Bevölkerungsgruppen oder politischen Gegnern. Ein Beispiel war die Deportation der Herero durch deutsche Truppen in Südwestafrika.

Deutscher Bund, Zusammenschluss der deutschen Staaten. Zentrales Organ war die Bundesversammlung in der Frankfurter Paulskirche, wo Gesandte aller Bundesstaaten zusammenkamen.

Deutscher Zollverein, Zusammenschluss fast aller deutschen Länder ab 1834: Wirtschaftsgebiet ohne Handelsschranken; einheitliches Maß- und Gewichtssystem; Sicherung der Vormacht Preußens gegenüber Österreich. Ein einheitliches Währungssystem fehlte.

Diskriminierung, (lat. discriminare = abgrenzen, unterscheiden) Benachteiligung und Herabwürdigung von Gruppen oder Personen. Gründe dafür sind z. B. Hautfarbe, Geschlecht, Religion, Abstammung („Rasse"), politische oder sexuelle Orientierung, soziale Herkunft. Benachteiligungen können auf allen Ebenen des Lebens stattfinden, z. B. bei der Teilnahme am öffentlichen Leben, Ausbildung, Berufsausübung oder Entlohnung.

E

Edikt (lat. edicere = ansagen, bekannt machen), ein Erlass oder eine Verordnung einer Obrigkeit, z. B. der Kirche oder des Staates.

F

Fabrik, siehe S. 47

Feudalismus (lat. feudum = Lehen), Bezeichnung für das seit dem Mittelalter bestehende Herrschaftsverhältnis unter Adligen. Historiker verwenden auch den Begriff Lehnswesen.

Fraktion (lat. fractio = Bruchteil), Zusammenschluss von Abgeordneten in einem Parlament. Seit Entstehung der Parteien Ende des 19. Jh. gehören Fraktionsmitglieder meist derselben Partei an.

Freikorps, ein Truppenverband, der aus Freiwilligen besteht.

G

Generalstände, in Frankreich vor 1789 die ständige Vertretung des Königreichs durch die drei Stände (Geistliche, Lehnsfürsten und Abgeordnete königlicher Städte). Ihre wichtigsten Aufgaben waren Steuerbewilligung und Vorlage von Beschwerden.

Generalstreik, schärfste Form des Streiks. Durch Arbeitsniederlegung aller oder der meisten Arbeitnehmer wird das wirtschaftliche Leben eines Landes lahmgelegt. Dadurch wird der Streik zu einem wirkungsvollen politischen Druckmittel.

Gewerbe, selbstständige, auf eigene Verantwortung betriebene Arbeit, bei der etwas hergestellt wird. Meist werden damit Handwerks- oder Industriebetriebe umschrieben.

Gewerbefreiheit, Freiheit aller, jedes Gewerbe zu betreiben. In vorindustrieller Zeit wurde die gewerbliche Produktion vor allem durch die Zünfte geregelt. Die Gewerbefreiheit wurde in Europa im 18. und 19. Jh. schrittweise eingeführt. Die wichtigste Maßnahme war die Aufhebung der Zünfte.

Gewerkschaften, Zusammenschlüsse von Arbeitern mit dem Ziel, ihre soziale Lage zu verbessern. Ziele waren geringere Arbeitszeiten, höhere Löhne und bessere Arbeitsbedingungen. Ein beliebtes Mittel zur Durchsetzung waren Streiks.

großdeutsch → kleindeutsch/großdeutsch

H

Hegemonie/Hegemonialkriege, bezeichnet die Vorherrschaft von Staaten oder einzelner Gruppen/Personen in den Bereichen Politik, Militär, Handel oder Kultur. Hegemonialkriege werden geführt, um gegenüber anderen Staaten eine solche Vormachtstellung zu erlangen.

Heiliges Römisches Reich, Bezeichnung für den Herrschaftsbereich der deutschen Könige und Kaiser vom Mittelalter bis 1806. „Römisch" hieß es, weil man an die Tradition antiker Kaiser anknüpfen wollte, „heilig", weil der Kaiser sich als gottgewollter Herrscher sah.

I

Ideologie, Lehre und Weltanschauung, die gesellschaftliche und politische Verhältnisse und historische Entwicklungen deutet. Ihre Deutung ist durch Interessen bedingt und daher einseitig und verzerrt; sie soll bestehende Verhältnisse begründen oder rechtfertigen.

Imperialismus, Herrschaft eines industrialisierten Staates über weniger entwickelte Länder. Als Epoche des Imperialismus bezeichnet man die Zeit zwischen 1880 und dem Ersten Weltkrieg 1914. Sie war bestimmt vom aggressiven Nationalismus und Expansionsdrang der Großmächte. Imperiale Herrschaft wurde „direkt" oder „indirekt" ausgeübt (Besetzung oder Kontrolle eines Landes).

Industrialisierung, Veränderungen der Wirtschafts-, Arbeits- und Lebensweise seit Anfang des 19. Jh. Ursachen waren unter anderem Erfindungen wie die Spinn- und Dampfmaschine und eine neue Wirtschaftspolitik. Wichtige Merkmale: Einsatz von Maschinen, Arbeitsteilung und Massenproduktion in Fabriken.

Industrielle Revolution, Anfangsphase der Industrialisierung in England – man spricht von Revolution wegen des schnellen Verlaufs und der drastischen Veränderung der Arbeits- und Lebensweise vieler Menschen.

Investition, Aufwendung finanzieller Mittel, um die Wirtschaft anzukurbeln und den Gewinn zu steigern.

J

Juden(tum), Bezeichnung für die jüdische Religion, Tradition, Philosophie und die Gesamtheit der Juden; erste monotheistische Religion. Die Heilige Schrift der Juden ist die Thora (hebr. = Lehre). Das sind die fünf Bücher Mose, die dem Volk der Juden von Gott übergeben wurden. Der Ort des jüdischen Gottesdienstes ist die Synagoge.

K

Kapitalismus, eine Form der Wirtschaft, bei der Angebot und Nachfrage den Markt bestimmen. Private Unternehmer gründen Firmen und streben nach möglichst großem Gewinn. Das Gegenteil ist der Sozialismus.

Klasse, große Gruppe einer Gesellschaft mit jeweils übereinstimmenden Lebenschancen auf dem Arbeitsmarkt, z. B. Arbeiter.

Klasse/Klassengesellschaft, Begriff aus dem 19. Jahrhundert, den man in Verbindung mit dem → Sozialismus gebrauchte. Man versteht darunter eine Gesellschaft, die sich in eine besitzende und eine besitzlose Klasse teilt. Die besitzenden nannte man Kapitalisten, die besitzlosen Proletarier.

kleindeutsch/großdeutsch, Bezeichnungen für das Staatsgebiet des Deutschen Reichs, die 1848 diskutiert wurden. Die kleindeutsche Lösung umfasste das Gebiet ohne Österreich. Sie wurde 1871 verwirklicht.

Kleriker/Klerus, in der katholischen Kirche Amtsträger; alle Personen, die durch eine kirchliche Weihe in den Dienst der Kirche getreten sind (Geistliche). Die Geistlichen waren ein eigener Stand und besaßen bis ins 19. Jh. Vorrechte.

Kolonialismus, Einrichtung von Handelsstützpunkten und Siedlungen in wenig entwickelten Ländern, vor allem außerhalb Europas, sowie deren Inbesitznahme durch überlegene Staaten seit dem Ende des 15. Jh. Die überlegenen Staaten verfolgen dabei vor allem wirtschaftliche und militärische Ziele.

Kolonien, auswärtige abhängige Gebiete eines Staates ohne eigene politische und wirtschaftliche Macht. Im Zeitalter des Imperialismus war die Gründung von Kolonien ein wesentliches Instrument zur Machtausdehnung europäischer Staaten.

Kommunismus (von lat. communis = gemeinsam), Lehre von Karl Marx und Friedrich Engels. Im Idealfalle gehören alle Produktionsmittel (Land, Häuser, Geräte, Maschinen, Tiere) allen Menschen. Das gemeinsam Produzierte soll gerecht verteilt werden, damit alle Menschen über gleiche Lebenschancen verfügen. In vielen kommunistischen Ländern führen diese Ideen jedoch zu Ungerechtigkeiten, Terror und Verfolgung.

konservativ/Konservatismus, politische Anschauung, die stark darauf abhebt, traditionelle Werte und die Gesellschaftsordnung zu erhalten.

konstitutionelle Monarchie, Staatsform, in der die absolute Macht des Monarchen durch eine Verfassung (Konstitution) beschränkt wird. Sie wurde zuerst in England verwirklicht. Die Verfassung garantiert dem Parlament Rechte, z.B. Gesetze zu erlassen und die Finanzen zu kontrollieren.

Kulturkampf, Bezeichnung des liberalen Abgeordneten Virchow (1873) für den Konflikt zwischen dem Deutschen Reich unter Reichskanzler Bismarck und den Katholiken. Dabei ging es um die Neubestimmung des Verhältnisses zwischen Staat und Kirche. Bismarck scheiterte am Widerstand der Katholiken.

L

Landesherr, Herrscher über ein festes Territorium im Heiligen Römischen Reich. Er sah das Land als sein Eigentum und seine Bewohner als Untertanen.

Legitimation/Legitimität, Rechtfertigung der Ausübung von Macht, z.B. durch Anerkennung durch das Volk, adlige Geburt oder göttliche Fügung (Gottesgnadentum).

Leistungsgesellschaft, Bezeichnung für eine Gesellschaft, in der besonders die persönlichen Leistungen einer Person für deren sozialen Stellung, oder deren Ansehen entscheidend sind (zum Beispiel durch Fleiß und Ehrgeiz). Die Anfänge der Leistungsgesellschaft liegen in der Zeit der Industrialisierung.

Liberale/Liberalismus, siehe S. 21

M

Manufaktur (lat. manu = mit der Hand, facere = machen), große Produktionsstätte, in der verschiedene Handwerker gemeinsam ein Produkt herstellen. Vorläufer der Fabrik.

Marxismus, Lehre von Karl Marx, ihre Auslegung und Weiterführung. → Sozialismus, Kommunismus

Mechanisierung, Einsatz technischer Hilfsmittel, um anstrengende oder gefährliche Arbeiten durch Maschinen ausführen zu lassen und mehr zu produzieren. Menschliche Arbeitskraft wird ersetzt durch Maschinen.

Merkantilismus (lat. mercatus = Handel), Wirtschaftspolitik des 16.–18. Jahrhunderts. Sie sollte die Staatseinnahmen erhöhen. Der Staat schottete sich gegen ausländische Waren ab, förderte den Export und verlangte Steuern von Unternehmern.

Migration, Bezeichnung für die Abwanderung in ein anderes Land oder in eine andere Gegend. Im 19. Jh. wanderten viele Menschen unter anderem nach Amerika aus.

Militarismus, siehe S. 98

Mittelalter, Epoche zwischen 500 n. Chr. und 1500 n. Chr., zwischen Antike und Neuzeit in Europa. Sie endete um 1500 durch die Renaissance, wichtige Erfindungen und Entdeckungen (1492 Amerika) und religiöse Umwälzungen (1517 Reformation).

Monopol, wirtschaftliche Situation, bei der es nur einen Anbieter für ein bestimmtes Produkt gibt. Er kann den Preis vorschreiben.

Mythos (Pl. Mythen), Erzählung, in der wahre und erfundene Ereignisse verknüpft sind.

N

Nation/Nationalismus/Nationalstaat, siehe S. 21

Neuzeit, in der Geschichte Europas die Epoche von etwa 1500 bis zur Gegenwart. Die Abgrenzung zum Mittelalter wird mit dem grundlegenden Wandel begründet: Humanismus, Renaissance und Reformation.

O

Obrigkeitsstaat, siehe S. 98

P

Parlamentarische Demokratie, Republik mit einem gewählten Präsidenten als Staatsoberhaupt. Die Gesetzgebung liegt beim Parlament, die Regierung wird vom Präsidenten ernannt, ist aber vom Parlament abhängig.

Partei (lat. pars = der Teil), politischer Zusammenschluss von Menschen mit ähnlichen Zielen und Wertvorstellungen, die sie gemeinsam durchsetzen wollen, z. B. Liberale oder Sozialisten.

Patriarch, Bezeichnung für eine Person mit einer herausragenden, autoritären Stellung.

Patriotismus, Vaterlandsliebe, Stolz auf das eigene Land.

Pauperismus (lat. pauper = arm), Massenarmut in der ersten Hälfte des 19. Jh., hervorgerufen durch schnelles Bevölkerungswachstum, langsam steigende Nahrungsmittelproduktion und Mangel an Arbeitsplätzen und Verdienstmöglichkeiten.

Perspektive, aus dem Lateinischen übersetzt: die Sichtweise einer Person. Die Perspektive spielt in der Geschichtsforschung eine wichtige Rolle. Einerseits muss man bei der Auswertung der Quellen die Sichtweise der Person oder Gruppe beachten, von der die Quelle stammt. Andererseits haben alle Geschichtsforscherinnen und -forscher einen „eigenen Blick" auf das Thema.

Pogrom, gewalttätige Ausschreitung gegen eine Minderheit, besonders Juden, die oft mit Mord und Plünderung einhergeht.

Pressezensur → Zensur

preußische Reformen, siehe S. 17

Privilegien, Sonderrechte, die ein Herrscher oder Staat Einzelpersonen oder Gruppen verleiht. Dazu gehören z. B. Steuerbefreiung, hohe Posten in Heer, Verwaltung oder Wirtschaft.

Proletarier/Proletariat, durch Karl Marx geprägter Begriff, er meint die Klasse der Lohnarbeiter in einer industrialisierten Gesellschaft. Sie besitzen nichts außer ihren Nachkommen (= lat. proles), verfügen über keine Produktionsmittel wie Maschinen oder Fabriken und müssen vom Verkauf ihrer Arbeitskraft leben.

R

Rassismus/Rassenlehre, Theorie aus dem 19. Jh., die behauptet, biologische Merkmale wie die Hautfarbe würden die Eigenschaften und den Wert eines Menschen bestimmen. Meist wird die eigene „Rasse" verherrlicht und andere abgelehnt. Der Begriff der „Rasse" ist wissenschaftlich nicht haltbar. → Sozialdarwinismus

Reform (lat. re = zurück, formatio = Gestaltung), Umgestaltung der politischen Ordnung durch gezielte Maßnahmen. Im Gegensatz zur → Revolution ist eine Reform meist nicht gewaltsam und will die Verhältnisse nicht grundlegend umstürzen.

Republik, Staatsform, bei der die Macht vom Volk oder von Teilen des Volks ausgeübt wird. Der Gegensatz ist die Monarchie.

Restauration, die Zeit nach 1815, in der monarchische Kräfte in Europa versuchten, die Ergebnisse der Französischen Revolution zu blockieren. Sie hielten an der Auffassung fest, der Landesherr sei der Souverän und in seiner Machtausübung nur Gott verantwortlich.

Revolution (lat. revolutio = Umwälzung), ein grundlegender, absichtlich durchgeführter, oft gewaltsamer Wandel der politischen und gesellschaftlichen Ordnung, der sehr schnell vor sich geht.

S

Säkularisierung (lat. saecularis = weltlich), Enteignung und Verstaatlichung von Kircheneigentum durch einen Herrscher oder Staat (z. B. Landbesitz).

Schutztruppe, Bezeichnung der militärischen Einheiten in den deutschen Kolonien („Schutzgebiete") 1891–1918.

Sendungsbewusstsein, Glaube an die Vorzüge der eigenen Kultur. Die eigenen Wertvorstellungen, die politische oder soziale Ordnung oder der Lebensstil sollen auch anderen Völkern vermittelt werden und für sie verbindlich sein. Sendungsbewusstsein kann als Rechtfertigung für Krieg und Unterdrückung dienen.

Sozialdarwinismus, Lehre basierend auf den Erkenntnissen des britischen Naturforschers Charles Darwin (1809 bis 1882). Sie übertrug seine Theorien auf das menschliche Zusammenleben: Alles sei ein „Kampf ums Dasein", bestimmt von natürlicher Auslese. Nur stärkere Völker oder Rassen setzten sich durch. Der Sozialdarwinismus wurde benutzt, um soziale Ungleichheit und Rassismus zu rechtfertigen.

Sozialismus (lat. socialis = gemeinschaftlich), politische Lehre, die danach strebt, die Lebens- und Besitzverhältnisse im Staat zu ändern. Produktionsmittel (Kapital) sollen gemeinschaftliches Eigentum aller Menschen werden, die Ausbeutung von Arbeitern abgeschafft werden.

Staat, ein Gebiet mit festgelegter Grenze, in dem ausschließlich der Regierung die Ausübung von Gewalt und Verwaltung übertragen ist. Der moderne Staat entstand in Deutschland am Ende des Mittelalters mit der Stärkung der Landesherren (Territorialisierung).

Staatenbund, siehe S. 19

Streik, bezeichnet ein Mittel im Arbeitskampf, wobei Angestellte ihre Arbeit niederlegen. Siehe auch → Generalstreik.

T

Territorium/Territorialisierung, Herausbildung von Landesherrschaft, besonders in der Frühen Neuzeit; damit einhergehend ein langfristiger Machtverlust des Königs/Kaisers. Der entstandene Flächenstaat (Territorium) wird von einem geistlichen oder weltlichen Fürsten regiert und von Beamten verwaltet.

U

Urbanisierung, siehe S. 59

V

Verfassung, Gesetzesdokument, das den Aufbau eines Staates festlegt. Die Verfassung bestimmt über Machtverteilung im Staat bzw. Staatsgebiet, über Rechte und Pflichten der Bürger. Eine Verfassung steht über anderen Gesetzen und ist oft nur schwer änderbar.

Veto(recht) (lat. = ich verbiete), Einspruchsrecht, um bestimmte Entscheidungen zu verhindern oder aufzuschieben.

Völkermord, Bezeichnung für ein Verbrechen, bei dem eine bestimmte Volksgruppe oder eine ethnische Gruppe ermordet wird.

Volkssouveränität, Grundprinzip der Legitimation demokratischer Herrschaft, nach dem alle Staatsgewalt vom Volk ausgeht. Durch Wahlen und Abstimmungen bestimmt es die Politik.

Vormärz, siehe S. 21

W

Wahlrecht, Recht des Volkes, in regelmäßigen Abständen durch Wahl von Abgeordneten an Herrschaftsausübung im Staat teilzunehmen und sie zu kontrollieren. Unter passivem Wahlrecht versteht man das Recht, als Abgeordneter wählbar zu sein, unter aktivem Wahlrecht das Recht zu wählen.

Willkür, ein Verhalten, das nur nach eigenen Interessen handelt und nicht an den Gesetzen oder Rechten anderer orientiert.

Wirtschaftsliberalismus, siehe S. 127.

Z

Zensur, Einschränkung der Rede- und Pressefreiheit durch Organe des Staates oder der Kirche, z. B. durch Verbot bestimmter Bücher. Sie soll die Ausbreitung als gefährlich angesehener Meinungen verhindern.

Zeremonie, feierlicher Akt mit festgelegtem Ablauf und bestimmten Symbolen, oft vor Publikum. Ein Hofzeremoniell regelt z. B. das Auftreten eines Herrschers und die Kommunikation mit seinen Untertanen.

Zünfte, Zusammenschluss von Handwerkern im Mittelalter. Nur wer in einer Zunft war, durfte das entsprechende Handwerk ausüben. Zünfte regelten z. B. Warenpreise, Arbeitszeiten und Ausbildung.

Register

Die mit einem * versehenen Begriffe
werden im Lexikon näher erklärt.

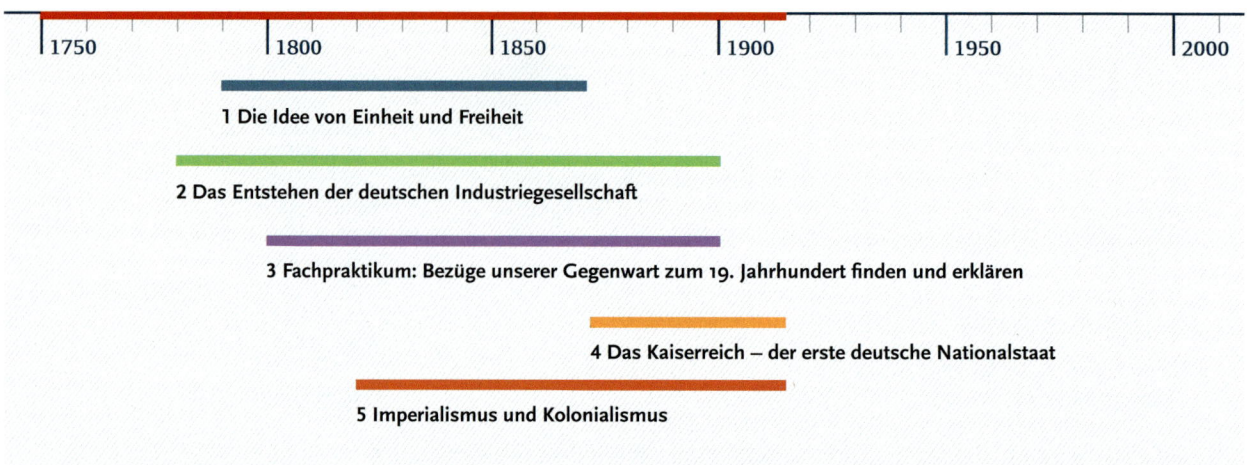

Chronologische Übersicht

Um die Geschichte zu ordnen, haben Historiker die Vergangenheit in große Zeitabschnitte – Epochen genannt – eingeteilt. Aus der Sicht der Europäer hat sich die Einteilung in die drei großen Epochen **Antike, Mittelalter** und **Neuzeit** durchgesetzt. Außereuropäische Kulturen teilen die Vergangenheit aus der Sicht ihrer Geschichte ein.

1 Die Idee von Einheit und Freiheit

1799–1815	Napoleonische Herrschaft
1814/15	Sieg über Napoleon, Wiener Kongress
1832	Hambacher Fest
1848/49	Revolutionen, Parlament der Paulskirche
1870/71	Deutsch-Französischer Krieg
1871	Gründung Deutsches Reich, Wilhelm I. wird erster deutscher Kaiser

2 Das Entstehen der deutschen Industriegesellschaft

1764	„Spinning Jenny"
1769	Erfindung der Dampfmaschine
ab 1770	Industrialisierung in England
ab 1830	Industrialisierung in Deutschland
1835	Erste Eisenbahn in Deutschland
19. Jh.	soziale Frage

3 Fachpraktikum: Bezüge unserer Gegenwart zum 19. Jahrhundert finden und erklären

1821–1883	Carl Adolph Riebeck in Halle und Umgebung
1899	Ausbau der Brockenbahn bis zum Gipfel
19. Jh.	Rübenzuckerindustrie als Schlüsselindustrie der Industrialisierung in Sachsen-Anhalt
19. Jh.	Bau von Wassertürmen zur Wasserversorgung von Städten

4 Das Kaiserreich – der erste deutsche Nationalstaat

1871	Bismarck wird Reichskanzler
1872–1890	Kulturkampf, Sozialistengesetze
1888	Wilhelm II. wird Kaiser
1896–1908	Frauen erkämpfen sich das Recht auf Studium und Abitur

5 Imperialismus und Kolonialismus

1880–1914	Zeitalter des Imperialismus und Kolonialismus
1884	Europäer teilen Afrika unter sich auf; das deutsche Kaiserreich wird Kolonialmacht
1888	Dreikaiserjahr
1890	Rücktritt Bismarcks
1904–1907	Aufstand der Herero und Nama

Europa heute

Alb. = Albanien
And. = Andorra
BH. = Bosnien und Herzegowina
K. = Kosovo (zzt. nur von 62 Staaten anerkannt)
Li. = Liechtenstein
Lib. = Libanon
Lux. = Luxemburg
Mc. = Monaco
Mol. = Moldawien
Mt. = Montenegro
Mz. = Mazedonien
Slw. = Slowenien
SM. = San Marino

500 km

Exkursionsziele in Sachsen-Anhalt

Denkmal
Museum

Niedersachsen

Salzwedel

A l t m a r k

Stendal

Gardelegen

Colbitz-
Letzlinger
Heide

Haldens-
leben

Elbe

Burg

Fiener
Bruch

Branden-
burg

Branden-

Berlin

Potsdam

burg

Havel

Wolfsburg

Mittellandkanal

Ohre

Aller

Elbe-Havel-Kanal

Sachsen-

Fläming

Braun-
schweig

Wolfen-
büttel

Elm

Hohes
Holz

Ziegelei
Hundisburg

Technikmuseum
Magdeburg

Ohre

Anhalt

Oschersleben

Industriemuseum
Schönebeck

Bode

Zerbst

Piesteritzer
Werkssiedlung
Wittenberg

Städtisches Museum
Halberstadt

Alte Ziegelei
Westeregeln

-Roßlau

Kraftwerk
Vockerode

Wernige-
rode

Brocken
1142 m

Blankenburg

Quedlin-
burg

Bode

Stadt- und
Bergbaumuseum
Staßfurt

Saale

Dessau-

Mulde

Technikmuseum „Ferropolis"
Gräfenheinichen

H a r z

Hüttenmuseum
Thale

Aschers-
leben

Bernburg

Könnern

Industrie- und
Filmmuseum
Wolfen

Kaiser-Wilhelm-Turm
Bad Schmiedeberg

Elbe

Bergwerkmuseum
Grube Glasebach
Straßberg

Eisleben

Saale

Kreismuseum mit
Bernsteinkabinett
Bitterfeld

Landschaftspark
Goitzsche

Bitterfelder
Bogen

Sangerhausen

Straßenbahn-
museum
Halle

Mulde

Merseburg

Leipzig

Sachsen

Unstrut

F i n n e

Museum zur Geschichte der
Eisenbahn Leipzig-Großkorbetha
Kötzschau

Thüringen

Unstrut

Unstrut

Naumburg

Bismarckturm
Weißenfels

Zeitz

Weiße Elster

Freiberger Mulde

Erfurt

Gera

Ilm

Saale

Zwickauer Mulde

Jena

20 km

Mitteleuropa zwischen 1866 und 1914

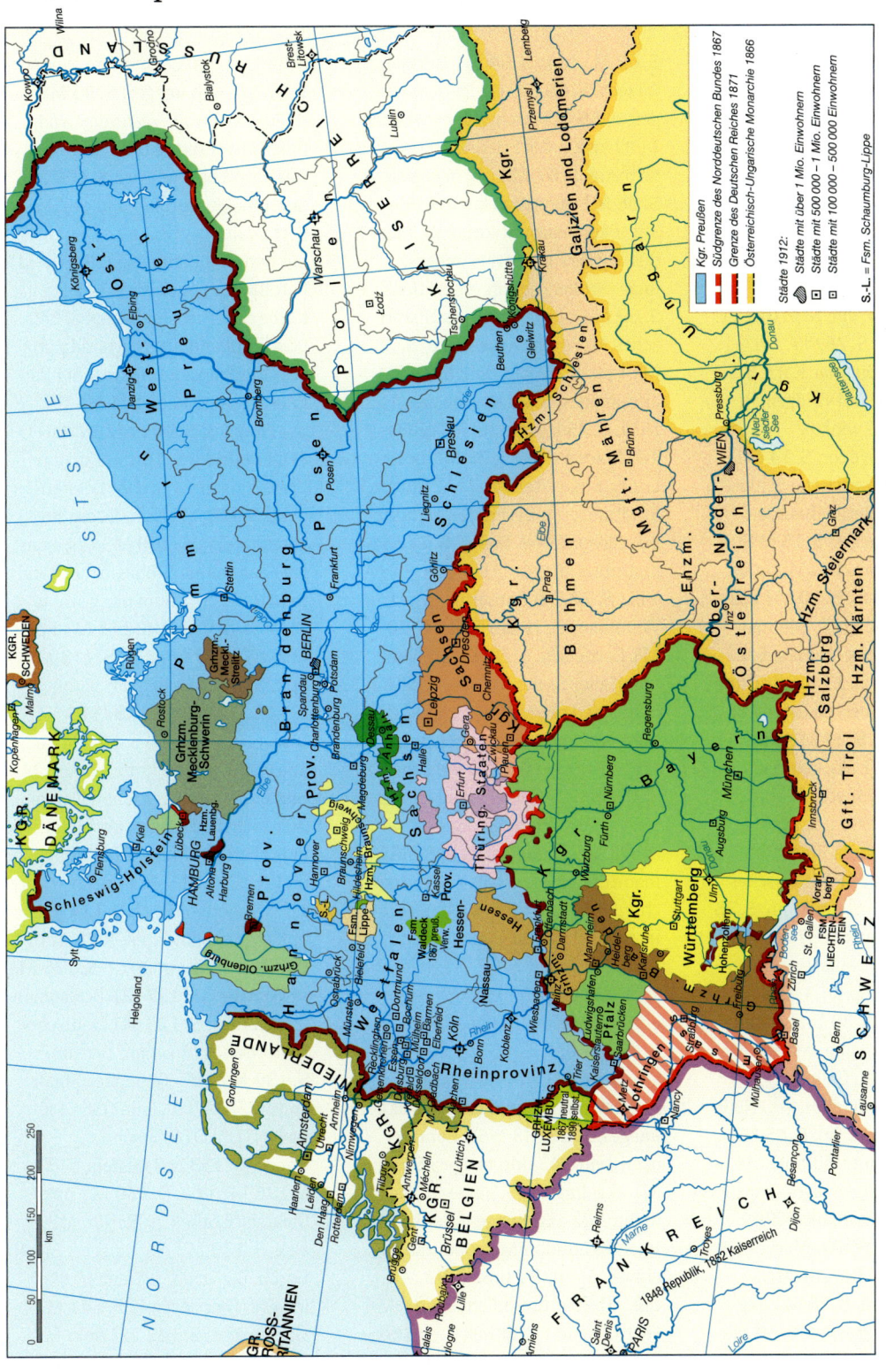

Bildquellen

Abbildungsverzeichnis

Cover ullstein-bild/Knigge; **S. 3** o. akg-images, u. mauritius images/Alamy/Paul Fearn/Stadtarchiv Magdeburg; **S. 4** o. Cornelsen/Stefan Weißhampel, Halle/Saale; u. bpk/Hermann Buresch; **S. 5** Deutsches Historisches Museum, Berlin; **S. 6** vgl. **S. 10/11**, **S. 44/45**, **S. 104/105**; **S. 7** vgl. **S. 110/111**; **S. 9** vgl. 38/39, **S. 76/77**; **S. 10/11** bpk/Dietmar Katz; **S. 13** M3 akg-images, M4 Bridgeman Images, M5 blickwinkel/McPHOTO/M. Weber; **S. 14** M1 bpk/Stiftung Preussische Schlösser und Gärten Berlin-Brandenburg/Jörg P. Anders; **S. 16** M1 Deutsches Historisches Museum, Berlin /I. Desnica.; **S. 19** M3 bpk/Kunstbibliothek, SMB/Dietmar Katz; **S. 20** M1 akg-images; **S. 22** M1 akg-images; **S. 23** M6 Stiftung Hambacher Schloss, Neustadt an der Weinstraße; **S. 24** M1 akg-images; **S. 28** M1 akg-images; **S. 29** M2 bpk/Kunstbibliothek, SMB/Knud Petersen; **S. 30** M2 Historische Museum Frankfurt, Frankfurt; **S. 32** M1 Historisches Museum Frankfurt am Main; **S. 35** bpk; **S. 36** M1 bpk; **S. 37** Mi. akg-images; **S. 38** li. Deutsches Historisches Museum, Berlin/I. Desnica.; re. akg-images; **S. 39** Bridgeman Images; **S. 41** M4 akg-images; M5 action press/Sean Gallup; **S. 42/43** Bridgeman Images/Neue Nationalgalerie, Berlin; **S. 45** M2 Bridgeman Images; M3 bpk; M4 bpk; **S. 47** M2 akg-images/IAM; **S. 49** M3 picture-alliance/ZB; **S. 54** M1 INTERFOTO/Mary Evans; **S. 57** M4 INTERFOTO/Sammlung Rauch; **S. 58** M1 akg-images; M2 akg-images; **S. 60** M1 bpk; M2 bpk/Heinrich Lichte;

S. 62 M1 bpk; **S. 64** M1 Bridgeman Images; **S. 65** M6 Bridgeman Images; **S. 66** M1 Archiv der sozialen Demokratie der Friedrich-Ebert-Stiftung; **S. 67** M2 akg-images; **S. 68** M1 mauritius images/Alamy/Paul Fearn/Stadtarchiv Magdeburg; M2 mauritius images/imageBroker/action press/BAO; **S. 69** M3 bpk/Deutsches Historisches Museum/Arne Psille; **S. 70** M1 bpk; **S. 72** M3 bpk; **S. 73** M1 akg-images; **S. 74** akg-images/IAM; **S. 75** li. bpk; re. INTERFOTO/Mary Evans; **S. 76** M1 bpk/Georg Büxenstein Co.; M2 Stiftung Stadtmuseum Berlin, Reproduktion: Oliver Ziebe, Berlin; **S. 77** M4 mauritius images/Alamy/ALLTRAVEL; **S. 78/79** Cornelsen/Stefan Weißhampel, Halle/Saale; **S. 80** M1 Cornelsen/Stefan Weißhampel, Halle/Saale; M2 Aus: „Mitteldeutsche Lebensbilder", Band 2, herausgegeben von der Historischen Kommission für die Provinz Sachsen und Anhalt, Magdeburg 1927, mit Genehmigung des Hasenverlag, Halle/Saale; **S. 81** M3 mauritius images/Alamy/Bildarchiv Monheim GmbH; M4 akg-images; M5 picture-alliance/ZB/euroluftbild.de; **S. 82** M1 Stadtarchiv Halle; **S. 83** M3 akg-images/euroluftbild.de/Maike Glöckner; **S. 84** M1 bpk; **S. 85** M2 ddp images; **S. 86** M1 mauritius images/Annett Schmitz/Novarc; M2 akg-images; **S. 87** M3 WSV Benneckenstein; M5 ddp images; **S. 88** M1 akg-images/Schütze/Rodemann; M2 akg-images/Heritage-Images/London Metropolitan Archives; **S. 90/91** bpk; **S. 93** M2 bpk; M3 picture-alliance/dpa; M4 Historische Bibliothek des CHRISTIANEUM; **S. 94** M1 SZ Photo/

Scherl; M2 bpk/Hermann Buresch; **S. 97** M1 ddp images; **S. 99** M3 INTERFOTO/TV-Yesterday; M4 bpk; (c) VG Bild-Kunst, Bonn 2017; M5 akg-images; **S. 100** M1 akg-images/euroluftbild.de/Robert Grahn/Kyffhäuser-Denkmal bei Bad Frankenhausen; **S. 101** M2 Fotolia/the_builder; M3 Heiko Kolbe/Kyffhäuser-Denkmal bei Bad Frankenhausen; M4 ddp images/Kyffhäuser-Denkmal bei Bad Frankenhausen; **S. 104** M1 Bridgeman Images; **S. 105** M2 INTERFOTO/Friedrich; **S. 106** M1 action Press/ullstein - Archiv Gerstenberg; **S. 108** M1 bpk/Georg Buxenstein Co.; **S. 109** M3 akg-images/Sammlung Stehle, München; **S. 110** M2 Museum okr gowe w Toruniu (Poland); **S. 111** M3 bpk/Coll. ES/adoc-photos; **S. 112** M1 bpk; **S. 113** M4 ullstein bild; **S. 116** M2 bpk; **S. 118/119** Bridgeman Images; **S. 121** M2 akg-images/Science Photo Library; M3 Bildarchiv der Deutschen Kolonialgesellschaft, Universitätsbibliothek Frankfurt am Main, Archivnummer 084-1711-0016; M4 imago stock&people/IPON; **S. 124** M2 bpk/Kunstbibliothek, SMB; (c) VG Bild-Kunst, Bonn 2017; **S. 125** M2 akg-images; **S. 127** M2 Bridgeman Art Library; **S. 128** M1 Deutsches Historisches Museum, Berlin; **S. 130** M1 bpk/Geheimes Staatsarchiv, SPK/Bildstelle GStA PK; M4 INTERFOTO/Sammlung Rauch; **S. 133** M3 ullstein bild; **S. 136** M2 bpk; **S. 138** M1 bpk/Staatsbibliothek zu Berlin; M2 bpk; **S. 139** M3 akg-images; **S. 140** Bosch akg-images; Siemens akg images; Daimler bpk; **S. 141** M1 akg-images; **S. 142** M1 bpk;

Carlos Borrell Eiköter, Berlin:
S. II; S. 12 M1/M2, S. 15 M2, S. 18
M1, S. 31 M3, S. 34 M1, S. 44 M1,
S. 46 M1, S. 48 M1, S. 63 M4, S. 92
M1, S. 110 M1, S. 120 M1, S. 126
M2, S. 133 M4, S. 169, S. 170,
S. 171

Elisabeth Galas, Bad Breisig:
S. 31 M4, S. 37 M2, S. 50 M1, S. 52
M1, 56 M1, 122 M1

Erfurth Kluger Infografik GbR:
S. 139 M1

Hans Wunderlich, Berlin: S. 89
M4